Hans Bankl

Messer, Kugel, Schlinge, Gift

Hans Bankl

Messer, Kugel, Schlinge, Gift

Die Pathologie auf den Spuren der Verbrecher

Illustrationen von Josef Koo

Seifert Verlag

Umwelthinweis:

Dieses Buch und der Schutzumschlag wurden auf chlorfrei gebleichtem Papier gedruckt. Die Einschrumpffolie – zum Schutz vor Verschmutzung – ist aus umweltverträglichem und recyclingfähigem PE-Material.

2. Auflage

Verlagslogo: Padhi Frieberger
Umschlaggestaltung: Rubik Creative Supervision
Coverillustration: Josef Koo
Druck und Bindung: Duzey Matbaa Ltd., Istanbul
ISBN-10: 3-902406-31-3
ISBN-13: 978-3-902406-31-6
Printed in Turkey

Inhalt

Begegnungen der etwas anderen Art

Wann begegnet man schon einem Mörder?

Begegnungen mit einem oder mehreren Mördern sind gar nicht so selten, ja vielmehr regelmäßig: Mindestens jeden Sonntag gibt es im Fernsehen einen „Tatort" oder Ähnliches, und dort sieht man Leichen, unterschiedliche Methoden, wie man jemanden umbringen kann, MörderInnen und schließlich einen schlauen Kommissar, der die abstrusesten Geschichten durchschaut und letztlich den Täter überführt. Aber das geschieht nicht nur am Sonntag, denn wer die Geduld aufbringt, durch die Kanäle zu zappen, kann jeden Tag bei Mord und Totschlag zusehen.

So kommt der ausdauernde Konsument im Laufe der Zeit auf eine erhebliche Anzahl von Kapitalverbrechen, denen er beiwohnt. Und wenn er darüber hinaus noch Krimis liest, werden es noch mehr. Ein niedrig geschätzter Durchschnittswert beläuft sich auf etwa zehn gewaltsame Todesfälle pro Woche, Kriminalromane noch gar nicht mit eingerechnet. Auch die „Tagesschau", „Euronews" oder „Zeit im Bild" sind bei dieser Zahl noch nicht berücksichtigt, geht es da doch um eine viel brutalere Realität.

Zehn Morde in der Woche summieren sich auf über 500 in einem Jahr. Das ist ziemlich viel im Vergleich zu den Zahlen der offiziellen Statistiken von Polizei und Innenministerium.

In Österreich ereignen sich jährlich mehr als 100 registrierte Tötungsdelikte, in Deutschland sind es mehr als 1000. Rechnet man zu diesen noch die Dunkelziffer hinzu, so kann man von weit über 200 Morden in Österreich bzw. 2000 in Deutschland pro Jahr ausgehen. Was sind dagegen schon 500 Fernsehtote – gibt es hier doch immer gewiefte Kommissare, die alle noch so harmlos erscheinenden Todesfälle als Morde entlarven. Gäbe es die Herren Columbo und

Quincy sowie die Pathologinnen Dr. Ryan and Dr. Jordan wirklich, würde die Statistik anders aussehen.

Wir können also davon ausgehen, dass kaum die Hälfte der Tötungsdelikte als solche erkannt werden; bei der Suche nach dem Mörder entwischen dann noch weitere zehn Prozent. In Zahlen ausgedrückt, bedeutet dies, dass in Österreich jährlich 100 neue unerkannte Mörder herumlaufen, zu denen noch weitere fünf bis zehn hinzukommen, denen der Mord nicht nachgewiesen werden kann. Für die Bundesrepublik Deutschland liegen die entsprechenden Zahlen etwa zehnmal so hoch.

Wann trifft man also auf einen Mörder? – Gar nicht so selten, nur wissen wir es nicht!

Merkwürdigerweise fehlen in etlichen Zusammenstellungen die Selbstmörder; auch wenn es Selbstmord ist und auch so heißt. Da kommen dann in Österreich noch 1400 pro Jahr dazu – d. h. vier Suizide pro Tag –, in Deutschland sind es ungefähr zehnmal so viele. Aber auch ein Selbstmord muss erst einmal als solcher erkannt werden. Es ist völlig ungeklärt, wie oft gerade bei älteren Menschen ein natürlicher Tod angenommen wird, tatsächlich aber Selbstmord vorliegt. Die Dunkelziffer ist hier extrem dunkel. Umgekehrt besteht auch die Gefahr, dass eine Tötung von fremder Hand als Selbstmord interpretiert wird.

Wann begegnet man einem Pathologen oder Gerichtsmediziner?

Die Antwort ist ganz einfach: Entweder man sieht ihn im Fernsehen – oder man ist tot. Letzteres wollen wir einmal beiseite lassen. Jeder, der einen Fernseher besitzt, kennt zwangsläufig zumindest einige Pathologen, aber üblicherweise die falschen. In der Mehrzahl spielen oder spielten Pathologen nur eine Nebenrolle; dies hat sich erst in jüngerer Fernsehzeit geändert. Die Gerichtsmediziner treten aus dem Hintergrund ins Rampenlicht, man sieht Szenen im Seziersaal, und die Bedeutung der Arbeit dieser Ärzte wird immer mehr betont. Dies ist insofern nicht verwunderlich, als „Medicine and the Doctor“ neben Sex & Crime zu den beliebtesten Unterhaltungsthemen zählt.

Aber was hat ein Arzt in einem Mordfall und bei einem Toten zu tun? Vieles. Ein kundiger Pathologe sollte stets als Erster am Tatort sein und diesen als Letzter verlassen. Es gibt zahlreiche Fragen, wie etwa die wichtige Bestimmung des Todeszeitpunkts, der Tötungsart, der Wertigkeit dieser oder jener Spur, der Identifizierung und Sicherstellung von Untersuchungsmaterial, der Unterscheidung von Tatort und Auffindungsort und viele andere mehr, die nur ein Arzt beantworten kann.

Mit jeder Stunde, die zwischen Tod und Obduktion verstreicht, wächst die Gefahr von Fehlschlüssen im kriminalistischen Ermittlungsverfahren. Dies bringt dem Täter einen Vorsprung, der oft nicht mehr aufgeholt werden kann.

Man sieht, es wird uns häufig ein völlig falsches Bild der gerichtsmedizinischen Tätigkeit am Tatort oder bei späteren Untersuchungen vermittelt. Es ist ja auch viel schöner, zuzusehen, wenn eine attraktive Frau vom Kommissar beim Verhör ordentlich in die Zange genommen wird, als zuzuschauen, wie der Arzt der Leiche mehrmals ein Thermometer in den After schiebt. Außerdem bekäme man da auch wohl Schwierigkeiten mit den Darstellern.

Um die Arbeit der Gerichtsmediziner, aber auch jene der Mörder besser verstehen zu können, wurde dieses Buch geschrieben. Es ist eine Anleitung für „Tatort“-Seher und Krimi-Leser und zugleich eine Einführung in die faszinierende Wissenschaft der Aufdeckung von Verbrechen.

Obwohl auch die Mörder dazugelernt haben, sind die Methoden der Gerichtsmedizin schlauer – vorausgesetzt, die Behörden lassen die Spezialisten überhaupt ihre Arbeit machen.

Es wird erheblich mehr getötet, als jede offizielle Statistik vermuten lässt. Hält man daher jährlich veröffentlichte Zahlenangaben in der Hand, so ist dies zumindest für die Eingeweihten auch eine Begegnung der etwas anderen Art.

Es fängt damit an, dass jemand tot ist

Dabei erhebt sich natürlich sofort die Frage: Was tut man mit einem Verstorbenen? Will man die Leiche nicht im Geheimen verschwinden lassen – und das ist ziemlich schwierig! –, so besteht offizieller Handlungsbedarf. Man ist verpflichtet, den Tod eines Mitmenschen zu melden. Gleichgültig, ob man die Polizei anruft oder gleich die Leichenbestattung – zunächst wird einmal ein Arzt geschickt.

Der Arzt als Totenbeschauer

Die Beurteilung eines menschlichen Körpers, der kein Lebenszeichen mehr von sich gibt, obliegt dem Arzt. Ob sich der „Leichnam" in einer Privatwohnung, einem Krankenhaus, einem Pflegeheim, auf der Straße, im Wald, im Wasser oder wo auch immer befindet – es muss ein Arzt gerufen werden.

Heute wird im privaten Milieu oft der Notarzt angefordert, denn alle anderen Ärzte sind kaum in einem angemessenen zeitlichen Intervall zu einem „Leblosen" zu bringen. Und damit fängt das Dilemma bereits an, denn vordringlichste Aufgabe des Arztes ist es, den tatsächlichen Tod festzustellen oder ob es nur so scheint. Das ist gar nicht so einfach und kann bereits zu einem Fehler führen. Es liegt ja im ureigensten persönlichen Interesse des Betroffenen, dass möglichst rasch festgestellt wird, ob er wirklich tot ist, oder ob unverzüglich Wiederlebungsversuche eingeleitet werden müssen.

Wenn es die räumliche Distanz zulässt und eine entsprechende Transportmöglichkeit besteht, dann werden solche

Fälle häufig unter Reanimationsbedingungen in ein Krankenhaus gebracht. Dort werden sie sogar als Patienten aufgenommen, allerdings meistens nur zum Zweck der Feststellung des eingetretenen Todes. Dies ist insofern notwendig, als ein Krankenhaus ja kein Leichenhaus ist und Verstorbene aus Versicherungsgründen nicht als Patienten aufnehmen kann. Im Krankenhaus ist der Pathologe der Totenbeschauer. Wenn es in der Krankenanstalt keine Pathologie gibt, muss ein amtlich bestellter Totenbeschauer kommen. Keinesfalls dürfen behandelnde Ärzte ihren verstorbenen Patienten selbst „beschauen".

Außerhalb medizinischer Anstalten hat eine Totenbeschau (in Österreich) bzw. eine Leichenschau (Deutschland) am Sterbeort zu erfolgen. Dies sollte natürlich ebenfalls „unverzüglich" geschehen, doch in der Realität dauert es eine Weile, bis der Totenbeschauarzt kommt. Leichenschau ist ja nicht dessen Hauptberuf, denn davon kann man nicht leben. Die Totenbeschauärzte betreiben eine medizinische Praxis oder sind angestellte Mediziner und machen sich meist erst nach Dienstschluss auf den Weg. In der Zwischenzeit kann schon sehr viel passiert sein.

Im städtischen Raum kommt der Beschauarzt in der Regel innerhalb von drei bis sechs Stunden. Die Leiche muss während dieser Zeit in unverändertem Zustand belassen werden. Manchmal wird diese Vorschrift eingehalten, häufiger allerdings nicht.

In ländlicher Gegend kommt als Beschauarzt oft der Hausarzt der Familie oder zumindest ein Arzt aus der näheren Umgebung, den man kennt. Das kann infolge der größeren Wegstrecken auch länger dauern. In dieser Zeit ist es besonders bei der bäuerlichen Bevölkerung üblich, den Toten zu waschen, anzukleiden und sogar aufzubahren. Sehr oft sind der Pfarrer und die Leichenbestattung schneller vor Ort als der Arzt. Damit wird bereits die Erfüllung einer der Vorschriften für eine Totenbeschau, nämlich den unbekleideten Körper an seiner Vorder- und Rückseite sowie alle Körperöffnungen zu inspizieren, illusorisch. Die Misere der Totenbeschau ist im vollen Gang.

Der Totenbeschauarzt hat nun wichtige Entscheidungen zu treffen, wobei ihm seine Arbeit in Deutschland wesentlich schwieriger gemacht wird als in Österreich. Der Arzt braucht in jedem Fall Informationen, auch wenn er den Verstorbenen persönlich gekannt hat. Diese Informationen bekommt er von den versammelten Verwandten und Bekannten. Das scheint gut, ist es aber nicht. Die Täter bei Tötungsdelikten stammen nämlich zu mehr als 50 Prozent aus der näheren Umgebung des Opfers. Es ist also keineswegs ausgeschlossen, dass der Beschauarzt den Täter befragt. Was soll dabei herauskommen?

Für Deutschland gilt, dass im Formular der Totenbescheinigung eine von drei Möglichkeiten angekreuzt werden muss. Im Vordruck befinden sich dafür kleine Kästchen, und der Arzt hat lediglich zu markieren:

□ natürlicher Tod
□ nicht natürlicher Tod
□ ungeklärte Todesursache

Wird das Kästchen „natürlicher Tod" angekreuzt, so ist eigentlich schon alles überstanden. Nur wenn eine Feuerbestattung vorgesehen ist, hat eine zweite Leichenschau zu erfolgen.

Erst die Protokollierung eines „nicht natürlichen Todes" durch das Ankreuzen des entsprechenden Kästchens setzt die Tätigkeit der Ermittlungsbehörden in Gang; Polizei und Staatsanwaltschaft werden aktiv. Dies kann eine Obduktion oder zumindest die Beschlagnahmung der Leiche nach sich ziehen, muss aber nicht. Je nachdem, wie erfolgreich die polizeilichen Recherchen sind.

Auch bei „ungeklärter Todesursache" werden die Ermittlungsbehörden tätig. Und jetzt geschieht etwas Merkwürdiges: Wird bei den mehr oder weniger intensiven Ermittlungen weder ein Fremdverschulden noch ein strafbares Delikt ausfindig gemacht, interessiert die tatsächliche Todesursache niemanden mehr, und die Obduktion unterbleibt. Fehlern und unbekannten Tötungen wird damit Tür und Tor geöffnet. Wie sehr die Dinge hier im Argen liegen, ersieht man daraus, dass es gar keine offizielle, in der Strafgerichtsbarkeit verankerte Definition des „nicht natürlichen Todes" gibt. Hierzu gehören z. B. neben Mord und Totschlag auch Unfälle, Folgekomplikationen nach Knochenbrüchen, absichtliche und unabsichtliche Vergiftungen, Ertrinken, Absturz bei Klettertouren, Hitzschlag und vieles andere mehr.

Die Kremation überführte einen Mörder

Die Ehefrau ist dicklich, etwas übergewichtig, 56 Jahre alt und seit kurzer Zeit wegen Kurzatmigkeit und Herzbeschwerden in ärztlicher Behandlung. Eines Tages alarmiert der Ehegatte den Arzt, die Frau liegt tot im Wohnzimmer neben dem Bügelbrett. Der Mann erzählt, sie sei plötzlich umgefallen. Der Hausarzt hat keine Bedenken und kreuzt auf der Totenbescheinigung „natürlicher Tod" an. Auf Drängen des Mannes wird eine Feuerbestattung vorbereitet. Dazu ist in der Bundesrepublik Deutschland eine zweite amtsärztliche Leichenschau vorgeschrieben. Der aufmerksame Gerichtsmediziner entdeckte am Hals der Toten Würgemale, und die nachfolgende Obduktion ergab eindeutig einen Erstickungstod durch Erwürgen. Mit dieser Tatsache konfrontiert, gestand der Ehemann sofort. Was er nicht wusste: Würgespuren werden erst einige Zeit nach dem Tod deutlich sichtbar. Und hätte er seine Frau beerdigen lassen, statt eine Kremation zu verlangen, wäre die Tötung unerkannt geblieben.

Was hat der Ehemann falsch gemacht?

Wenn es einmal einen Totenschein mit einer unverfänglichen Diagnose gibt, so ist dies amtlich. Nur nicht daran rühren, und schon gar nicht einen zweiten Arzt mit dem Todesfall beschäftigen. Wer weiß, was ein Gerichtsmediziner noch alles entdeckt! Der Fehler des Ehemannes war es, nicht über die bei Kremationen vorgeschriebene zweite Leichenschau Bescheid gewusst zu haben.

Für Österreich gilt, dass der Eintritt des Todes durch einen amtlich bestellten Totenbeschauarzt festgestellt werden muss; dieser kann ein Allgemeinmediziner oder ein Facharzt irgendeiner Spezialdisziplin sein. Ergibt sich der Verdacht, dass der Tod durch eine strafbare Handlung oder Unterlassung verursacht wurde, ist die Totenbeschau zu unterbrechen und Anzeige bei der Polizei oder Staatsanwaltschaft zu erstatten. Dort wird zunächst ermittelt und dann entschieden, ob eine gerichtsmedizinische Obduktion festgesetzt wird. Nach eigenen Erfahrungen des Autors entwickeln sich solche Anzeigen manchmal kurios: Der Arzt zeigt schriftlich mit einer kurzen Begründung bei der Staatsanwaltschaft an und erhält auch prompt einen Rückruf, wobei immer dieselben zwei Fragen von der Justiz gestellt werden: „Was ist geschehen?“ – Genau das aber weiß der Arzt nicht, sonst hätte er ja nicht anzeigen müssen; ein Pathologe ist nur im Fernsehen ein Ermittler. „Haben Sie jemanden, den ich verfolgen kann?“ Nach dieser Frage versucht der Autor das Gespräch regelmäßig zu beenden, mit der Folge, dass die StaatsanwältInnen beleidigt sind.

Tote stören den Fremdentourismus

In der Morgendämmerung wird in einem Dorf inmitten einer Fremdenverkehrsregion ein Toter entdeckt. Der 60-jährige Mann ist ein Dorfbewohner, kein Urlaubsgast. Er liegt kopfüber am Rande eines Brunnens, der Oberkörper unter Wasser. Um kein Aufsehen zu erregen, wird der Leichnam unverzüglich weggebracht und der Gemeindearzt verständigt, um diese leidige Sache zu erledigen. Der Gemeindearzt ist gleichzeitig Kurarzt und an einem ungestörten Tourismus interessiert. Er ist zu diesem Zeitpunkt aber leider auf Urlaub, und so kommt ein jüngerer Mediziner, der vom bereits anwesenden Bürgermeister und dem Gendarmeriepostenkommandanten aufgefordert wird, unverzüglich den Totenschein auszustellen.

Er verweigert dies und fordert seinerseits den Gendarmen auf, die Staatsanwaltschaft zu verständigen. Dies wird abgelehnt, denn „es gibt ja nichts anzuzeigen, keine Verletzungen, kein Blut". Außerdem muss jedes Aufsehen vermieden werden. Der junge Arzt versucht daraufhin vom Bezirksverwaltungsamt die Anordnung einer kriminalpolizeilichen Obduktion zu erreichen. Eine solche wird mit dem Hinweis verweigert, dass es keinen Verdacht auf eine Infektionskrankheit gäbe. Daraufhin meldet der Arzt den Vorfall telefonisch dem Leiter der Pathologie im nächstgelegenen Krankenhaus. Der Pathologe rät ihm dringend davon ab, ein Gefälligkeitsattest auszustellen. In der Zwischenzeit wurde ein anderer Arzt zur Totenbeschau gerufen, welcher „Sturz unter Alkoholeinfluss, Ertrinken im Dorfbrunnen" feststellte.

Rückblickend kann dazu nur angemerkt werden, dass es vielleicht so gewesen sein mag, es könnte sich aber auch ganz anders abgespielt haben. Bürgermeister und Postenkommandant waren jedenfalls zufrieden.

Für die Schweiz gilt, dass bei jedem Todesfall eine Leichenschau durchgeführt werden muss. Diese ist Voraussetzung für eine Totenbescheinigung und damit für eine Bestattung. Das ist aber auch schon die einzige klare Bestimmung, die für die gesamte Eidgenossenschaft gilt, die Details gehen in einem Wirrwarr kantonaler Einzelvorschriften unter. In 16 von 26 Kantonen gibt es den Begriff des „außergewöhnlichen Todesfalles", der bei der Behörde zu melden ist. Neun Kantone verwenden andere Begriffe, wobei manchmal Unfälle oder Selbstmorde überhaupt nicht anzuzeigen sind. Das ist insofern mehr als problematisch, als hinter so manchen auf den ersten Blick „offensichtlichen Selbstmorden" ein Tötungsdelikt steckt. In einem einzigen Kanton gibt es überhaupt keine Regelung der Meldepflicht von Todesfällen gegenüber der Untersuchungsbehörde – ob das die Mörder wissen?

Die Misere der Leichenforscher

In den drei genannten Staaten sind das Sterben, das Leichenwesen und damit auch das Morden Ländersache. Jedes Bundesland hat seine eigenen Vorschriften und Gesetze und auch seine eigene Kriminalstatistik. Dazu kommt ein begrenztes Budget der Exekutive und der Gerichte, d. h. man kann gar nicht so viele medizinische Gutachten in Auftrag geben, wie man möchte. Außerdem stieße man auf absolutes Unverständnis der Bevölkerung, würde aus einem Trauerfall plötzlich ein Fall für die Polizei. Auch die Polizei selbst wäre über diese Mehrarbeit keineswegs erfreut. Im Großen und Ganzen bietet sich ein höchst unerfreuliches Bild des Umgangs der Gesellschaft mit dem Sterben unserer Mitbürger.

Die entscheidenden Missstände dabei sind:

- Die Tabuisierung des Todes in der modernen Gesellschaft wirkt in die Medizin und die Juristerei hinein.
- Der Widerstand gegen Obduktionen kommt von allen Seiten.
- Der Leichenschauarzt sollte laut Vorstellung der Behörden gleichzeitig Kriminalist sein und durch bloßes Hinsehen alles aufdecken.

- Der Leichenschauarzt steht unter dem Druck, sowohl den Angehörigen als auch der Polizei „Ärger zu ersparen“.
- Der Leichenschauarzt resigniert häufig.

Einzelmitteilungen sowie größere systematische Untersuchungen haben ergeben, dass die Fehlerquote bei der Totenschau leider sehr hoch ist, und zwar nicht nur, was das Verbrechen der Tötung an sich betrifft.

Fehler bei der Feststellung des Todes: Es gibt sehr wohl den Scheintod, und wenn man die entsprechenden Kriterien und Symptome nicht beachtet, so kann es vorkommen, dass der Totenschein für einen noch Lebenden ausgestellt wird. In den meisten Fällen sind es die Leichenbestatter, die dann beim Abtransport der „Leiche“ Alarm schlagen.

Fehler bei der Feststellung der Todeszeit: Wird in einer verschlossenen Wohnung unter völlig unauffälligen Umständen ein verstorbener Einzelbewohner entdeckt, so lässt sich aus der Besichtigung des Körpers allein kaum ein halbwegs sicherer Todeszeitpunkt ableiten. Hier müssen andere Fakten helfen, wie z. B. der Inhalt des Briefkastens oder eine aufgeschlagene Tageszeitung neben der Leiche.

Besondere Bedeutung können die Angaben der Polizei bei Erbschaftsangelegenheiten gewinnen. Ein Beispiel: Vater, Mutter und eheliches Kind sterben bei einem Verkehrsunfall, allerdings nicht gleichzeitig. Die Frage des Todeszeitpunkts kann entscheidend für die Diskussion um die Erblinie sein, ob die väterliche oder die mütterliche Verwandtschaft erbberechtigt ist.

Angenommen, Lady Di und Dodi wären verheiratet gewesen

Beim Verkehrsunfall am 30. August 1997 im Tunnel unter der Place de l'Alma kamen Lady Di, geschiedene Princess of Wales, und Dodi al-Fayed ums Leben. Gesetzt den Fall, die beiden wären verheiratet gewesen, hätte der jeweilige Todeszeitpunkt eine wichtige Rolle gespielt. Dodi war sofort tot. Diana erbt als Ehefrau. Dann stirbt Diana, und es erben ihre Söhne William und Harry aus erster Ehe das Vermögen al-Fayeds. Ob das die Queen amüsiert hätte?

Fehler bei der Feststellung der Todesart:
Je nachdem, an welchem Ort die Totenbeschau durchgeführt wird, ist die Fehlerrate unterschiedlich hoch. Bei einer Leichenschau in der Wohnung ist der Arzt meist auf sich allein gestellt, ohne spezielle Aufforderung kommt die Polizei nicht. Die Rücksichtnahme auf die Hinterbliebenen, schlechte Beleuchtung, Vorfinden der Leiche im Bett und keine augenfälligen verdächtigen Umstände führen dazu, dass die Dunkelziffer der Fehler groß ist.

Wird der Leichnam außerhalb der Wohnung aufgefunden, so ist meist zuerst die Polizei vor Ort, erst dann kommt der Arzt. Bei erfahrenen Ermittlungsbeamten ist die Dunkelziffer der Fehler gering. Der Arzt wird von den Beamten auf verdächtige Momente aufmerksam gemacht.

Erfolgt die Totenschau an einem verstorbenen Patienten im Krankenhaus, so steht unausgesprochen immer eine Frage im Hintergrund: Kommt der behandelnde Arzt als Schuldiger in Betracht? Besondere Überprüfung erfordern Todesfälle nach therapeutischen oder diagnostischen Eingriffen sowie nach einer Fehlmedikation. Es ist absolut verständlich, dass sich der Totenbeschauarzt zurückhalten wird, und daher sind Fehler durchaus möglich.

Fehler bei der Feststellung der letztendlichen Todesursache:
Hier ist bei einer lediglich äußerlichen Besichtigung des Leichnams kaum eine sichere Aussage möglich. Wurde kurz vor dem Tod ein EKG geschrieben und liegen entsprechende La-

boruntersuchungen vor, dann kann ein Herzinfarkt bewiesen werden. Ist dies nicht der Fall, so weiß man gar nichts, und es könnte auch eine Lungenembolie für den Tod ursächlich sein. Das ist aber ein gewaltiger Unterschied, denn eine Lungenembolie wäre durch ärztliche Vorsichtsmaßnahmen unter Umständen zu vermeiden gewesen.

Der Blick durchs Fenster ist keine Diagnose

Ein betagter Witwer und eine ältere Dame leben jeweils allein in ihren Häusern, pflegen aber eine enge Freundschaft. Dazu gehört, wenn man sich nicht persönlich trifft, ein ausführliches Telefongespräch. Bei einem solchen Gespräch äußert der Mann, es sei ihm gar nicht wohl, und er gehe zu Bett. Die Frau alarmiert daraufhin den Hausarzt, und dieser steht einige Zeit später vor dem verschlossenen Haus des Mannes. Auf Klingeln erfolgt keine Reaktion; daher steigt der Arzt in den Vorgarten und sieht durch ein geschlossenes Fenster den Mann regungslos im Lehnstuhl sitzen. Er scheut sich, das Fenster einzuschlagen. Da zu jener Zeit Handys noch nicht im allgemeinen Gebrauch waren, fährt der Arzt in seine Praxis zurück und meldet der Dame, die ihn losgeschickt hatte, was er gesehen hat. Diese verständigt Polizei und Notarzt. Letzterer kann jedoch nur mehr den Tod des alten Mannes feststellen. Gegen den Hausarzt wird ein Ermittlungsverfahren eingeleitet, eine gerichtsmedizinische Obduktion soll den genauen Todeszeitpunkt feststellen.

Es geht um die Frage, ob der Mann zum Zeitpunkt des Besuches des Hausarztes noch gelebt hat und ob eine sofortige ärztliche Intervention den Tod verhindert hätte. Die strittige Zeitspanne liegt in der Größenordnung von knapp unter einer Stunde. Die Obduktion ergab eine hochgradige Arteriosklerose der Herzkranzgefäße und dadurch bedingte Blutmangelversorgung der Herzmuskulatur. Der genaue

Todeszeitpunkt konnte nicht mit der für eine Beantwortung der Frage erforderlichen Sicherheit bestimmt werden. Das Verfahren gegen den Arzt wurde eingestellt.

Die Fehlerquote bei der ärztlichen Leichenschau liegt bei insgesamt zwischen 30 und 70 Prozent, sodass es kaum je eine brauchbare Todesursachenstatistik geben kann.

Zur Ausstellung eines Totenscheines kann man nur resignierend feststellen: Der Schein trügt!

Dessen ungeachtet wurde in Österreich im Jahr 2004 amtlich ein neu gestaltetes Formblatt „Anzeige des Todes" eingeführt. Was in diesem Formular alles gefragt wird und vom Totenbeschauarzt ausgefüllt werden sollte, ist dilettantische Bürokratie. Dazu einige Beispiele:

- Anzugeben ist der Todeszeitpunkt auf die Minute genau – das weiß bestenfalls ein Mörder nach einem erfolgreichen Kopfschuss, sonst wird geschätzt.
- Getrennt anzugeben sind die zugrunde liegende Todesursache und die „unmittelbar zum Tode führende Krankheit" – alles klar?
- Ferner wird nach der „vorausgegangenen Ursache" gefragt. Nun ja, die am weitesten zurückliegende Ursache des Sterbens ist wohl, dass man geboren wurde – vielleicht ist das statistisch interessant.
- Bei Frauen interessiert das Amt, ob eine Schwangerschaft vorlag oder bis zu einem Jahr vor dem Tod eine Schwangerschaftsuntersuchung stattgefunden hat. Wer fragt diesbezüglich die Verstorbene?
- In den Erläuterungen ist zu lesen: „Um tödliche Erkrankungen vermeiden zu können, ist die Kenntnis der Todesursache als die dem Krankheitsverlauf zugrunde liegende Ursache erforderlich." Es bleibt abzuwarten, wie erfolgreich die Bundesanstalt Statistik Österreich in Zukunft tödliche Erkrankungen verhindert.

Der Arzt am Tatort

Der als Erster zu einem Tatort kommende, weil am schnellsten erreichbare Arzt ist in den allermeisten Fällen kein Gerichtsmediziner. Auch wenn von einem Kriminalfall auszugehen ist, hat dieser Arzt nur den Tod des Opfers festzustellen und sonst nichts. Der Leichnam sollte möglichst unverändert belassen werden, jegliche Veränderungen stiften nur Verwirrung. An jeden Tatort oder Leichenfundort sollte möglichst rasch ein Gerichtsmediziner kommen. In einer Großstadt ist dies noch möglich, in der Provinz wird es schon schwieriger.

Der bereits anwesende Arzt, der von medizinischer Kriminalistik keine Ahnung hat, wird von den Ermittlungsbeamten natürlich bestürmt, seine Meinung abzugeben. Er wird nach der Todeszeit, nach der Todesursache gefragt. Der Arzt steckt in einem Dilemma. Soll er ehrlich sagen, dass er überfordert ist, oder soll er irgendwelche vagen Angaben machen? Geht er das Risiko ein, durch eine spätere gerichtsmedizinische Untersuchung korrigiert zu werden? Wie steht er dann vor den lokalen Ermittlern da? Insgesamt gesehen ist ein Arzt, der von Gerichtsmedizin nichts versteht oder nur glaubt, etwas davon zu verstehen, an jedem Leichenfundort ein Störfaktor und sollte sich daher möglichst rasch wieder entfernen. Wer aber bringt schon diese Größe und Selbstkritik auf und unterdrückt gleichzeitig seine Neugier? Wenn schon einmal in seiner Gegenwart etwas passiert, dann möchte er doch dabei sein! Durch ein solches Verhalten wurden schon viele falsche Spuren aufgenommen, viele Ermittlungen in die verkehrte Richtung gelenkt oder überhaupt keine Untersuchungen eingeleitet.

Ein Selbstmord, der keiner war

Nach einer durchzechten Nacht während einer mehrtägigen ländlichen Fete kommen drei junge Männer an einem offenen Scheunentor vorbei und sehen einen Mann scheinbar leblos an einem Strick hängen. So rasch sie es in ihrem Zustand vermögen, holen sie eine Leiter, schneiden den Erhängten vom Strick ab und legen ihn auf den Boden. Die Schlinge wird entfernt, der Arzt gerufen. Entweder spontan oder erst im Zuge der ärztlichen Reanimationsversuche beginnt der „Erhängte" wieder zu atmen. Die Sache hat sich inzwischen herumgesprochen, und viele Menschen kommen in die Scheune. Alle Spuren auf der Erde werden zertrampelt, viele Gegenstände werden umgestoßen.

Der Notarzt holt den Bewusstlosen ab. Dieser wacht jedoch nicht mehr auf, sondern wird zu einem Pflegefall ohne bewusste Hirnfunktion. Der Sauerstoffmangel hat seine Großhirnrinde zerstört. Nach einigen Diskussionen mit den Angehörigen bescheinigt der Dorfarzt einen Selbstmordversuch. Die Diskussion kam deshalb auf, weil ein Selbstmord der Familie als Makel erschien und man lieber einen Unfall angeben wollte. Die Angelegenheit bleibt Tagesgespräch, und so erfährt auch ein Gerichtsmediziner davon, der sein Reitpferd im Nachbardorf eingestellt hat. Er interessiert sich für den Fall, und nun stellt sich einiges heraus: Der Strick wurde verbrannt, um nicht an die Tat zu erinnern. Über einen Sessel, Schemel oder eine Leiter, von wo der „Selbstmörder" gesprungen sein soll, gab es unterschiedliche Aussagen. Sämtliche Spuren waren beseitigt, da gründlich aufgeräumt worden war. Man erinnerte sich jedoch, dass der Hängende die Finger einer Hand in der Schlinge stecken hatte. Als der Gerichtsmediziner ersucht, den „Tatort" sehen zu dürfen, stellt er am Querbalken, auf dem das Seil auflag, eindeutige Schürfspuren fest: Der vermeintliche Selbstmörder wurde an dieser Stelle höchstwahrscheinlich mit der Schlinge um den Hals von einer anderen Person hochgezogen. Der Fall wurde nie geklärt.

Der Gerichtsmediziner am Tatort ist ein hoch qualifizierter Spezialist. Er weiß, dass sich die Kriminalität in

Großstädten erheblich von den Vorfällen in ländlichen Bezirken unterscheidet, und wird sich bereits am Leichenfundort bemühen, die Gesamtsituation eines Todesfalles zu verstehen. Selbstverständlich sind die Tage des auf sich allein gestellten, in allen Sätteln sicheren Gerichtsmediziners vorbei. Die Wissenschaft ist zu mannigfaltig und zu kompliziert geworden. Aus diesem Grund benötigt der Gerichtsmediziner einen engen Kontakt zur Polizei, zu den Spurensicherern und Tatortgruppen der Kriminalbeamten sowie zu den Experten in den kriminaltechnischen und gerichtsmedizinischen Laboratorien.

Die vordringlichsten Aufgaben eines Gerichtsmediziners bei einem Leichenfundort sind:

- die Todeszeitbestimmung,
- das Erkennen der wahrscheinlichen Todesart,
- die Sicherung biologischer Spuren
- und die Identifizierung unbekannter Leichen.

All das kann nur kurz dauern und eindeutig scheinen: Ein Zeuge hat einen Schuss gehört und auf die Uhr gesehen. An der rechten Schläfe des Opfers befinden sich alle typischen Zeichen für einen aufgesetzten Einschuss. Die passende Pistole liegt neben dem Toten, und seine rechte Hand weist die charakteristische Zwickverletzung durch den zurückfedernden Pistolenverschluss sowie auch Pulverschmauchspuren auf. Außerdem hat das Opfer einen Lichtbildausweis und einen Abschiedsbrief bei sich. Trotzdem muss untersucht werden, ob und wie das alles zusammenpasst und ob das Motiv glaubhaft ist. Aber was hat zu geschehen, wenn alle diese Faktoren und Befunde nicht vorhanden sind und man lediglich vor einer unbekannten Leiche steht? Dann fängt die Arbeit des Gerichtsmediziners erst an – und diese ist wesentlich spannender als jeder Film und jeder Roman.

Blutige Ostern am Starnberger See

Wie es begann: Zwei Leichen werden gefunden

Der 19. April 1960 war der Dienstag nach Ostern. Der Arzt Dr. Otto Praun erschien nicht wie gewohnt in seiner Kassenpraxis. Die Sprechstundenhilfe versuchte vergeblich, ihn telefonisch in seiner Villa am Starnberger See zu erreichen; dort meldete sich niemand. Darüber beunruhigt, fuhr sie gemeinsam mit ihrem Lebensgefährten spätabends nach Pöcking, um nachzusehen. Durch eine offen stehende Terrassentür gelangten sie ins Haus und fanden im Flur die teilweise verweste Leiche von Dr. Praun. Die alarmierte Polizei entdeckte im Keller den Leichnam von Elfriede Kloo, die seit vielen Jahren mit dem geschiedenen Arzt zusammenlebte und als seine Haushälterin fungierte. In einem Kellerabteil eingeschlossen, wurde der halb verhungerte Hund Prauns gefunden.

Die Ermittlungen der Polizei führten zu der folgenden (zusammengefassten) Tatortbefundaufnahme. Die Wiedergabe folgt der Dokumentation von Wolfgang Spann, ehemaliger Professor der gerichtlichen Medizin in München. „Der tote Dr. Praun liegt vor dem Garderobenspiegel, flach mit dem Rücken am Boden. Er ist voll bekleidet und trägt einen Mantel, neben ihm liegt sein Hut. Das Gesicht des Toten ist stark blutverschmiert. Anzug und Mantel an der Vorderseite blutdurchtränkt. Um den Kopf befindet sich eine große, eingetrocknete Blutlache. Unmittelbar neben der Leiche liegen zwei Patronenhülsen, Kaliber 6.35. Unter der rechten Hand befindet sich eine belgische FN-Pistole gleichen Kalibers. Die Waffe ist blutverschmiert, entsichert und entspannt, das Magazin leer geschossen, eine Patrone befindet sich im Patronenlager. Der Situation nach zu schließen ist Dr. Praun kurz vor seinem Tode im Kommen (oder Gehen) gewesen. Vermutlich ist er gekommen.

Leichenstarre: Zur Zeit der Feststellung um 4.40 Uhr (20. April) war sie weitgehend gelöst, lediglich an den unteren Teilen bis zum Knie leicht vorhanden. Vermutlicher Todeseintritt von Freitag auf Samstag (15. auf 16. April). Starker Verwesungsgeruch.

Im Keller findet sich im ersten Vorraum flach auf den Fliesen liegend der Leichnam von Frau Elfriede Kloo. Unterhalb des Kopfes eine riesige Blutlache, vollkommen verkrustet.

Leichenstarre: Zur Zeit der Feststellung um 5.45 Uhr (20. April) ist die Leichenstarre an den unteren Partien noch stark ausgeprägt, etwas beginnt sie sich zu lösen. Vermerk: Die verschiedenen Ausprägungen der Leichenstarre bzw. der Lösung sind auf die Temperaturunterschiede in den beiden Räumen zurückzuführen. In den oberen Räumen ist es warm, und daher sind die Verwesungserscheinungen bei Dr. Praun stark fortgeschritten, und die Leichenstarre ist ziemlich gelöst. Im unteren Raum ist es kühl. Die Leichenstarre ist daher noch ziemlich gut ausgeprägt und die Leiche noch gut erhalten, kein Verwesungsgeruch feststellbar.

Bei Elfriede Kloo ist auf dem Hinterkopf am Haaransatz eine Einschussstelle als Nahschuss feststellbar. Es dürfte sich um einen aufgesetzten Schuss handeln, da Pulverschmauch vorhanden ist. Angesprochener Genickschuss: In einer Entfernung von etwa einem Meter befindet sich eine Patronenhülse, Kaliber 6.35.

Zusammenfassung: Die Haushälterin wurde von hinten ermordet, als Täter dürfte eine vertraute Person in Frage kommen. Es liegt der Verdacht nahe, dass Dr. Praun den tödlichen Schuss abgab.

Als Verletzungen bei Dr. Praun wurde ein Schuss in die Mundhöhle festgestellt, sonstige Verletzungen am Toten und Beschädigungen an der Kleidung nicht feststellbar."

Für die Polizeibeamten schien der Fall klar: Dr. Praun

hatte seine Haushälterin erschossen und dann Selbstmord begangen. Schuss in die Mundhöhle – die vorgefundene Situation lässt auf einen Selbstmord schließen. Die Ermittlungen wurden abgeschlossen. Noch am 20. April 1960 gab der zuständige Staatsanwalt die Leichen zur Beerdigung frei. Dr. Praun wurde am 22. April am Münchner Nordfriedhof bestattet, Frau Kloo am selben Tag auf dem Friedhof von Rosenheim. Damit schien dieser traurige Fall erledigt.

Aber es kam ganz anders. Einige Monate später, anlässlich der Testamentsabhandlung, erfuhr der Sohn des Toten, dass Vera Brühne, eine Bekannte seines Vaters, ein 70.000 Quadratmeter großes Grundstück mit einem Landhaus an der spanischen Costa Brava erben sollte. Er war erstaunt, denn sein Vater hatte, so sagte er, den Besitz verkaufen wollen. Zweifel an der Selbstmordversion kamen, Vera Brühne geriet in Verdacht. Der Sohn erstattete Strafanzeige gegen unbekannt, um eine Exhumierung der Leichen zu erwirken. Damit beginnt der Fall Vera Brühne.

Ein Indizienprozess

Am 28. Oktober 1960, sechs Monate nach seinem Tod, wurde die Exhumierung der Leiche des Dr. Praun durchgeführt. Bei der Leichenöffnung fanden sich – entgegen dem Ergebnis der bisherigen polizeilichen Ermittlungen – zwei Schädeldurchschüsse. Es gab einen Einschuss an der rechten Schläfe und einen Ausschuss am linken Scheitelbein, Schussrichtung nach links oben. Ein anderer Einschuss lag in der rechten Jochbeingegend, der Ausschuss befand sich im Mund, Schussrichtung nach links unten. Einen „Schuss in die Mundhöhle", wie dies im ursprünglichen Tatortbericht der Polizei vermerkt war, hat es nie gegeben.

Mehr als ein Jahr später, am 9. November 1961, erfolgte die Exhumierung der Leiche von Elfriede Kloo. Bei der Obduktion fand sich eine Zertrümmerung des ersten Halswirbelkörpers. Angesichts der weit fortgeschrittenen Fäulnis der Leiche konnte man aufgrund dieses Befundes zur Todesursache wie folgt Stellung nehmen: Als wichtigster Befund ließ sich eine Zertrümmerungsfraktur des Bogens des ersten Halswirbelkörpers mit Verlagerung von Knochenbruchstücken in den Halswirbelkanal und die Kleinhirngegend nachweisen. Dies könnte die Folge einer Schussverletzung gewesen sein. Eine weitergehende Feststellung konnte deshalb nicht getroffen werden, weil ein Schusskanal als solcher in Folge der weit fortgeschrittenen Fäulnis nicht nachgewiesen werden konnte. Die Verlagerung der Knochensplitter ließ den Schluss auf die Schussrichtung von hinten nach vorne zu.

In einer beispiellosen Pressekampagne gegen Vera Brühne und deren Bekannten Johann Fehrbach kam es zu einer Vorverurteilung durch die Medien, noch ehe das Gerichtsverfahren begonnen hatte. Die Reporter wussten mehr als die Polizei, in der Zeitung konnte man lesen, wie Vera Brühne und Johann Fehrbach die Morde ausgeführt hätten. Die Verhandlung vor dem Münchner Schwurgericht fand in der Zeit von Mittwoch, dem 25. April 1962, bis zum 4. Juni 1962 statt. Das Gericht kam schließlich zu der Auffassung, dass Johann Fehrbach und Vera Brühne des Mordes schuldig sind. Sie wurden zu lebenslangem Zuchthaus verurteilt, haben die Tat jedoch immer bestritten und kein Geständnis abgelegt.

Johann Fehrbach verstarb 1970 während der Haft. Vera Brühne wurde 1979 nach 18-jähriger Haft ohne Angabe von Gründen begnadigt und aus der Strafhaft entlassen. 2001 starb sie 91-jährig in einer Münchner Klinik.

Die Beweisführung des Gerichts beruhte auf Mutmaßungen, teilweise widerrufenen Zeugenaussagen und einer äußerst fragwürdigen Bestimmung der Todeszeit beider Opfer. Als Tatzeit wurde entgegen dem ursprünglichen Polizeibericht vom Gericht Gründonnerstagabend, 14. April 1960, gegen 19.45 Uhr festgesetzt. Nur für diese Zeit hatten Vera Brühne und Johann Fehrbach kein Alibi, weshalb die Tatzeit für eine Verurteilung von entscheidender Bedeutung war. Dass die Terrassentür mehrere Tage offen stand und somit jeder den Tatort hätte manipulieren können, blieb unberücksichtigt.

Kriminalistische Fehler im Fall Vera Brühne

1. Voreiliger Fehlschluss: erweiterter Selbstmord

Die „Kriminalisten" am Tatort wie auch jener Arzt, der die Leichenschau durchführte, waren überfordert. Es ist doch keineswegs ein geläufiger Vorfall, dass jemand aus dem Berufsalltag nach Hause zurückkehrt und dort noch in Hut und Mantel seine Haushälterin und Lebensgefährtin ermordet, danach sich selbst erschießt und gleichzeitig seinen geliebten Hund einsperrt. Es wurde weder ein Abschiedsbrief gefunden, noch gab es ein offensichtliches Motiv für einen Suizid, erweitert durch einen Mord an der Lebensgefährtin. Ein gemeinsamer freiwilliger Selbstmord konnte es nicht gewesen sein, dabei liegen die Leichen immer nebeneinander. Das „Mitnehmen" in den Selbstmord kommt vor, wird jedoch nur von psychisch stark angeschlagenen Personen durchgeführt. Im Falle von Dr. Praun wurde weder die Waffe auf Fingerabdrücke untersucht noch an seiner Hand ein Test zum Nachweis von Pulverschmauch durchgeführt. Die Annahme eines Selbstmordes war eben eine reine Annahme.

2. Freigabe der Leichen: keine Obduktion

Den „Ermittlern" vor Ort schien alles klar, zumal auch der Sohn des Dr. Praun, selbst Arzt, zunächst die Selbstmordthese befürwortete. Die Tatsache, dass neben der Leiche des Dr. Praun zwei aus der Pistole ausgeworfenen Patronenhülsen lagen, störte niemanden. Eine gerichtliche Obduktion hätte natürlich sofort die zwei Schädelschüsse aufgedeckt und auch Aussagen darüber erlaubt, ob nach Abfeuern des ersten Schusses noch so viel Handlungsfreiheit bestand, um einen zweiten Schuss abzugeben. Ein Schuss hat nämlich nur den Gesichtsschädel getroffen, ohne das Gehirn zu verletzen, somit wäre ein zweiter Schuss nicht ausgeschlossen gewesen.

In der exhumierten Leiche fand man über einen halben Liter verschlucktes Blut im Magen, ein Beweis, dass zwischen dem ersten und dem zweiten Schuss doch einige Zeit vergangen sein muss. Die Freigabe der Leichen ohne Obduktion war ein entscheidender Unterlassungsfehler: Wäre der Leichnam von Dr. Praun verbrannt worden, hätte die Geschichte hier überhaupt ein Ende.

3. Lage der Patronenhülsen und des Projektils sowie Blutspuren nicht beachtet

Angenommen wurde bei Dr. Praun ein einziger Schuss in den Mund, es lagen jedoch zwei Patronenhülsen neben ihm auf dem Boden. Ein Projektil wurde auf der Couch im Nebenzimmer gefunden. Das alles scheint die Ermittlungsbeamten nicht sonderlich gestört zu haben. Bei einem Schuss in den Mund fliegt ein Projektil in der Regel jedoch nicht auf die Wohnzimmercouch. Aber es gab eben keinen Schuss in den Mund, dort befand sich ein Ausschuss. Warum die ursprüngliche Tatortskizze mit der doch ungewöhnlichen Lage von zwei Hülsen und einem Projektil keine weiteren Untersuchungen zur Folge hatte, bleibt ein Rätsel. Eine genaue Dokumentation der Blutspuren, und zwar vor allem der Blutspritzer, erfolgte nicht. Aus den Blutspuren kann man meistens erkennen, wer geschossen hat, in welcher Reihenfolge die Schüsse fielen und in welcher Position sich die beteiligten Personen befanden.

4. Annahme eines falschen Tatzeitpunkts

Im Leichenschauschein des Dr. Otto Praun steht unter Zeitpunkt des Todes: „Nacht vom 15. auf 16. April 1960", somit von Karfreitag auf Karsamstag. Diese Feststellung erfolgte vier Tage nach dem Tod lediglich mittels Abschätzung des Grades der Leichenstarre und des Fortschritts der Verwesung. Das Gericht hat als Todeszeit jedoch den 14. April 1960 gegen 19.45 Uhr festgesetzt, also Gründonnerstag. Am Tatort selbst wurden keinerlei objektive Untersuchungsmaßnahmen zur Bestimmung der Todeszeit durchgeführt. In den Protokollen finden sich keine Angaben über Lokalisation der Totenflecke, die genaue Ausbildung bzw. Lösung der Totenstarre an bestimmten Muskelgruppen, die Raum- und die Körpertemperatur sowie einen eventuellen Befall durch Fliegenmaden.

Die Todeszeit, und damit der Zeitpunkt der Tat wurden gerichtsmedizinisch nicht untersucht. Später gab dieser Fall jedoch Anstoß, genaue experimentelle Untersuchungen über den allgemeinen zeitlichen Ablauf der Totenstarre anzustellen. Der Leiter dieser Experimente, Universitätsprofessor in Freiburg im Breisgau, kam zu dem Ergebnis: „Der vom Schwurgericht festgestellte Todeszeitpunkt ist ausgeschlossen. Der Tod muss vielmehr wesentlich später eingetreten sein."

Das Schwurgericht in München interpretierte die Ermittlungsergebnisse in der Weise, dass Vera Brühne und Jochen Fehrbach wegen Doppelmordes zu je zweimal lebenslangem Zuchthaus verurteilt wurden, da sie „aus hemmungsloser Gewinnsucht, Habgier und (...) tiefster Gewissenlosigkeit (...) auf heimtückische Art und Weise" getötet hätten.

Zahlreiche Versuche zur Wiederaufnahme des Verfahrens wurden abgelehnt, auch als neue Zeugen auftauchten, potenzielle Täter namentlich genannt wurden und Verbindungen zu Spionage, Bundesnachrichtendienst und Waffenhandel möglich erschienen.

Der Mordfall Dr. Praun und Elfriede Kloo wurde nie eindeutig geklärt, es wurde lediglich geurteilt. Gründe dafür waren Missstände bei der Spurensicherung sowie das Nichthinzuziehen von Gerichtsmedizinern. Der Schaden, den dieses Verfahren Justiz und Kriminalistik zugefügt hat, ist enorm, heftiges Misstrauen wurde geweckt und bleibt mit Recht bis in die Gegenwart bestehen.

Sterben, Tod und Leichen

Ab wann ist ein Mensch eine Leiche?

Diese Frage mag kurios und makaber klingen, ist es aber nicht. Schließlich geht es um eine ernste Sache. Die rasche und exakte Feststellung des eingetretenen Todes ist für alle Beteiligten von eminenter Wichtigkeit. Für Ärzte und Sanitäter geht es darum, ob Wiederbelebungsmaßnahmen erforderlich sind, für den Betroffenen selbst ist interessant, ob er nun tot ist oder nicht, und für das Beförderungsgewerbe muss entschieden werden, ob die Rettung oder die Leichenbestattung kommen soll. Der Arzt – notfalls auch ein mit Reanimation vertrauter Laie – hat festzustellen, ob ein Mensch wiederbelebt werden kann und soll. Alles muss sehr schnell gehen, denn abhängig von den äußeren Bedingungen ist bei einem Kreislaufstillstand die Funktion des Gehirns unwiederbringlich nach wenigen Minuten gestört. Das ist das Schlimmste, was passieren kann. Bleiben solche Menschen am Leben, so bezeichnet man ihren Zustand als „Wachkoma". Diese Bezeichnung ist ziemlich unglücklich, denn niemand weiß, wie „wach" solche Patienten wirklich sind und was sie von der Außenwelt überhaupt mitbekommen bzw. wie tief das „Koma" ist und sie demzufolge kein Bewusstsein haben. Der Begriff „Wachkoma" hat sich eingebürgert, weil die Betroffenen bewusstlos erscheinen, die Augen aber geöffnet haben.

Ein Herzinfarkt am falschen Ort

Ein Primararzt und Leiter einer großen klinischen Abteilung in einem Krankenhaus hat einmal auf die Frage eines Journalisten: „Wie möchten Sie sterben?" kurz und ehrlich geantwortet: „Rasch!" Doch das ging nicht in Erfüllung.

Es war noch die Zeit vor dem Einsatz von Notarztwagen und Hubschraubern. Besagter Mann erlitt auf der Straße einen Herzinfarkt mit nachfolgendem Herzstillstand und fiel zu Boden. Durch Zufall ereignete sich dieser Zwischenfall unmittelbar gegenüber der Ausfahrt der Rettungszentrale. Dort hatte ein Dienst habender Rettungssanitäter beobachtet, was geschehen war, eilte zu dem Gestürzten, erkannte den Arzt, lief zurück und holte seine Kollegen. Es wurden Wiederbelebungsmaßnahmen ergriffen, jedoch ohne ersichtlichen Erfolg. Da ja Rettungsautos bereitstanden, wurde der Bewusstlose ins Krankenhaus gebracht. Die gesamte Aktion dauerte 20 Minuten, dann wurde im Krankenhaus professionelle Hilfe geleistet. Mit Erfolg.

Die Attacke des Herzinfarktes wurde medizinisch behandelt und wieder eine Kreislauffunktion in Gang gebracht. Allerdings war das Gehirn des Patienten in der Zwischenzeit durch Sauerstoffmangel so weit geschädigt worden, dass er im Zustand eines Wachkomas verblieb. Er konnte spontan atmen, in einem Sessel sitzen, jedoch nur völlig teilnahmslos vor sich hin starren. Es gab keine Anzeichen, dass er jemanden aus seiner Umgebung erkannt oder dass er verstanden hätte, was man ihm sagte. Wir wissen es aber nicht.

18 Monate nach dem Herzinfarkt starb der Patient, eine lange Leidenszeit. Hätte er seinen Herzinfarkt nicht vor der Rettungszentrale, sondern in einer anderen Straße erlitten, wäre er rasch verstorben. So spielt der Zufall in das Schicksal des Menschen hinein.

Ein Mensch ist also eine Leiche, sobald der Tod eingetreten ist. Dann ist der Betroffene rechtlich gesehen auch kein Mensch mehr, sondern ein Leichnam. Auferstehung von den Toten ist in Biologie, Medizin und Juristerei nicht vorgesehen. Es kann lediglich hin und wieder der peinliche Fall eintreten, dass ein verschwundener und von Amts wegen für tot Erklärter später wieder auftaucht. Aber das sind andere Geschichten.

Den Eintritt des Todes nennt man Sterben, und – wie

es so schön heißt – im Tod sind alle Menschen gleich, beim Sterben jedoch nicht, das ist das Schlimme an der Sache.

Das Sterben ist ein Geschehen, der Tod ein Zustand, über den wir absolut nichts wissen

Jener Vorgang, der zum biologischen Tod mit seinen Kennzeichen der Endgültigkeit und Unumkehrbarkeit führt, wird als Sterben bezeichnet; dies ist das letzte Lebenszeichen. Das Geschehen des Sterbens kann manchmal durch intensive medizinische Maßnahmen unterbrochen werden, was fälschlicherweise als Wiederbelebung oder Reanimation bezeichnet wird. Niemand kann nach dem eingetretenen Tod wieder „belebt“ werden, er kann höchstens aus dem Sterben zurückgeholt werden. Jeder Auferstehungsglaube muss sich daher auf „Wunder“ berufen – und dann ist die Sache wieder einfach, denn durch ein Wunder kann „alles“ geschehen; es widerspricht nur sämtlichen Erkenntnissen der Naturwissenschaft.

Dass Sterben ein zeitlich ablaufender Vorgang ist, wird anhand weniger Beispiele verständlich:

- Ein Schuss in den Schädel führt zur sofortigen Hirnzertrümmerung und damit zum plötzlichen Tod durch äußere Gewalteinwirkung. Die Sterbenszeit ist entweder nicht merkbar oder beträgt maximal wenige Sekunden.
- Ein Stich in den Bauch kann zur Verletzung von großen Blutgefäßen und nachfolgenden inneren Verletzungen führen. Die Sterbenszeit kann einige Minuten, manchmal sogar Stunden betragen.
- Eine chemische Vergiftung kann sich über mehrere Monate erstrecken, die Sterbenszeit ist dementsprechend lang.

Beim Sterben aus natürlicher Ursache liegen die Dinge noch etwas komplizierter. Da gibt es zunächst den fortschreitenden biologisch bedingten Kräfteverfall im Greisenalter; am Ende der Vorgänge des harmonischen Alterns – wenn also alle Organe gleichmäßig altern – steht der Tod an Altersschwäche. Dabei handelt es sich um das Erlöschen des Lebens, das der Philosoph Arthur Schopenhauer (1788–1860) folgendermaßen charakterisierte: „Diese Menschen sterben gar nicht, sie hören auf zu leben."

Ist eine Krankheit die Ursache des Todes, so gibt es grundsätzlich zwei Möglichkeiten:

1. **Langsamer und vorhersehbarer Tod**
   Das Nahen des Todes und die immer deutlicher werdenden Anzeichen dafür lassen sich beobachten, der Mensch ist längere Zeit krank. Das Sterben dauert unter Umständen sehr lange.

2. **Plötzlicher Tod aus natürlicher Ursache**
   Die Todeskrankheit beginnt abrupt, das Sterben dauert maximal wenige Stunden.

   - Plötzlicher, aber nicht unerwarteter Tod:
     Ein schweres Grundleiden war bekannt, z. B. eine Herzkranzgefäßarteriosklerose und ein bereits einmal durchgemachter Herzinfarkt. Der Patient gehört einer bekannten Risikogruppe an. Ein zweiter Herzinfarkt etwa führt zum plötzlichen, aber nicht unerwarteten Tod.
   - Plötzlicher, unerwarteter Tod:
     Grundleiden oder Risikofaktoren sind nicht bekannt, der Patient hat keine Krankheitssymptome. Typische Beispiele wären das Platzen einer Hirnarterie als Folge einer Verdünnung der Gefäßwand oder ein akutes Herzversagen bei Herzmuskelentzündung.

Viele Wege führen zum Tod

Beim gewaltsamen Tod, also bei Mord und Totschlag, ist es meist einfach: Es gibt eine Ursache – Messer, Kugel, Schlinge, Gift und dergleichen –, und daraus entsteht eine Folge, der Tod. Beim Tod aus natürlicher Ursache – damit meint man Krankheiten – liegen die Dinge schon wesentlich komplizierter. So wie es nicht die Krankheit schlechthin gibt, gibt es auch kein Sterben schlechthin, sondern verschiedene Sterbenstypen.

- Linearer Sterbenstyp:
  Aus einem Grundleiden entwickelt sich direkt (linear) eine Abfolge von Ereignissen und Komplikationen, die zum Versagen eines lebensnotwendigen Organs führt. Es handelt sich also um eine geradlinige Kausalkette mit organspezifischer Todesursache.

  Wladimir Iljitsch Uljanow, genannt Lenin (1870–1924): Er litt an Bluthochdruck und daher verfrüht und verstärkt an Hirnarteriensklerose. Durch Verschlüsse von Hirnarterien kam es zu mehreren Schlaganfällen, wobei der letzte das Gehirn so weit zerstörte, dass der Tod eintrat. Die Kausalkette sah in diesem Fall folgendermaßen aus: Bluthochdruck → Hirnarteriensklerose → rezidivierende Schlaganfälle → Tod.
- Divergierender Sterbenstyp:
  Von einem Grundleiden ausgehend, kommt es zu einer Schädigung mehrerer Organe (divergierend), die in ihrer Gesamtheit den Tod auslöst. Auch die Einwirkung von Medikamenten ist hier zu berücksichtigen.

  Sigmund Freud (1856–1939):
  Er erkrankte 1923 an Mundhöhlenkrebs und musste sich während der letzten sechzehn Jahre seines Lebens zahlreichen Operationen unterziehen. Der Tumor zerstörte schließlich den Kieferknochen und die Haut, es

war ihm danach unmöglich, normal zu essen. Eine Wundinfektion verbreitete üblen Geruch. Nach zwei Morphiuminjektionen zur Schmerzlinderung trat der Tod ein.

- Konvergierender Sterbenstyp:
  Es bestehen mehrere Grundleiden, die zu einer oder mehreren konkurrierenden Todesursachen führen, die sich gegenseitig auch beeinflussen können, sodass der Tod durch Wechselwirkung mehrerer Schädigungen eintritt.

  Ignaz Semmelweis (1818–1865):
  Als Spätfolge einer Syphilisinfektion erkrankte er an Gehirn- und Rückenmarksdegeneration (Progressive Paralyse und Tabes dorsalis). Nach einer Fingerverletzung mit folgender Wundeiterung kam es zum Eindringen von Bakterien ins Blut und Eiterabsiedelungen in verschiedene Organe (Septikopyämie).

Die Feststellung des Individualtodes

Unter normalen Bedingungen, ohne künstliche Aufrechterhaltung von Atmung und Kreislauf, sind die klassischen Todeszeichen ausschlaggebend. Diese sind der Stillstand der Atem- und Herztätigkeit, das Aufhören der Reflexe und der Eintritt der Totenflecken sowie der Totenstarre.

Zunächst nur Hinweise

Ein Atemstillstand lässt sich nur mit Hilfe der menschlichen Sinne feststellen; man sieht keine Atembewegung des Brustkorbes, und ein vor den Mund gehaltener Spiegel beschlägt sich nicht. Das alles ist aber höchst unsicher.

Bei einem Herzstillstand sind weder ein Puls noch Herztöne nachweisbar, aber auch dabei kann man sich gewaltig täuschen. Besser ist die Ausfertigung eines Elektrokardiogramms, d. h. die Aufzeichnung der elektrischen Ströme bei Herzaktionen. Ergibt sich dabei eine Nulllinie, so ist die Diagnose des eingetretenen Todes fast sicher. Das Aufhören der Reflexe prüft man durch Berühren der Hornhaut des Auges; als Lebenszeichen müsste zumindest ein Zucken der Augenlider erfolgen. Leuchtet man mit einer Taschenlampe auf das Auge, so verkleinert sich beim Lebenden die Pupille, bei einem Ausfall dieses Reflexes sieht man nur weite, lichtstarre Pupillen.

All das sind aber nur mehr oder weniger gewichtige Hinweise für den eingetretenen Tod. Beweisend sind ausschließlich das Auftreten von Totenflecken und Totenstarre.

Totenflecken

Es kommt zu einer rotvioletten, flächig zusammenlaufenden Verfärbung der Haut in den jeweils unten liegenden Körperpartien.

Wie entstehen diese Totenflecken?

Nach dem Kreislaufstillstand sinkt das Blut entsprechend der Schwerkraft aus den höher gelegenen Regionen des Körpers in die tiefer gelegenen ab. Dadurch werden die tiefer gelegenen Körperteile blutreich, die Haut in diesem Bereich zeigt eine typische rotviolette Verfärbung. Druck auf die Haut verhindert die Bildung der Totenflecken: an Körperstellen, die aufliegen, fehlen diese.

„Ausgespart“ sind die Totenflecken daher im Bereich der Schulterblätter, am Gesäß, an den Waden und stellenweise an den Armen. Das gilt für einen am Rücken liegenden Leichnam.

Ganz anders manifestieren sich die Totenflecken etwa bei einem Erhängten; hier ist die obere Körperhälfte blass, das Blut sammelt sich in den Beinen, welche direkt blau werden.

Normalerweise sind die Flecken rotviolett, manchmal etwas dunkler, also blaurot. Die Farbe der Totenflecken kann durch Veränderungen des Blutfarbstoffes geändert werden. Bei einer Kohlenmonoxidvergiftung beispielsweise (Rauchgas, Leuchtgas, Autoabgase und dergleichen) sind die Flecken leuchtend hell, kirschrot. Die gleiche Farbe tritt bei Erfrierungen auf. Das Erkennen kirschroter Totenflecken schon bei der ersten Besichtigung der Leiche ist ungemein wichtig, denn so gewinnt man frühzeitig einen Hinweis auf austretendes Kohlenmonoxid und kann die Vergiftung weiterer Personen verhindern.

Auch das zeitliche Auftreten der Totenflecken zeigt eine charakteristische Abfolge:

- Die ersten Totenflecken treten nach 20 bis 30 Minuten ein; bei Rückenlage zuerst an den seitlichen Halspartien und am Nacken. Um sie zu sehen, muss man die Leiche anheben.
- Am ganzen Körper treten sie zwischen einer halben und zwei Stunden auf.
- Innerhalb der ersten sechs Stunden sind die Totenflecken noch vollständig umlagerbar, d. h. sie verschwinden beim Umdrehen der Leiche von der ursprünglichen in eine andere Position und bilden sich an den jetzt tiefer liegenden Partien neu aus: Das nennt man das „Wandern" der Totenflecken. „Doppelte" Totenflecken – an einer Körperseite und auf der Gegenseite – bedeuten, dass die Lage der Leiche innerhalb von sechs bis zwölf Stunden verändert wurde. Solche Beobachtungen sind vor allem bei Leichenfunden am Tatort wichtig.
- Nach zwölf bis 14 Stunden sind die Totenflecken nicht mehr umlagerbar.

Welche Farbe haben die Totenflecken?

Ein altes Ehepaar, beide über 80 Jahre, wurde eines Morgens tot im Bett liegend aufgefunden. Die Schlafzimmertüre war von innen verschlossen, der Schlüssel steckte, die Fenster waren geschlossen. Das Ganze spielte sich in einem weitläufigen Bauernhof ab. Es bestand kein Hinweis auf Gewalteinwirkung oder Fremdverschulden!

Der gerufene Totenbeschauarzt kannte die beiden Verstorbenen gut, sie waren seine Patienten. Beide seit Jahren herzkrank, nahmen sie regelmäßig ziemlich starke Medikamente. Der Arzt erklärte die Sachlage für eindeutig und sagte, es käme als Todesursache nur eine gewisse Medikamentenüberdosierung in Betracht. In diesem Sinne stellte er auch die Totenscheine aus. Da es mehrere Erbberechtigte gab, bestanden diese auf eine Obduktion. Es sollte vom Obduktionsarzt nämlich „geistige Unzurechnungsfähigkeit beim Abfassen des letztgültigen Testamentes" festgestellt werden.

Dem erfahrenen Pathologen fielen sofort die „kirschroten" Totenflecken auf, die Blutuntersuchung bestätigte eine Kohlenmonoxidvergiftung. Der Totenbeschauarzt hatte das nicht bemerkt. Bei Besichtigung des Hauses wurde festgestellt, dass neben dem Schlafzimmer des alten Ehepaars kürzlich ein Bad eingerichtet worden war, damit die betagten Leute allein und ohne die unteren Hausbewohner zu stören ihrer doch längere Zeit dauernden Körperpflege nachgehen konnten. In dem Badezimmer war ein gebrauchter Durchlauferhitzer montiert worden. Die Techniker stellten fest, dass dieses Gerät die Quelle des geruchlosen Kohlenmonoxids war. Bei der Installation im Badezimmer war die Wand zum Schlafzimmer infolge Verlegung von Rohrleitungen aufgestemmt und nur durch eine Tapete wieder verschlossen worden. Auf diesem Weg gelangte das ausgetretene Kohlenmonoxid in das Schlafzimmer.

Von der Familie war schon daran gedacht worden, dieses

nun frei gewordene Zimmer für zwei Kleinkinder einzurichten. Der Pathologe hat mit seiner Aufdeckung der Kohlenmonoxidvergiftung mit Sicherheit das Leben der Kinder gerettet.

Totenstarre

Nach dem Tod erstarren sowohl die Skelettmuskulatur als auch die Muskulatur der inneren Organe, selbstverständlich auch der Herzmuskel. Dies geschieht durch Veränderungen der Muskeleiweißkörper. Die Starre der Muskulatur und damit der Gelenke tritt in jener Position ein, in welcher sich der Verstorbene beim Eintritt des Todes befunden hat. Da die Beugemuskulatur im Allgemeinen stärker ausgebildet ist als die Streckmuskulatur, kommt es zu einer Verstärkung der Beugestellung etwa an den Fingergelenken: Dies macht es unmöglich, „einer Leiche die Hand zu schütteln". Das Vorhandensein der Totenstarre wird geprüft, indem man versucht, an der Leiche verschiedene Gelenke zu bewegen: Unterkiefer, Ellbogen, Finger, Knie, Zehen.

- Die Muskelstarre beginnt zwei bis drei Stunden nach dem Tod.
- Vollständig ausgebildet ist die Totenstarre nach vier bis sechs Stunden.
- Wo die Totenstarre zuerst auftritt, ist abhängig von der Lage der Leiche. Höher gelegene Partien erstarren früher als tiefer gelegene, also umgekehrt zu den Totenflecken. Beanspruchte Muskeln erstarren früher.

Die Totenstarre führt, abgesehen von der Skelettmuskulatur, auch an einigen anderen Organen zu charakteristischen, unerwarteten Phänomenen:

- Die Weite der Pupillen ändert sich. Beim Eintritt des Todes sind die Pupillen – ausgenommen bei manchen

Vergiftungen wie z. B. durch Morphin und Heroin – meist weit. Durch die Starre der Augenmuskulatur werden die Pupillen in eine mittelweite Stellung gebracht.

- Das Herz macht einige Zeit nach dem Tod noch einmal eine Bewegung, da es sich mit Einsetzen der Totenstarre noch ein letztes Mal kontrahiert und das Blut noch einmal austreibt.
- Auch erfolgt ein allerletzter Atemzug. Die Totenstarre des Zwerchfells führt zu einer Kontraktion desselben und damit zu einer Einatembewegung.
- Auf der Haut bewirkt die Starre der Muskulatur die Bildung einer „Gänsehaut" an den Haarfollikeln.

Totenkälte

Die Totenkälte ist in der Praxis kein sicheres Zeichen des Todes. Im Gegenteil, die häufigsten Irrtümer entstehen dadurch, dass bei Unterkühlung ein bereits eingetretener Tod angenommen wird!

Die Abkühlung des toten menschlichen Körpers erfolgt zunächst infolge einer Angleichung an die Außentemperatur, danach geht die Abkühlung infolge der Verdunstung an der Körperoberfläche jedoch noch weiter.

Späte Leichenerscheinungen

- Bei günstigen äußeren Verhältnissen (Luftzug, geringe Luftfeuchtigkeit) kommt es zur Vertrocknung des Leichnams durch Flüssigkeitsverdunstung. Stellen mit dünner Haut oder Areale von Hautabschürfungen vertrocknen rasch; sie werden zunächst gelb, dann braun und hart – so etwa das Lippenrot, die Nasenspitze und die Ohrmuscheln sowie die Hornhäute der offen bleibenden Augen. Da trübe, vertrocknete Augen nicht allzu schön aussehen, sollten die Augenlider der Leichen möglichst rasch geschlossen werden. Ungemein wichtig ist es, zu wissen, dass leichte Hautabschürfungen oft erst durch das Vertrocknen deutlich sichtbar werden. Dies ist insbesondere bei Würgemalen am Hals der Fall, sodass es erst ziemlich spät auffällt, wenn jemand gewürgt wurde.

Betreffen die Austrocknungen nach längerer Lage dann den gesamten Körper, so spricht man von Mumifizierung. Dabei schrumpfen die Gewebe infolge hochgradiger Vertrocknung ein, die Haut bildet Runzeln, wird hart und verfärbt sich braunschwarz.

- Bleibt die Vertrocknung aus, kommt es zum Zerfall des Körpers. Dabei werden drei verschiedene Arten unterschieden.
  - Autolyse, d. h. Selbstauflösung: Nach dem Tode aus den Zellen frei werdende Wirkstoffe, so genannte Enzyme, spalten Eiweiße und Kohlenhydrate, die Strukturbausteine des Körpers. Es kommt zum Zerfall. Die Autolyse erfolgt bei warmer Umgebungstemperatur sehr rasch.
  - Fäulnis: Abbau der Organe durch Bakterien unter Luft- und Sauerstoffabschluss. Es entstehen schmutzig-grau-grüne, weiche, oft von Gasblasen durchsetzte Gewebsreste. Die Fäulnisgase ergeben den charakteristischen Geruch einer Leiche.
  - Verwesung: Die Organe werden von bestimmten Bakterien, die nur bei Sauerstoffzutritt arbeiten, abgebaut. Effekt der Verwesung ist die völlige Zerstörung des Leichnams. Diese dauert je nach Umgebungsfeuchtigkeit drei bis zehn Jahre. Die Bakterien kommen von der Haut, der Mundhöhle, den Luftwegen und dem Verdauungstrakt. In-

nerhalb des Leichnams breiten sie sich größtenteils über den Weg der Blutgefäße aus. Bei Ausgebluteten oder Neugeborenen mit noch bakterienfreiem Darm geht die Fäulnis daher sehr langsam vor sich. Eine schnelle Fäulnis tritt dagegen bei bakteriellen Infektionskrankheiten auf, da die Bakterien in diesem Fall schon im Blut sind.

Autolyse, Fäulnis und Verwesung beginnen unmittelbar nach Todeseintritt, der Ablauf ist jedoch stark von äußeren Einflüssen, vor allem von Wärme und Feuchtigkeit, abhängig. Autolyse erfolgt durch körpereigene chemische Wirkstoffe; Fäulnis entsteht durch körpereigene Bakterien ohne Sauerstoff; und Verwesung durch körpereigene Bakterien mit Sauerstoff. Erst dann kommen die Würmer.

– Ein ganz besonderer Vorgang bei Leichenveränderungen ist die Fettwuchsbildung. Dabei erfolgt eine Umwandlung des Unterhautfettgewebes in eine weißlich-graue, körnige Masse, die „Adipocire“ genannt wird. Das Wort kommt aus dem Französischen und bedeutet „Leichenwachs“. Tatsächlich ist diese schmierige Substanz wachsähnlich; sie wird durch Ausbreitung immer fester und kann kalkartige Beschaffenheit erlangen. Der Entstehungsprozess ist ähnlich jenem der Fetthärtung bei der Margarineherstellung. Die Fettwachsbildung festigt die äußere Körperhülle und kann zu einer recht guten Erhaltung der Leiche über längere Zeit beitragen. Diese Veränderung kommt bei Wasserleichen und in nassen Grabstätten vor. Einige Zeit lang war es üblich, die Leichen anlässlich der Bestattung in luftundurchlässige Plastikfolien einzuhüllen. Bei späteren Graböffnungen musste man dann allerdings feststellen, dass die Verwesung dadurch verhindert und die Leichenwachsbildung gefördert wurde. Solche Leichen wurden einfach nicht abgebaut. Inzwischen ist man von der Verwendung derartiger Plastiksäcke wieder abgekommen.

Das Wort haben die Juristen und die Politiker

Über die Rechtsnatur einer Leiche gibt es keine allgemein anerkannte und juristisch fixierte Auffassung. Dies ist insofern mehr als erstaunlich, als kein anderer Zustand derart häufig auftritt – alle Menschen werden schließlich einmal zu Leichen, dann aber sind die rechtlichen Anhaltspunkte dürftig und oft sogar widersprüchlich. Dies hängt sicher auch damit zusammen, dass die Beschäftigung mit einer Leichengesetzgebung Politiker keinen populären Verdienst einbringt. Einem Rentner kann noch etwas versprochen werden und es werden Wählerstimmen als Gegenleistung erwartet, von einem verstorbenen Rentner haben Politiker sowie das anonyme Kollektiv „Gesetzgeber" nichts anderes zu erwarten als Scherereien.

Ein kurzer Auszug aus verschiedenen Gesetzesbestimmungen soll diese an das Skurrile grenzende Situation schlaglichtartig beleuchten. Die Rechtslage ist in Österreich und der Bundesrepublik Deutschland gleichermaßen unbefriedigend.

Das Zivilrecht beschäftigt sich überhaupt nicht mit der Tatsache einer menschlichen Leiche; deren Einordnung in das Rechtssystem ist vielmehr ein theoretisches Konstrukt.

In § 285 des Allgemeinen Bürgerlichen Gesetzbuchs heißt es: „Alles, was von der Person unterschieden ist und zum Gebrauch der Menschen dient, wird im rechtlichen Sinne eine Sache genannt."

Das Gesetz unterscheidet also zwischen Personen und Sachen. Es steht außer Zweifel, dass der menschliche Leichnam keine Person im Rechtssinn darstellt, da die Personeneigenschaft als Träger von Rechten und Pflichten mit dem Tod des Menschen endet.

Mit dieser Feststellung endet aber auch die Einhelligkeit der Rechtslehre.

Drei wesentliche Ansichten werden von den Juristen diskutiert:

1. Der Leichnam ist eine Sache.
2. Der Leichnam ist keine Sache.
3. Die Rechtsnatur einer Leiche ist strittig.

Eine Leiche ist keine Person, aber nur wenn sie „zum Gebrauch der Menschen dient" ist sie im rechtlichen Sinne eine Sache. Wer gebraucht aber eine Leiche, wie und wozu?

Daraus wird ersichtlich, dass wir uns in einer juristischen Grauzone bewegen und einem Rechtsstreit somit jederzeit Tür und Tor geöffnet ist. Da man nie vorhersagen kann, wie ein Rechtsverfahren ausgeht, ist allerdings größte Vorsicht geboten. Derzeit scheint die Auffassung die Oberhand zu gewinnen, dass eine menschliche Leiche am ehesten in die Kategorie „Sache" einzuordnen ist.

Neben der lange Zeit vorherrschenden strikten Trennung in „Personen" und „Sachen" wurde in Österreich 1988 noch die Kategorie „Tiere" eingeführt. Bis dahin galten Tiere als Sachen; jetzt heißt es, Tiere sind keine Sachen (aber natürlich auch keine Menschen), werden aber sondergesetzlich behandelt. Das wäre erfreulich, hieße es nicht weiter: „Die für Sachen geltenden Vorschriften sind aber auf Tiere insoweit anzuwenden, als keine abweichenden Regelungen bestehen." Wenn es also kein Sondergesetz gibt, bleibt das Tier eine Sache, und wenn man ein Tier tötet, bringt man eine lebende Sache um: Sachbeschädigung mit Todesfolge.

Ein menschlicher Leichnam gehört nicht zum Vermögen des Verstorbenen, damit auch nicht in den Nachlass und kann daher nicht vererbt werden. Manche Juristen erklären dezidiert, der „Leichnam ist eine herrenlose Sache".

Da im geltenden Privatrecht im Hinblick auf ein Totenrecht eine Gesetzeslücke besteht, ist die Frage, wer eigentlich ein Verfügungsrecht über den menschlichen Leichnam hat, nicht eindeutig geklärt. Unbestritten ist, dass Entscheidungen, die der Verstorbene zu Lebzeiten getroffen hat, absolute Priorität genießen. Dies betrifft etwa die Art der Bestattung oder die Zurverfügungstellung des Körpers zu Lehr- und Forschungszwecken. Die Wertigkeit solcher Entscheidungen und Prioritäten besteht allerdings nur auf dem Papier, denn wenn die Hinterbliebenen sich nicht daran halten, passiert eben nichts oder etwas ganz anderes. Es muss uns klar sein, dass unser Leichenwille nur ein Wunsch ist, der in Erfüllung gehen kann, oder eben auch nicht.

Ein Tötungsdelikt kann nur an einem lebenden Menschen verübt werden. Die Feststellung mag banal erscheinen, ist aber in seltenen Einzelfällen zu berücksichtigen. Wird beispielsweise ein Opfer durch einen Täter etwa mit vorgehaltener Waffe bedroht und erleidet im Zuge der Aufregung einen tödlichen Herzanfall, so ist ein danach abgegebener Schuss des Täters in den Kopf des Opfers keine Tötung, sondern ein „Tötungsversuch am ungeeigneten Objekt", da der Betroffene bereits tot war. Oder es wird bei einem Verkehrsunfall eine Person von mehreren Fahrzeugen überrollt. Wenn nach der Kollision mit dem ersten Fahrzeug das Unfallopfer bereits tot ist, so kann der Lenker des zweiten Fahrzeugs nicht mehr einer Tötung beschuldigt werden. Aber es kann ja auch genau umgekehrt gewesen sein und erst das zweite Überrollen hat zum Tode geführt. Solche Sachverhalte zu klären, ist Aufgabe der Gerichtsmedizin, gehört aber zu den komplizierten Fragestellungen und ist nicht immer eindeutig zu beantworten.

Als letztes der beispielhaft angeführten Probleme wird noch gefragt: Wie charakterisiert man einen Leichnam, und ab welchem Zustand ist nicht mehr von Leichnam zu sprechen? Die häufigste Definition lautet: Leichnam ist der Körper eines Verstorbenen, der noch die menschliche Gestalt erkennen lässt. Diese Definition ist völlig unbrauchbar, denn die Aussage „die menschliche Gestalt noch erkennen lässt" ist allzu subjektiv. Ein Anatom oder Pathologe wird noch immer eine menschliche Gestalt erkennen, wenn der medizinische Laie nichts dergleichen mehr zu unterscheiden vermag. Daher entstehen im Detail schon wieder zwei Rechtsinterpretationen:

1. Der Leichnam ist an das Vorhandensein fleischlicher Überreste und eines geweblichen Zusammenhanges gebunden. Nach dieser Rechtsmeinung ist ein Skelett keine Leiche – allerdings nur ein geputztes Skelett, denn bei Knochenfunden sind praktisch immer noch Weichteilreste vorhanden.
2. Ein Leichnam ist der tote Körper ohne Rücksicht darauf, ob die körperliche Substanz, d. h. die Weichteile, noch vorhanden sind oder nicht. Skelett, Skelettteile, ja sogar die Asche eines Toten fallen nach dieser Meinung unter den Rechtsbegriff „Leiche". Die Judikatur hat sich noch zu keiner unbestritten einheitlichen Auffassung durchgerungen!

Die Stunde der Kriminalisten

Egal ob in einem Roman, einem Fernsehspiel oder einem Kinofilm, es läuft immer in gleicher Weise ab: Damit die Handlung zum Kriminalfall wird, kommt nach kürzerer oder längerer Zeit jemand zu Tode. Sobald es eine Leiche, eine Fundstelle oder einen Tatort gibt, schlägt die Stunde der Kriminalisten. Und hier öffnet sich die Kluft zwischen Literatur beziehungsweise Schauspiel und – der gänzlich anderen – Realität. Die Zeit des einsamen, allein ermittelnden Detektivs, wie ihn Humphrey Bogart so unvergleichlich verkörperte, ist schon lange vorbei. Dabei hat es solche Leute in Wirklichkeit gar nicht gegeben – all diese Helden von Sherlock Holmes bis hin zu James Bond sind nur Fantasieprodukte.

Szenerie eines Verbrechens

Da ein Leichenfundort, wie schon anfangs gesagt, keineswegs auch der Tatort sein muss, wird zunächst einmal unverbindlich vom Ereignisort gesprochen. Damit meint man jene Örtlichkeit, wo sich etwas ereignet hat. Ob sich hier die Tat ereignet hat oder lediglich die Leiche deponiert wurde, bleibt zunächst offen, sollte jedoch möglichst rasch geklärt werden. Bei einem Todesfall mit mehr oder weniger deutlichen Zeichen eines Gewaltverbrechens rückt zunächst eine Tatortgruppe mit einem Arzt aus, um die Dimensionen des Falles abzustecken. Es kann ja alles ganz einfach sein, meistens ist es das aber nicht; und dann kommen die Spezialisten. Die Amerikaner haben eine gar nicht so schlechte Bezeichnung für das, was jetzt passiert: Sie nennen es „crime scene investigation", „Tatort-Untersuchung und -Erforschung". Das Wort

Forschung ist dabei nicht zu hoch gegriffen, denn es muss nicht nur gesucht werden, sondern gar nicht so selten ist auch der Einsatz modernster Forschungsmethoden notwendig. Die kurzen Auftritte der Gerichtsmediziner in den Fernsehspielen und deren manchmal sehr konkrete Äußerungen über die Todeszeit, die Beschaffenheit der Wunden und die Todesursache sind vom realen Ablauf der Untersuchungen weit entfernt. Gerade am Beginn der Ermittlungen häufen sich die Fragen, und es muss „alles“ am Tatort dokumentiert und gesichert werden. „Nichts“ darf übersehen werden, es sollte nicht der geringste Fehler passieren, sonst wird unter Umständen ein entscheidendes, erst später als solches erkanntes Detail nicht erfasst.

Ein Leichnam und 15 Spezialisten

In einer Parkanlage in einem Außenbezirk einer Großstadt wurde am Morgen des 6. Oktober 1996 eine weibliche Leiche aufgefunden. Jeans und Strumpfhosen waren über die Beine heruntergezogen, Pullover und Unterhemd hochgestreift. Auf ihrer linken Schulter lag ein großer Stein, ein zweiter lag dicht neben dem Unterarm. Später wurde festgestellt, dass der eine Stein 33 kg und der andere 11 kg wog. Beide Steine waren blutverschmiert. Das Gesicht der Toten war nur mehr eine blutige Masse, die Weichteile anscheinend durch Schläge weitgehend zerstört, aus dem Mund hing ein Kondom.

Sofort wurde eine großräumige Absperrung des Geländes durchgeführt. Etwa hundert Meter vom Fundort der Leiche entfernt verlief eine Autostraße. Eile war geboten, denn der Frühverkehr hatte eingesetzt. Von einem Fotografen wurden systematische Tatortbilder angefertigt, gleichzeitig wurden alle Handlungen und alle Befunde videodokumentiert. Ausgüsse aller erkennbaren Schuhabdrücke wurden eingefärbt, Erd- und Grasproben aus der unmittelbaren Umgebung sowie von der Liegestelle der Leiche entnommen. Gleichzeitig begann eine erste äußere Untersuchung der Toten: Bestimmung des Grades der Totenstarre, Lage und Aussehen der Totenflecken, Temperaturmessung im Darm sowie am Boden und in der Luft.

Alle Blutspuren wurden fotografiert und gesammelt. Das Muster dieser Blutlachen und Spritzer ließ den Schluss zu, dass das Opfer mit einem der Steine auf den Kopf geschlagen wurde, sich dann weiterbewegt hat und neuerlich durch Steinschläge schwer am Kopf verletzt wurde. Blutabrinnspuren an den Kleidern sowie Blutspritzer am Boden ermöglichten eine schrittweise Rekonstruktion der Ereignisse. Außerdem ließen sich am Boden Reste von Samenflüssigkeit nachweisen. Einige Spuren von Blutspritzern und -tropfen konnten von der Leiche bis zur Autostraße und darüber hinweg verfolgt werden. Dies gelang durch den Einsatz von Luminol, einer Substanz, die durch eine chemische Reaktion Blutfarbstoff zum Aufleuchten bringt. So wurde auch der blutige Abdruck einer Hautfläche auf der Mittelleitschiene der Autostraße entdeckt.

Die spätere Untersuchung ergab, dass sämtliche Spuren vom Blut des Opfers stammten, der Täter hatte sie auf der Flucht hinterlassen. Mittels Hautabdrucks und vor allem der DNA-Analyse des Samens konnte der Täter ausfindig gemacht werden. Seine diesbezüglichen Merkmale befanden sich bereits in einer Kartei von Sexualstraftätern. Insgesamt waren 15 Personen direkt am Tatort im Einsatz; bis zur Identifikation und Ergreifung des Täters dauerte es zwei Wochen.

Diese mühsame und zeitaufwändige Feinarbeit der Kriminalisten wird in keinem Fernsehfilm gezeigt. Man hört zwar immer wieder den Satz: „Das geht alles ins Labor!“, dass die Laborspezialisten aber nur gezielte Fragestellungen bearbeiten und beantworten können, wird nicht gesagt.

Die Ermittlungen am Tat- und Fundort werfen konkrete Fragen auf, die dann zusammen mit den sichergestellten Spuren an die Spezialisten weitergegeben werden.

Folgende Fragen gilt es zu beantworten:

- Wer?
  * Wer ist das Opfer? Die Identifizierung ist kein Problem, wenn persönliche Dokumente vorhanden oder Verwandte oder Bekannte da sind. Bei Leichenfunden im Freien ist es manchmal äußerst mühsam und aufwändig, die Identität zu klären.
  * Wer hat das Opfer gesehen?
  * Wer hat das Opfer gefunden? Der Finder muss schlüssig erklären können, warum er zu dieser Zeit an diesem Ort war. Nicht auszuschließen ist, dass der Finder auch der Täter ist.
  * Wer hat irgendetwas gesehen oder gehört? Die Umgebungsbefragung sollte so früh wie möglich einsetzen, eventuelle Zeugen müssen, so rasch es geht, identifiziert werden. Zeugenaussagen müssen miteinander verglichen werden, vor allem die jeweilige Uhrzeit der Wahrnehmungen ist von Bedeutung.

– Was?

* Was ist geschehen? Der erste Eindruck über den Ablauf des Geschehens ist wichtig, denn sehr häufig stimmt dieser auch. Hier liegt ein wesentlicher Unterschied zu konstruierten Handlungen bei Kriminalromanen oder Fernsehspielen, bei denen sich der erste Anschein dann immer als falsch herausstellt.
* Was für ein Verbrechen wurde – wenn überhaupt – begangen? Möglichst rasch ist die Untersuchung von Unfall, natürlichem Tod oder Tötung durch fremde Hand zu treffen.
* Was hat das Opfer, was der Täter getan? Wichtig sind die Tätigkeiten vor der Tat sowie was während und nach der Tat geschah.
* Was haben andere eventuell Beteiligte getan? Hilfeleistung, Einmischung, Personen aus dem Umfeld des Opfers oder des Täters – all das muss möglichst rasch geklärt werden.
* Was sagen eventuelle Tatzeugen? Zeugenaussagen müssen miteinander verglichen werden, vor allem die jeweilige Uhrzeit der Wahrnehmung ist von Bedeutung.
* Was für Verletzungen und sonstige Spuren zeigt das Opfer? Das Verletzungsmuster ist an Ort und Stelle zu dokumentieren und auch mit der Umgebung in Beziehung zu setzen. Direkte Verletzungen durch das Tatwerkzeug sind von Sturzverletzungen und dergleichen zu unterscheiden.
* Was ist an der Kleidung und den persönlichen Habseligkeiten des Opfers zu erkennen? Das Arrangement der Kleidung kann Hinweise auf den Tathergang geben.
* Was für Waffen könnten verwendet worden

sein? Die Kenntnis des Tatwerkzeuges ist für die Fahndung und Überführung des Täters von großer Bedeutung.

  * Was kommt als Todesursache in Frage? Bei mehreren Verletzungen ist die eigentliche Todesursache zu bestimmen. Diese kann beispielsweise über die Handlungsfähigkeit des Opfers während der Tat Aufschluss geben.

- Wann?

  * Wann wurde das Opfer gefunden? Auffindungszeit, Tatzeit und Todeszeitpunkt können sehr verschieden sein.
  * Wann wurde das Opfer letztmals lebend gesehen? Die Antwort darauf gibt Aufschluss über die Ereignisse vor der Tat.
  * Wann ist die Tat geschehen? Das ist eine der wichtigsten Fragen, die jedoch sehr häufig nur als mehr oder weniger genaue Schätzung beantwortet werden kann.

    Eine weitgehend genaue Tatzeitbestimmung ist für die Bewertung von Alibis unerlässlich.
  * Wann wurde die Polizei alarmiert? Eine allfällige Verzögerung zwischen der Entdeckung der Tat und dem ausgelösten Alarm muss erklärt werden; ebenso eine allzu frühe Alarmierung.

- Wie?

  * Wie kam das Opfer zum Tatort? Die Benützung von öffentlichen Verkehrsmitteln oder privaten Fahrzeugen sowie auch das Zu-Fuß-Gehen können Hinweise zu suchenden Zeugen erbringen.
  * Wie wurde das Opfer zum Leichenfundort gebracht? Der Transport eines Opfers oder

einer Leiche gehört zu den größten Problemen eines Täters und hinterlässt immer Spuren.
  * Wie sind die Verletzungen entstanden? Abwehrverletzungen sind ebenso zu beachten wie mögliche Ursachen für etwaige Verletzungen an verschiedenen Körperstellen.
  * Wie lange hat es zwischen Verletzung und Tod gedauert? Besteht hier eine Zeitspanne, so ist zu fragen, was der Täter und auch das Opfer inzwischen gemacht haben.

– Wo?

  * Wo wurde das Opfer gefunden? Genaue Erhebungen am Auffindungsort sind für die Spurensicherung wichtig.
  * Wo ist der Tod eingetreten, wo die Tat geschehen? Eine genaue Untersuchung von Tatort und Ort des Todeseintritts muss durchgeführt bzw. eine Übereinstimmung festgestellt werden.
  * Wo waren die Tatzeugen? Ist der Standort der Zeugen zu beweisen, was kann von dort wahrgenommen werden?

– Warum?

  * Warum befand sich das Opfer am Tatort? Eine logische Erklärung muss gesucht werden.
  * Warum wurde die Tat begangen? Die Beantwortung dieser Frage gehört zur Motivsuche und kann ganz einfach, aber auch unerhört kompliziert sein.
  * Warum wurde ein bestimmter Waffentyp verwendet? Es muss geklärt werden, ob der Täter mit der Wahl der Waffe etwas bezweckte bzw. plante, oder ob es zufällig dazu kam.

* Warum ist der Tod eingetreten? Es gilt, festzustellen, ob vielleicht andere Umstände neben den Verletzungen zum Eintritt des Todes beigetragen haben.
* Warum wurde das Opfer gefunden? Hier gilt es, der Frage nachzugehen, ob die Leiche zufällig, aufgrund einer Suche oder aufgrund bestimmter Wahrnehmungen gefunden wurde.

Um alle diese Fragen früher oder später beantworten zu können, ist ein koordiniertes, zielgerichtetes Arbeiten am Tatort notwendig. Die einzelnen Spezialisten sollten sich keinesfalls gegenseitig behindern. Absperrungen, Ausleuchtung, bildliche Dokumentation, Fernhalten unbeteiligter Personen und Markierungen der Gehwege der Untersucher zählen zu den wichtigsten Aufgaben, die beispielsweise in den USA ein erfahrener Kriminalist als „crime scene manager" zu erfüllen hat.

Dazu kommt, dass nur ein einziger befugter Sprecher Kontakt mit den Medien halten sollte. Auch gilt es, die zeitliche Abfolge der einzelnen Schritte bei der Spurensicherung festzulegen, wie etwa zuerst die Blutspuren und dann die Fingerabdrücke oder zuerst Absuchen des Bodens nach Haaren, Textilfasern und Ähnlichem und erst danach Einsammeln der Reste mit einem Staubsauger.

Es ist immer günstig, wenn für die einzelnen Varianten des Untersuchungsganges – etwa Leichenfundort im Freien, in einem Gebäude oder im Wasser – genaue Checklisten vorhanden sind, die systematisch abgearbeitet werden. Ein solches Vorgehen erfordert einen nicht unbeträchtlichen Aufwand, der jedoch nicht immer bewilligt wird. Hier wird allerdings wirklich am falschen Ort gespart.

Spurensuche

Um den Tathergang rekonstruieren zu können, muss der Gerichtsmediziner die Leiche in ihrer ursprünglichen Lage untersuchen, Größe sowie Form und Lokalisation von Blutspuren dokumentieren und schließlich auch die Menge des ausgeflossenen Blutes bestimmen. Auch auf weitere biologische Spuren ist zu achten: die häufigsten und wichtigsten sind Speichel, Sperma, Haare und Fingernägel.

Spuren, die bei einem Verbrechen oder bei dessen Vorbereitungen entstehen, können erstaunliche Auskünfte über den Tatablauf und auch den Täter geben. Nur selten aber bietet sich eine Spur ganz augenscheinlich an, man muss sie suchen. Um eine Spur als Beweismittel zu erhalten, muss sie unverzüglich gesichert werden; danach erfolgt die Untersuchung der Spur; und schließlich muss das Untersuchungsergebnis ausgewertet werden. Eine enge Zusammenarbeit zwischen Kriminalisten, Gerichtsmedizinern und Labortechnikern ist erforderlich, denn die Ergebnisse der Spurenauswertung sind oft wichtige Beweismittel in einem Gerichtsverfahren.

So darf man bei der Spurensicherung nicht vorgehen

Es war ein Eifersuchtsmord an einer jungen Frau. Als Täter kam eigentlich nur der geschiedene Ehemann in Frage. Die beiden lebten schon lange Zeit getrennt in verschiedenen Wohnungen. Die Frau war im ursprünglichen Wohnsitz geblieben, der Mann fortgezogen. Die Situation am Tatort und das Motiv schienen eindeutig, niemand dachte an eine schwierige Beweisführung. Komplizierte Alibikonstruktionen führten jedoch dazu, dass die Ermittler gezwungen waren, die Anwesenheit des Ehemanns am Tatort durch hinterlassene Spuren nachzuweisen. Als ein Fotoreporter die

Leiche der jungen Frau fotografieren wollte, ließ ein Polizist eine Decke herbeischaffen und über den Leichnam legen. Dabei wurde ausgerechnet jene Decke erwischt, die früher der Ehemann immer bei seiner Siesta benutzt hatte. Natürlich waren Haar- und Hautpartikel von ihm auf der Decke und damit jetzt auf den Leichnam gelangt.

Am Rücken der Ermordeten fand man mehrere Blutspritzer, von denen einige vom Täter stammen könnten. Normalerweise erfolgt die Sicherung von Blutspuren zwecks späterer Auswertung unmittelbar am Tatort. Junge Beamte aber dachten, dies geschehe erst bei der Obduktion. Dort geschah jedoch nichts, da der Gerichtsmediziner völlig zu Recht angenommen hatte, die relevanten Blutspuren seien bereits sichergestellt worden. Außerdem versicherte man ihm: „Den Täter haben wir schon!“ Nach der Autopsie wurde die Leiche gewaschen, und damit waren alle Spuren weg.

Fazit: Die erste Spur war eine Kontamination durch die früher vom Verdächtigen benutzte Decke; für die aktuelle Tat konnte nichts verwertet werden. Die zweite – mögliche – Spur wurde im Zuge der Leichenreinigung entfernt.

Es war ein Leichtes für die Verteidigung, diesbezügliche Argumente der Anklage zu parieren, ja sogar unfähiges Verhalten der Ermittler ins Spiel zu bringen.

In Kriminalromanen oder Fernsehspielen endet die Geschichte entweder mit einem Geständnis, einer Täterüberführung durch einen heldenhaft-schlauen Kommissar oder dem Selbstmord des Täters. So einfach ist es in der Realität nicht, denn abgeschlossen ist ein Fall erst mit einem rechtskräftigen Urteil.

In einem Gerichtsverfahren gibt es Zeugenbeweise – das sind Aussagen – und Sachbeweise – das sind Befunde. Zeugen können unmittelbar mit den Gerichtspersonen sprechen, Sachbeweise sind „stumme Zeugen“ und müssen erklärt werden. Der „Dolmetscher“ dabei ist der Sachverständige, der sowohl dem Ankläger als auch dem Verteidiger

Rede und Antwort stehen muss. Ein guter Sachverständiger kann kraft seiner Persönlichkeit und seiner Argumentation ein Strafverfahren entscheidend beeinflussen, ein unsicherer hingegen setzt sich der Gefahr aus, von der Verteidigung in aller Öffentlichkeit blamiert zu werden.

Die wissenschaftlich korrekte Spurenkunde begann in der zweiten Hälfte des 19. Jahrhunderts. Der chemisch-spezifische Nachweis von Blut gelang erstmals 1853 und wurde danach laufend verbessert. Allerdings erst 1901 war es möglich, menschliches und tierisches Blut zu unterscheiden. Damals entdeckte Karl Landsteiner die menschlichen Blutgruppen und eröffnete damit die Möglichkeit zur individuellen Identifizierung.

Die Erkenntnis, dass einzelne Menschen individuell unterschiedliche genetische Blutmerkmale tragen, wird seit 1985 mit durchschlagendem Erfolg in der kriminalistischen Spurensuche eingesetzt. Früher war nur ein Ausschluss möglich, d. h. eine Blutspur passte entweder nicht zu einem Tatverdächtigen oder sie passte möglicherweise; das war aber kein Beweis für eine Übereinstimmung von Spur und Täter. Gegenwärtig ist der Beweis einer Identität von Spur und verursachendem Menschen möglich. Hier gilt Gleiches wie bei der Vaterschaftsdiagnostik: Konnte man früher Männer als Väter nur ausschließen oder mit einer gewissen Wahrscheinlichkeit anerkennen, so ist jetzt anhand der individuell unterschiedlichen genetischen Merkmale der DNA eine zweifelsfreie Identifizierung möglich.

DNA ist die Abkürzung für die englische Bezeichnung „Desoxyribonucleic Acid", im Deutschen heißt es DNS, also „Desoxyribonukleinsäure". Heutzutage wird aber auch in der Gerichtsmedizin Englisch gesprochen. Die DNA besteht aus zwei lang gestreckten, parallelen Molekülsträngen, die wie bei einer Leiter über Querstreben miteinander verbunden und zusätzlich wie eine Wendeltreppe umeinander gedreht sind; man bezeichnet dies als Doppelhelix.

Die Querstreben werden von den chemischen Basen Adenin (A), Guanin (G), Cytosin (C) und Thymin (T) gebildet. Die Reihenfolge dieser Basen nennt man den genetischen Code, und dieser ist für jedes Individuum unterschiedlich und daher beweisend.

Der genetische Code ist eine Information, wie die Moleküle, die Bausteine des Körpers, herzustellen sind. Jeder Mensch hat seine eigenen, nur für ihn charakteristischen Bausteine. Lediglich eineiige Zwillinge bestehen aus analogen Bausteinen. Für die Typisierung werden ganz bestimmte Teilbereiche der DNA-Strukturen ausgesucht, die eine hohe Variabilität aufweisen. Hat daher beispielsweise eine Blutspur das Muster ...CTAGGATTCTTGA..., und die Blutgruppe eines Verdächtigen sieht so aus: ...CTAGGATTATTGA..., so handelt es sich um zwei verschiedene genetische Merkmale, die nicht vom selben Individuum stammen können. Allerdings muss gesagt werden, dass Ergebnisse von DNA-Analysen keine absolute Sicherheit ergeben.

Die DNA-Analyse ist so genau, dass man dabei auch salopp vom „genetischen Fingerabdruck“ spricht. In gewisser Weise kann man diesen Vergleich auch akzeptieren, da das Resultat einer DNA-Analyse ein Muster ist, aufgebaut aus einer Serie von kurzen Balken, ähnlich den Barcodes auf den Warenetiketten im Supermarkt. Die Abfolge der schmalen und breiten Striche sowie der Zwischenräume identifiziert beim Barcode die Ware und beim DNA-Fingerabdruck das Individuum.

Nicht nur Blut, sondern alle biologischen Spuren können mit dieser Methode untersucht werden. Wenn nur kleinste Mengen zur Verfügung stehen, können dieselben mittels PCR millionenfach vermehrt werden. PCR heißt „Polymerase Chain Reaction“ = Polymerase-Kettenreaktion. Dabei werden bestimmte DNA-Abschnitte durch das Enzym Polymerase jeweils verdoppelt, was nach mehreren solchen Kopierschritten zu einer gewaltigen Vermehrung führt. Somit gewinnt man in jedem Fall eine genügend große Untersuchungsmenge, weshalb die DNA-Typisierung zu einer unverzichtbaren Methode der Gerichtsmedizin geworden ist. Damit wurde ein Merkmal für die Spurenanalyse gefunden, das für jeden Menschen individuell beweisend ist und als Tatortspur nicht verhindert werden kann: Jeder Mensch verliert bei welcher Tätigkeit auch immer einige Zellen, und die genügen – wenn sie gefunden werden – für eine Identifizierung. Fingerabdrücke kann ein Täter durch das Tragen von Handschuhen vermeiden oder wegwischen, Zellspuren hingegen sind nicht zu vermeiden.

Ein Triumph der Spurensicherung – die Suche dauerte 19 Jahre

Engagierte Gerichtsmediziner, die in entsprechend ausgestatteten Instituten arbeiten, machen es sich zur Gewohnheit, Spurenmaterial von ungeklärten Fällen aufzubewahren. Das kann sehr viel später zu überraschenden Erfolgen führen. Die Methoden der Spurenanalyse verbessern sich ständig, vor allem die Einführung und laufende Verfeinerung der DNA-Technik ermöglichte enorme Fortschritte.

Am 13. Juli 1983 wurde die 25-jährige Karin O. tot in einem Haferfeld in Norddeutschland aufgefunden. Sie war nackt, lag auf dem Rücken, die Beine gespreizt. Abschürfungen und Blutergüsse an Hals, Gesicht, Armen und Beinen waren Zeichen einer massiven Gewalteinwirkung. Es handelte sich um ein Sexualdelikt, da sowohl in der Scheide als auch im After der Toten Spermien gefunden wurden. Ferner fand man Fasern von einer Jeanshose und rotblonde Haare, die nicht von der Frau stammten. Der große Bekanntenkreis der jungen Frau wurde überprüft, aber niemand kam als Täter in Frage. Bei der Obduktion wurde festgestellt, dass Karin O. erwürgt worden war. Schamhaare der Toten mit Resten getrockneten Spermas sowie Teile der inneren

Organe wurden konserviert und aufgehoben. Eine DNA-Analyse gab es damals noch nicht, erst zehn Jahre später etablierte sich diese Methode bei der Spurenuntersuchung. Zwischen 1992 und 2000 machte der zuständige Gerichtsmediziner dreimal den Versuch, DNA-Material zur Personenidentifizierung aus den Asservaten zu gewinnen. Erst zum Zeitpunkt des letzten Versuchs mit dem letzten verbliebenen Materialstückchen war die Technik so verfeinert, dass ein DNA-Profil erstellt werden konnte. Dieses wurde nun in die Datei des Bundeskriminalamtes eingegeben. Im Mai 2002 gab es einen Treffer, d. h. eine Übereinstimmung zwischen der damals gesicherten Spermienspur und einer aktuellen Speichelprobe.

Von wem stammte die Speichelprobe? Ulrich M. war zur Tatzeit 25 Jahre alt gewesen, Bodybuilder, und er betrieb ein Fitnessstudio. 1980 war er wegen Vergewaltigung zu einer bedingten Gefängnisstrafe verurteilt worden. 1984 und 1985 vergewaltigte er zwei weitere Frauen, allerdings wurde nur der letzte Fall angezeigt. M. wurde zwar festgenommen, aber wieder freigelassen – mit der Auflage, er müsse der Polizei zur Verfügung stehen. Er reiste jedoch nach England und eröffnete dort eine Computerfirma. 1993 geriet er in eine Polizeikontrolle, bei der festgestellt wurde, dass sein Reisepass abgelaufen war und er in Deutschland gesucht wurde. Er wurde daraufhin nach Deutschland überstellt und dort nun wegen zweifacher Vergewaltigung zu einer mehrjährigen Gefängnisstrafe verurteilt.

Trotz allem wurde er 1995 vorzeitig entlassen, heiratete später und lebte unauffällig in einer Vorstadtsiedlung. In der Zwischenzeit war ein Gesetz erlassen worden, wonach Sexualstraftäter eine Speichelprobe abzugeben hätten, deren Ergebnis in einer Datenbank gespeichert wurde. 2001 verlangte die Polizei im Rahmen dieser Untersuchung auch von M. eine Speichelprobe; 2002 war die Analyse fertig und die Übereinstimmung mit der Tatortspur gesichert. Ulrich

M. wurde verhaftet, das Gericht verurteilte ihn zu lebenslanger Haft, d. h. er kann frühestens 2017 aus dem Gefängnis entlassen werden.

Was in der Nacht zum 13. Juli 1983 genau passiert war, ließ sich nur in groben Zügen rekonstruieren. Ulrich M. und Karin O. waren miteinander bekannt und unterhielten ein intimes Verhältnis. In der Tatnacht hatte es Streit gegeben. Aus dem Obduktionsbefund der Lunge ließ sich schließen, dass Karin O. zweimal gewürgt worden war, wobei erst das zweite Mal tödlich war. M. hatte bewusst gehandelt; es war keine Körperverletzung im Affekt mit Todesfolge, sondern Mord.

Die Aufklärung der Tat dauerte 19 Jahre. Ohne die aufbewahrten Tatortspuren und die Hartnäckigkeit des Gerichtsmediziners, aber auch ohne die DNA-Datenbank wäre der Täter nie überführt worden.

Der Fall Karin O. ist ein unschlagbares Argument für die Einführung einer zentralen DNA-Datenbank sowie gesetzlich vorgeschriebene Speichelproben von gefassten Gewaltverbrechern. Über die Ausweitung und Anwendung solcher Datenbanken wird heftig diskutiert.

Neben dem Kommissar Zufall und der Erfahrung der Ermittler sind in jüngerer Zeit der Computer und die EDV-gestützte Datenuntersuchung als wichtige Hilfsmittel hinzugekommen. Seit etwa 1970 werden die Fingerabdruckdateien computermäßig erfasst; damit ist der Vergleich einer Tatortspur mit den gespeicherten Abdrücken innerhalb kürzester Zeit möglich. Bemerkenswert ist, dass dieses System zuerst bei der Royal Canadian Mounted Police, den berittenen, rot-uniformierten „Mounties“, eingeführt wurde. Nach 1980 wurden Großrechner eingesetzt, um Tatortmuster speichern und vergleichen zu können; auch Täterprofile wurden gesammelt. Große Namen standen Pate für dieses System: In Großbritannien nannte man diese Methode HOLMES, zu Ehren der Romanfigur Sherlock Holmes;

tatsächlich sind die Buchstaben aber eine Abkürzung und bedeuten „Home Office Large Major Enquiry System", also „Umfassendes, großes Nachforschungssystem des Innenministeriums". Ein in den USA vom FBI entwickeltes System wurde zur Erinnerung an Clark Floyd, den Leiter der Identifizierungsabteilung, BIG FLOYD genannt. Der Nachteil dieser Computerprogramme ist, dass nur Täter erkannt werden können, deren Daten bereits erfasst sind.

Blutspuren

Frische Blutantragungen von einiger Größe sind zumeist augenfällig, kleine Spritzer hingegen muss man suchen. Form und Farbe liefern dem erfahrenen Untersucher wichtige Informationen. Um mit dem spurenkundlichen Befund auch bei einer Gerichtsverhandlung den Fragen und Argumenten der Verteidigung standhalten zu können, müssen methodische Analyseschritte eingehalten werden. Es wäre nämlich sehr peinlich, würde der Verteidiger argumentieren, es handle sich um Tierblut oder Farbspritzer, und der Sachverständige könnte dies nicht widerlegen.

Bei Tötungsdelikten finden sich meist Blutspuren des Opfers am Tatort, am Tatwerkzeug sowie an der Kleidung des Täters. Aber auch der Täter kann Spuren hinterlassen, wenn er selbst verletzt wurde.

1. Frage: Blut oder kein Blut? Die Farbe von Blutspuren ist unterschiedlich, man darf keineswegs immer nur rot erwarten. Die Beschaffenheit der Unterlage, direktes Sonnenlicht, Wärme, Luftfeuchtigkeit und Fäulnis verändern das Aussehen. So können hell- und dunkelrote, braunrote, braune, braungrüne und graue Farbtöne vorkommen. Es können aber auch Flecken anderer Art auf Grund ihrer Farbe als Blutspuren missgedeutet werden: Rostflecken, Farbe, Fruchtsaft, Schminkfarbe, rote Tinte, Farbstoff bildende Bakterien, Fliegenkot und dergleichen.

Durch eine Farbreaktion mit chemischen Substanzen ist eine ziemlich genaue Orientierung möglich, ob die in Frage gestellten Spuren Blut enthalten oder nicht. Im Prinzip sind es dieselben Methoden, die auch bei der Untersuchung eines Patienten im Krankenhaus angewendet werden, wenn nach Blut im Stuhl gesucht wird.

In kriminalistischen Fernsehserien wird immer wieder die Substanz „Luminol“ verwendet, um Blutspuren zu entdecken. Der Nachweis ist sehr eindrucksvoll, da die Blutantragungen bläulich aufleuchten, allerdings nur bei völliger Dunkelheit. Gerade diese ist aber am Ereignisort oft nicht zu erzielen, da nur äußerst selten die Möglichkeit einer Verdunkelung besteht. Die Luminol-Probe ist daher eher etwas für das Fernsehpublikum und nicht so sehr am Tatort zu gebrauchen. Außerdem behindert die Anwendung eines Luminol-Sprays die weiteren Bestimmungen. Die Proben sind äußerst empfindlich, d. h. sie reagieren bereits auf stecknadelgroße Spuren. Falsch positive Reaktionen können durch den Kot Blut saugender Insekten entstehen, aber auch durch Spritzer von Tomatensaft oder Reinigungsmittel. Wenn das die Verteidiger wissen, wird es bei der Gerichtsverhandlung interessant.

2. Frage: Wenn Blut, dann von welcher Art? Menschliches Blut ist von tierischem Blut zu unterscheiden. Oft wird man nämlich als Schutzbehauptung hören, dass eine Blutspur von einem Tier stamme. Insbesondere in Küchen, Gastwirtschaften, Fleischereien oder im ländlichen Bereich kann das ja vorkommen und muss dann gegebenenfalls widerlegt werden. Dazu gibt es rein logische Reaktionen, mit deren Hilfe sich menschliches von tierischem Blut unterscheiden lässt und die auch die Tierart anzeigen.

3. Frage: Wenn Menschenblut, dann von welcher Gruppe und welcher Geschlechtszugehörigkeit? Die Bestimmung der Blutgruppe erfolgt mithilfe einer Routinemethode, das Geschlecht kann mittels DNA-Analyse festgestellt werden.

Diese Verfahren werden, wenn überhaupt, nur zum Ausschluss von Personen aus einem größeren Kreis von Verdächtigen angewendet. Leider können immer wieder unglaubliche Fehler passieren!

Jene Ermittler und Untersucher, die für die Spurenanalyse verantwortlich sind, müssen immer bedenken, dass eine falsche Identifizierung katastrophale Folgen haben kann: Entweder wird ein Unschuldiger belastet oder ein Schuldiger entlastet.

4. Frage: Von wem stammt das Blut? Die Zuordnung einer Blutspur zu einem bestimmten Individuum ist die wichtigste spurenkundliche Fragestellung. Erst die DNA-Analyse hat hierfür eine Technik geschaffen, die brauchbare Ergebnisse liefert – wenn nicht ein menschlicher oder technischer Fehler passiert! Im Prinzip läuft eine solche Untersuchung folgendermaßen ab: Man benötigt Material aus der Blutspur und Vergleichsmaterial von einer verdächtigen Person. Beide Proben werden auf charakteristische DNA-Merkmale untersucht. Finden sich in der Spur und im Vergleichsmaterial unterschiedliche Merkmale, so kann der Untersuchte als Spurenverursacher ausgeschlossen werden; finden sich jedoch identische Merkmale, dann ist der Untersuchte als Spurenverursacher möglich. Mehr nicht, denn die Spur kann auch von einer anderen Person stammen und der Untersuchte hat nur zufällig dieselben Merkmale. Aufgrund der Häufigkeitsverteilung der Merkmale in der Bevölkerung kann berechnet werden, wie hoch die Wahrscheinlichkeit ist, dass der Untersuchte tatsächlich der Spurenverursacher ist. Eine Identitätswahrscheinlichkeit von 99,999% sagt aus, dass unter 100.000 Personen nur ein Individuum mit den gleichen Merkmalen zu finden ist.

Wie erwähnt bieten Ergebnisse von DNA-Analysen keine absolute Sicherheit, sondern nur statistische Wahrscheinlichkeiten. Dazu kommt, dass Blutsverwandte mit höherer Wahrscheinlichkeit identische Merkmale aufweisen und eineiige Zwillinge überhaupt gleich sind. Die Ausschlusswahrscheinlichkeit ist bei Verwandten daher geringer und bei eineiigen Zwillingen unmöglich. Den streitbaren Argumenten von Anklage und Verteidigung sind Tür und Tor geöffnet, oft entscheidet die Persönlichkeit des vortragenden Sachverständigen. Die Geschworenen jedenfalls stehen dieser Wissenschaft hilflos gegenüber.

5. Frage: Was sagt die Form der Blutspur aus? Blutlachen zeigen einen größeren Blutverlust an, die Menge wird jedoch meist überschätzt. Auf einem nicht saugenden Boden verursacht ein Liter Blut eine Lache von etwa einem Quadratmeter. Bei der Abschätzung der Blutmenge muss man allerdings beachten, dass die Blutmenge am Boden nicht den gesamten Blutverlust darstellt, auch die durchtränkte Kleidung sowie das Blut in den Körperhöhlen und Weichteilen sind zu berücksichtigen. Große Wunden bluten dann erstaunlich wenig, wenn der Tod rasch eingetreten ist. Die Wunden eines Toten bluten nicht mehr, da die Pumpfunktion des Kreislaufs aufgehört hat. Bluttropfen, die annähernd senkrecht auf eine glatte Unterlage fallen, haben eine kreisrunde Form. Bei schrägem Auftreffen entstehen Figuren ähnlich einem Ausrufungszeichen. Manchmal sieht man größere Blutflecken mit Ausläufern. Dieses Bild wird mit einer Bärentatze verglichen.

Eine detaillierte Beachtung der Blutspuren kann einiges zur Rekonstruktion des Tatherganges beitragen. So entstehen etwa beim ersten Schlag mit einem stumpfen Gegenstand auf den Kopf des Opfers in der Regel keine Blutspritzer, weil das Blut unter der Haut zur Seite gedrückt wird. Erst wenn weitere Schläge in eine schon bestehende Wunde geführt werden, spritzt Blut heraus. Dann wird auch Blut vom blutigen Werkzeug weggeschleudert. Abrinnspuren am Körper des Opfers können Aufschluss darüber geben, in welcher Position die Verletzungen erfolgten und ob die Lage der Leiche verändert wurde. Für die Ermittler ist es sehr wichtig, zu wissen, ob eine stehende oder auf dem Boden liegende Person angegriffen wurde.

Wischspuren können Hinweise auf das Tatwerkzeug geben, zum Beispiel wenn der Täter das Messer, mit dem er das Opfer erstochen hat, an einem Tisch abwischt.

Es gab nur Spuren, aber keine Leiche

Die 21-jährige Versicherungsangestellte Helen MC fuhr am Abend des 9. Februar 1983 in Westengland mit dem Bus nach Hause. Von der Haltestelle aus hatte sie noch etwa einen Kilometer Fußweg bis nach Hause. Dabei kam sie an der Gastwirtschaft des Ian Simms vorbei, mit dem sie ein Verhältnis hatte. Der verheiratete Simms wollte die Beziehung beenden, die Situation war gespannt. Ob Helen ihn an diesem Abend aufsuchen wollte, konnte nicht mehr ermittelt werden, denn nachdem die junge Frau den Bus verlassen hatte, war sie spurlos verschwunden.

Ganz so spurlos war es allerdings nicht, denn bei den polizeilichen Nachforschungen konnte einiges sichergestellt werden. Im Auto des Ian Simms fanden sich ein blutbeschmierter Ohrring von Helen sowie mehrere lange Haare. In der Wohnung des Gastwirtes gab es Blutspuren auf der Treppe und im Schlafzimmer, wo auch der zum Ohrring gehörende Verschluss lag. Nach und nach tauchten verstreut in der Umgebung andere Gegenstände auf, die Helen gehörten: zuerst ihre Geldbörse, dann ein blutbefleckter Mantel und einige Kleidungsstücke. Am Mantel klebten Haare von Simms' Hunden sowie Fasern vom Teppich in seiner Wohnung. Schließlich fand man ein Stromkabel mit einem Knoten und daran haftenden Haaren. Die beiden Haarfunde konnten mit Haaren aus dem Schlafzimmer von Helen MC verglichen werden und stellten sich als identisch heraus.

Aber was war mit den Blutspuren? Es gab keinen Leichnam, um vergleichen zu können, und sonst waren nirgends

Blutproben von Helen aufzutreiben. Die Ermittler waren jedoch überzeugt, dass die Blutspuren in der Wohnung von Ian Simms von der Vermissten stammten. Also bat man Helens Eltern um eine Blutprobe. Es mussten ja genetische Merkmale vorhanden sein, die übereinstimmten, wenn es Helens Blut war, das bei Simms sichergestellt worden war. Die DNA-Technik steckte damals noch in den Anfängen, aber es konnte immerhin ein Ergebnis erzielt werden: Mit einer Wahrscheinlichkeit von 1:15.000 passten die Blutproben zusammen und stammten von Helen. Ihre Leiche wurde nie gefunden, aufgrund der DNA-Analyse aber wurde Ian Simms wegen Mordes zu lebenslangem Zuchthaus verurteilt.

Spermaspuren

Das Untersuchungsmaterial wird entweder mittels Scheidenabstrich genommen oder findet sich in Form von versteiften, grau-weißlichen Flecken an der Wäsche. Durch eine chemische Reaktion kann Prostatasekret nachgewiesen werden, das beweisend für ein Ejakulat ist. Ein solcher Nachweis in der Scheide eines toten Opfers ist je nach Außentemperatur bis zu zwei Monaten nach dem Ereignis möglich. Spermien selbst lassen sich durch ihre charakteristische Form leicht im Mikroskop identifizieren. Sie sind ein absoluter Beweis und an einer Leiche noch nach mehreren Wochen nachweisbar. Bei Sexualdelikten sind auch Abstriche vom Mund innerhalb sowie aus dem Enddarm erforderlich. Auch ein Geschlechtsverbrechen mit Kondombenutzung lässt sich nachweisen. Dabei werden Substanzen aus der Kondombeschichtung mikroskopisch identifiziert.

Speichelspuren

Speicheluntersuchungen können an Zigarettenstummeln und Kaugummis, Briefmarken, Nahrungsresten, Trinkgefäßen, Knebeln sowie überall dort, wo geküsst, geleckt, gebissen oder gespuckt wurde, durchgeführt werden. Sowohl Sperma als auch Speichel können mittels DNA-Analyse einer bestimmten Person zugeordnet werden.

Weitere Spuren sind Haare, Nägel, Haut, Zähne und Bissabdrücke. Bei Haaren ist manchmal durch die charakteristische Morphologie die Identifizierung von Schamhaaren möglich. Nägel sind infolge der anhängenden Haut eine DNA-Quelle des Täters; andererseits können Blut- und Hautreste des Opfers wie auch des Täters gefunden werden.

Als Täter unerkannt zu bleiben, wird immer schwieriger. Vor einigen Jahren genügte es noch, Handschuhe anzuziehen und die Tatwaffe gründlich abzuwaschen, heute können sich Verbrecher nie mehr sicher sein. Wie auch immer sie ihre Spuren verwischen wollen – ein Haar, ja sogar Zellen genügen. Dabei kommt ihnen der Gesetzgeber sogar noch entgegen: Aus Gründen des Persönlichkeitsschutzes dürfen nur solche Stellen auf dem DNA-Strang analysiert werden, die keine Informationen über Besonderheiten des Erbgutes, Krankheitsdispositionen oder andere schützenswerte individuelle Merkmale tragen.

Eine Tragödie für die Spurensicherung: Die Spuren waren da, der Beschuldigte kam frei

Am 12. Juni 1994 um etwa 22.20 Uhr wurden in einem Nobelviertel von Los Angeles die 35-jährige Nicole Brown und ein junger Mann namens Ronald Goldman auf dem Zugangsweg zum Wohnhaus ermordet aufgefunden. Die junge Frau war seit zwei Jahren von ihrem gewalttätigen, eifersüchtigen Mann geschieden. Ihr hatte der Täter den Hals durchschnitten, der Mann wies zahlreiche tiefe Stichwunden auf. Eine Vielzahl an Blutspuren wurde gesichert.

Am nächsten Morgen fuhren zwei Polizeibeamte zum Ex-Mann der Ermordeten, um persönlich die Todesnachricht zu überbringen. Sie trafen den Hausherrn, einen landesweit bekannten und populären Schwarzamerikaner, nicht an, bemerkten jedoch zahlreiche Blutspuren im Haus.

Das Ergebnis der Spurenuntersuchung erschien eindeutig: Am Tatort fanden sich Blutspuren, die mit einer Wahrscheinlichkeit von 1:75 Milliarden dem Ex-Mann zuzurechnen waren. Eine Reihe blutiger Schuhabdrücke führte vom Tatort in Richtung Straße. Diese Spur bestand aus dem Blut der Ermordeten. Die Schuhe waren ein Exklusivmodell einer italienischen Nobelmarke. Der Ex-Mann besaß nachweislich solche Schuhe. Stammten die Schuhspuren von ihm, dann musste er durch das Blut der toten Personen gegangen sein. Links neben der Schuhspur gab es eine Reihe von Blutstropfen, die nach DNA-Analyse vom Ex-Mann stammten. Die Befunde ließen keinen anderen Schluss zu, als dass hier jemand mit blutverschmierten Schuhen gegangen war und selbst geblutet hatte. Ein ähnlicher Schuhabdruck befand sich auf dem Rücken der toten Nicole Brown. Der Täter hatte sich mit einem Bein auf den Rücken des Opfers gestellt, den Kopf an den Haaren hochgezogen und ihren Hals von hinten quer durchschnitten. Auf den Socken des Ex-Mannes gab es Blutstropfen von Nicole Brown. Am Tatort wurde ein blutbefleckter linker Handschuh mit Faserresten von Goldmans Hemd und Jeans gefunden, der entsprechende linke Handschuh lag im Garten des Ex-Mannes. Im Auto des Ex-Mannes konnten ebenfalls Spuren vom Blut der Opfer nachgewiesen werden. Der Ex-Mann wurde aufgefordert, vor der Polizei auszusagen. Bei der Befragung entdeckten die Polizisten eine Schnittwunde an seiner linken Hand. Er konnte keine einleuchtende Erklärung für das Zustandekommen dieser Verletzung geben.

Fünf Tage nach der Entdeckung der Leichen erging ein Haftbefehl gegen den Ex-Mann. Er aber floh und wurde erst nach einer abenteuerlichen Verfolgungsjagd quer durch Los Angeles von seinem Rechtsanwalt zur Umkehr bewogen.

Da die Beweislage der Blutspuren eigentlich eindeutig war, wurde gegen den Ex-Mann Anklage erhoben. Er hatte nicht nur sein eigenes Blut am Tatort hinterlassen, sondern auch Blutspuren seiner Opfer bis ins eigene Haus verschleppt.

Vor Gericht aber ging die Sache ganz anders aus. Der Prozess dauerte 133 Tage, die Verhandlung in Los Angeles wurde live im Fernsehen übertragen. Man sah „den größten zum Leben erwachten Schundroman", wie ein Reporter bemerkte. Aber den TV-Sendern gelang in ganz Amerika ein unerhörter Quotenhit. Die Anklage konnte neben den Sachbeweisen der Blutspuren sogar ein unmittelbares Tatmotiv vorlegen: Am Tag des Mordes waren der Mann und seine geschiedene Frau bei einer Tanzveranstaltung in der Schule der gemeinsamen Tochter Sydney gewesen. Danach waren die Browns – Nicole, die Tochter und die Großeltern – in ein Restaurant gegangen, der Ex-Mann wurde ignoriert. In diesem Restaurant arbeitete Ron Goldmann, das spätere zweite Opfer, als Aushilfskellner. Als alle nach Hause gegangen waren, bemerkte Juditha Brown, Nicoles Mutter, dass sie ihre Brille im Lokal liegen gelassen hatte. Nicole rief im Restaurant an, der Kellner erklärte sich bereit, ihr die Brille zu bringen. So kam er völlig unschuldig an den Ort des Geschehens und wurde ermordet. Goldmann war nie ein Liebhaber von Nicole, lediglich ein freundlicher Kellner.

Der Ex-Mann hingegen wurde an jenem Abend von seiner damaligen Freundin verlassen. Sie hatte den Abschied auf den Anrufbeantworter gesprochen und war verschwunden. Der Exmann steigerte sich daraufhin in einen Zustand unberechenbarer Wut. Schon früher war er gegen seine Frau mehrmals gewalttätig geworden und 1989 dafür sogar (mit zweijähriger Bewährungsfrist) verurteilt worden.

Während des gesamten Prozesses wurde niemals gefragt, wer denn sonst als Mörder in Frage käme. Nicht einmal die Verteidiger haben diese Frage aufgeworfen, da es keinen anderen Verdächtigen gab. Dafür wurde eine ganz andere Strategie entworfen, die, perfekt durchgespielt, zu einem Desaster der amerikanischen Rechtssprechung führte. Eine beispiellose Verwirrtaktik der Verteidigung hatte zur Folge, dass sich die Mitglieder der Jury in der Beweiswürdigung der Blutspuren nicht mehr auskannten. Außerdem war es gelungen, die Laienrichter so auszuwählen, dass sie dem Angeklagten mit einer gewissen Sympathie gegenüberstanden. Das ist beim amerikanischen Auswahlverfahren der „Geschworenen" durchaus möglich. Letztlich wurde die Aussage eines rassistischen Polizisten dazu benutzt, den Prozess als Diskriminierung der Schwarzen und Manipulation der Blutspuren durch die Polizei hinzustellen.

Der angeklagte Ex-Mann war der Footballstar O. J. Simpson. Er wurde im Strafprozess von den zwölf Geschworenen nach nur vierstündiger Beratung freigesprochen, in einem späteren Zivilverfahren jedoch für schuldig erkannt und zu 33,5 Millionen Dollar „Schadenersatz" verurteilt.

Was den Ausgang des Prozesses betrifft, so muss man wissen, dass in den USA eine Jury aus zwölf Geschworenen die einzige Beschlussinstanz darstellt. Nach dem Spruch der Geschworenen, dem „verdict", sind weder eine Berufung noch eine Revision möglich. Ein Zivilprozess verläuft völlig unabhängig vom Strafverfahren und kann daher ohne weiteres ganz anders ausgehen.

Der Freispruch von O. J. Simpson hat dem amerikanischen Justizsystem großen Schaden zugefügt. Trotz breiter Kritik hat sich jedoch nichts geändert. O. J. Simpson hat sein Vermögen in einen nicht pfändbaren Pensionsfond eingebracht und bezieht eine Rente von monatlich 25.000 Dollar. Haus und Grundbesitz sowie seine Sporttrophäen wurden versteigert, und mit dem Erlös konnte ein Teil der Anwaltskosten bezahlt werden. Für die Schadenersatzsumme blieb kein Geld übrig. O. J. Simpson selbst zog aus der Gegend weg und lebt heute bei einer „Freundin" in Florida.

Zeigt mir die Wunden, und ich sage euch, was geschehen ist

Eine Wunde ist eine Verletzung, die durch Gewalteinwirkung entsteht, wobei es sich entweder um scharfe (Schnitt, Stich und dgl.) oder um stumpfe Gewalt (Schlag, Sturz) handeln kann. Auch die Rasanz der Gewalteinwirkung ist von Bedeutung, und diese reicht von der Durchschlagskraft einer Gewehrkugel bis zum Erdrücken beispielsweise unter einem Bauteil aus Beton.

Es wirkt zwar der gleiche Mechanismus und es hat den gleichen Effekt, aber für die Beurteilung und Rekonstruktion eines Vorfalles macht es einen großen Unterschied,

- ob ein bewegtes Objekt den ruhenden Körper trifft, also etwa der Schlag eines Hammers, der Stich eines Messers oder das Projektil einer Feuerwaffe, oder
- ob der bewegte Körper plötzlich auf einen Widerstand trifft, wie z. B. bei einem Sturz oder einem frontalen Kfz-Zusammenstoß. Außerdem ist es wichtig, zu wissen, dass es nicht nur augenfällige, äußerlich sichtbare Wunden gibt, sondern auch innere Verletzungen als Folge von Gewalt wie etwa Blutergüsse unter der Haut, Quetschungen oder Zerreißungen von Organen sowie Knochenbrüche. Solche Wunden an inneren Organen sind deshalb höchst gefährlich, weil man sie zunächst übersehen und der Betroffene in der Zwischenzeit nach innen verbluten kann.

Fernsehen und Kino zeigen bunte Bilder, daher auch nur blutige äußere Wunden, die der Maskenbildner mühsam hergestellt hat. Nur sehr selten wissen diese kosmetischen Künstler, dass Form, Ausmaß und Gruppierung der Wunden wichtige Informationen enthalten und entscheidende Hinweise auf die einwirkende Schädigung vermitteln. In Wunden kann man lesen!

Der Tod eines Kindes

Die junge Mutter alarmierte den Notarzt: Ihrer neun Monate alten Tochter gehe es sehr schlecht, sie könne kaum mehr atmen! Als der Arzt kommt, findet er ein totes Kind. Der Totenbeschauarzt kennt die Familie oberflächlich: Es herrschen zwar nicht die besten Verhältnisse, doch gab es auch keine gröberen Anstände. Das Gesicht des Kindes ist blass, keine blau verfärbten Lippen, keine Verletzungen. Ausgezogen wird das Kind nicht, da die Totenstarre bereits eingetreten ist. Der Arzt erkennt auf natürlichen Tod und bezeichnet das Vorkommnis als plötzlichen, unerwarteten Kindstod, ein im ersten Lebensjahr leider gar nicht so außergewöhnliches Ereignis. Die weinende Mutter redet und redet. Als alles erledigt scheint, sagt sie noch, wie froh sie sei, dass der Tod des Kindes nicht durch das mehrmalige Herunterfallen vom Windeltisch verursacht worden sei. Das macht den Beschauarzt stutzig. Er zerreißt die bereits ausgefüllten Formulare und ordnet eine Obduktion an.

Was der Pathologe zu sehen bekam, war schrecklich: Blutunterlaufungen der Kopfhaut in der Scheitel- und Hinterhauptsgegend, am Rücken verstreut „blaue Flecken" unterschiedlicher Farbe, „Doppelstreifen" am Gesäß und an der Rückseite der Beine, Quetschungen an beiden Oberarmen sowie einen Einriss der Leberkapsel mit innerer Verblutung. Es war ein Fall schwerster Kindesmisshandlung mit einem typischen Verletzungsmuster, das bei sachgemäßer Totenbeschau nicht zu übersehen gewesen wäre.

Nach entsprechenden Vorhaltungen gestanden die Eltern.

Beim einfachen Hinfallen kommen bei Kindern Verletzungen an den Knien, den Handflächen, eventuell den Ellenbogen und im Gesicht vor. Misshandlungen treffen meist die Rückseite des Körpers sowie durch festes Zupacken die Oberarme. Doppelstreifen sind ein Beweis für Stockschläge.

Festes Drücken auf den elastischen Brustkorb kann zu Verletzungen der am Rippenbogen liegenden Leber führen. Allein das Muster der Verletzungen hat die unterschiedlichen Arten der Gewalteinwirkung auf das arme Kind zweifellos bewiesen.

Blutungen, Blutergüsse (Hämatome)

Bei stärkerer stumpfer Gewalteinwirkung kommt es zu Zerreißungen von kleinen Blutgefäßen, und es treten Blutergüsse auf, die besonders an der Haut auffallen: Die Haut ist unverletzt, man sieht einen oder mehrere rotblaue Flecken, manchmal mit einer für die Ursache charakteristischen Form, d. h. man kann den Abdruck des Gegenstandes, der die Gewalt übertragen hat, erkennen. Das Tatwerkzeug hinterlässt genaue Spuren. Blutergüsse wechseln mit der Zeit die Farbe:

- Frisch – das dunkelrote Blut scheint rotviolett durch die Haut.
- Nach drei Tagen – klassischer „blauer Fleck".
- Nach sieben Tagen – Abbau des Blutfarbstoffes, die Farbe wird grünlich.
- Nach zehn Tagen – chemische Umwandlung, die Farbe wird gelb.
- Nach zwei Wochen – Auflösung und Abtransport der Blutreste, der Fleck verblasst.

Anhand der Farbunterschiede ist leicht zu erkennen, wenn Blutergüsse zu verschiedener Zeit hervorgerufen wurden. Nach dem Tod ändert sich die Farbe nicht mehr. Eindrucksvoll und charakteristisch ist das Brillenhämatom; das sind Blutungen in den Weichteilen der Augen, vor allem am Ober- und Unterlid. Brillenhämatome treten vor allem bei Schädelbasisbrüchen auf. Wenn ein solches Hämatom nur einseitig vorhanden ist, nennt man es Monokelhämatom.

Hautabschürfungen (Schürfwunden)

Abschürfungen sind alltägliche Wunden, die lediglich die obersten Hautschichten betreffen. Hautteile werden zum Wundrand hin zusammengeschoben, was die Richtung der Gewalteinwirkung erkennen lässt. Die geschürfte Haut zeigt oft ein charakteristisches Muster, das einen Rückschluss auf das Objekt erlaubt, mit/bei dem diese Abschürfung erfolgte.

Da bei einer Schürfwunde die Deckzellschicht der Haut zerstört wird, erfolgt eine rasche Verstärkung der Gewebsflüssigkeit: Die Hautabschürfung vertrocknet, wird braunrot, es entsteht ein Wundschorf. Häufig gibt es Materialeinsprengungen wie etwa Straßenbelag, Autolacksplitter, Glasstückchen, Holzfasern, Schmutz und dergleichen. Hautabschürfungen können das Relief von Reifenspuren erkennen lassen, das Muster des Kühlergrills eines Autos oder auch die Schlagfläche eines Tatwerkzeuges. Die Schorfbeläge bleiben etwa eine Woche erhalten und fallen dann ab. So kann auch über das Alter von Verletzungen eine Aussage gemacht werden.

Eine Reihe von Hautabschürfungen

Auf einem Güterverbesserungsweg im Wald wurde ein bewusstloser 14-jähriger Junge mit schweren Kopfverletzungen gefunden. Er wurde per Hubschrauber ins Spital gebracht, wo er nach einigen Stunden verstarb. Der Versuch einer Spurenauswertung am Auffindungsort brachte kein Ergebnis, da gerade Holzschlägerarbeiten durchgeführt wurden und daher laufend Schwertransportfahrzeuge in beiden Richtungen unterwegs waren. Aufgrund fehlender Blutspuren wurde jedoch geschlossen, dass die Verletzungen an einem anderen Ort entstanden sein mussten. Die Obduktion der Leiche ergab ein schweres Schädel-Hirn-Trauma, der Tod war durch Hirnschwellung eingetreten.

Der Verdacht lag nahe, dass der Junge von einem Kraftfahrzeug angefahren worden war, doch fanden sich keine Aufprallverletzungen. Lediglich am Gesäß zeigte sich ein regelmäßiges Muster von perlschnurartig aneinander gereihten, jeweils etwa daumennagelgroßen Hautabschürfungen. Das Muster war zwar charakteristisch und nicht zufällig entstanden, aber wodurch? Bei der Untersuchung der im Krankenhaus aufbewahrten Hose des Jungen fand sich ein analoges Muster von Ölflecken in der Gesäßgegend. Dieses sah nicht mehr perlschnurartig, sondern schmutzigkettenförmig aus und entsprach am ehesten der Kette eines Fahrrads. Inzwischen war der Junge, der keine Papiere bei sich getragen hatte, identifiziert worden. Ja, er besaß ein Fahrrad, aber dieses war verschwunden. Type und Art der Lackierung wurden ausfindig gemacht.

Jetzt konnte man mit hoher Wahrscheinlichkeit annehmen, dass der radfahrende Junge von einem Fahrzeug niedergestoßen worden war und dabei gegen die Kette seines Fahrrades gepresst wurde. Kurze Zeit später fand man an einer ganz anderen Stelle das verbeulte Fahrrad; vor allem die linke Lenkstange war lädiert, und hier ließen sich rote Lackspuren nachweisen. Der Schluss lag nahe, dass ein Auto mit roter Lackierung das Fahrrad gestreift und den Jungen dabei heruntergeschleudertle Routinebefragungen in zahlreichen Kfz-Werkstätten brachten schließlich Erfolg: Ein Auto mit Kratzern, die in Form und Höhe der Lenkstange entsprachen, konnte gefunden werden.

Die vielen Indizien veranlassten den Kfz-Lenker zu einem Geständnis. Er hatte den Jungen beim Überholen gestreift und ihn von seinem Rad geschleudert. Dabei entstand die Schädel-Hirn-Verletzung. In einer Art Panikreaktion hatte der Lenker den Schwerverletzten in sein Auto gelegt und war auf den Güterverkehrsweg gefahren. Dort hatte er den Körper deponiert, in der Hoffnung, man würde annehmen, er sei von einem Holztransporter angefahren worden. Das Fahrrad versuchte der Lenker zu verstecken, was aber misslang.

In diesem Fall gab das Muster der Hautabschürfungen den entscheidenden Hinweis für die Aufklärung dieses gewaltsamen Todesfalles.

Rissquetschwunden

Risswunden entstehen durch Zerrung und Dehnung der Haut, Quetschwunden durch starken Druck. Eine Kombination beider Mechanismen führt zu den in der Praxis sehr häufig auftretenden Rissquetschwunden.

- Risswunden sind typisch für Verletzungen durch Tierbiss. Hunde „beuteln" das Opfer zusätzlich und bearbeiten es mit den Krallen. Bisse durch Menschen kommen nicht allzu selten bei Sexualdelikten vor. An der Haut entsteht ein Bissring, hervorgerufen durch den Einsatz der Zähne des Ober- und Unterkiefers.
- Kommt eine Quetschwunde in einer straff über den Knochen gespannten Haut zustande, dann platzt die Haut. So erzeugt etwa der Schlag mit einer Weinflasche auf den Kopf eine Platzwunde.
- Rissquetschwunden sind gezackt oder gelappt, ihre Wundränder gequetscht, und die Haut ist abgehoben, sodass eine Taschenbildung entsteht. In solchen Taschen muss nach Fremdkörpern – beispielsweise Glassplittern, Farbresten, Schmutz, Sand, Pflanzen, Öl und dergleichen – gesucht werden. Bei der ärztlichen Versorgung von Rissquetschwunden muss der Chirurg die gequetschten und daher zerstörten Hautpartien entfernen. Dies geschieht mit einem Messer und bedeutet nichts anderes, als dass der Chirurg die Quetschwunde in eine Schnittwunde überführt. Die Schnittränder können dann vernäht werden.

Stichwunden

Gestalt und Breite eines Stichwerkzeugs bedingen die unterschiedliche Form von Stichwunden. Diese sind oft unscheinbar klein und sehen harmlos aus, was zu folgenschweren Irrtümern führen kann, wenn dadurch tief liegenden Organen Verletzungen zugefügt wurden.

Blutet eine Stichwunde stark nach außen, so ist das gut, denn dann wird der Verletzte zum Arzt gebracht, und dieser veranlasst alles Nötige. Blutet eine Stichwunde nicht und wird die Verletzung bagatellisiert, ist es keineswegs ausgeschlossen, dass es „nach innen“ blutet. Das kann lebensgefährlich werden!

Eine Zirkelspitze genügt

Es war im Werkunterricht in einer Schulklasse, als ein 14-jähriges Mädchen sich plötzlich umdrehte und dem hinter ihr sitzenden Jungen eine schallende Ohrfeige gab. „Der Blödmann hat mich gestochen!“, rief sie. Außer einem kleinen roten Fleck auf der Haut des Rückens war nichts weiter zu sehen, sie hatte auch keine Schmerzen. Tatwerkzeug war eine Zirkelspitze, mit welcher der Junge versucht hatte, zwischen den Spaghettiträgern des Tops auf der Haut des Mädchens zu schreiben. Dieses hatte sich jedoch abrupt umgedreht, und so kam es zu der Stichverletzung. Als ein kleiner Blutstropfen austrat, klebte der Lehrer ein Hansaplast darüber, und langsam beruhigten sich alle wieder. Es dauerte etwa 20 Minuten, bis Karin, das verletzte Mädchen, plötzlich sagte: „Mir ist schlecht!“, und von ihrem Sessel auf den Boden rutschte. „Die ist ja ganz weiß im Gesicht“, rief ein Klassenkamerad, und der Lehrer war hilflos. Über den Schulwart und das Direktionssekretariat wurde der Notarzt angefordert. Nach fünf Minuten war er da, und seine ersten Worte waren: „Die verblutet ja!“ Sofort wurde Blutersatzflüssigkeit verabreicht, und man brachte das Mädchen auf dem schnellsten Weg zur nächsten Unfallchirurgischen Abteilung. Erst während dieser Zeit wurde über den Stich gesprochen.

Im Krankenhaus musste der Brustkorb operativ geöffnet werden; aus der rechten Brusthöhle rannen 3,5 Liter Blut. Durch die Zirkelspitze war knapp unter einer Rippe ein Blutgefäß angestochen worden, und dieses hatte stetig in die Brusthöhle hineingeblutet. Die Gefäßwunde zu versorgen war leicht, das junge Mädchen wiederherzustellen, dauerte etwas länger. Geblieben ist die Narbe infolge der Operation. Sowohl der Schüler als auch der Lehrer wurden vom Staatsanwalt angeklagt und zu bedingten Strafen verurteilt.

Dabei sollte doch in jedem Erste-Hilfe-Kurs gepredigt werden: Jede Stichverletzung, so unscheinbar sie auch sein mag, gehört sofort zum Arzt!

Zu den dramatischen Ereignissen der Notfall-Chirurgie gehört die Versorgung einer Herzverletzung. Wird die Herzmuskulatur, etwa durch einen Stich, durchstoßen, so spritzt bei jedem Herzschlag Blut aus dieser Wunde und füllt allmählich den Herzbeutel, der das Herz umgibt. Da dieser sehr elastisch ist, wird er gedehnt und schließlich prall wie ein Fußball. Der Druck innerhalb des Herzbeutels steigt so hoch, dass sich das Herz nach der Phase des Zusammenziehens nicht mehr ausdehnen kann. Die Herzaktion und damit der Blutkreislauf werden immer schwächer, schließlich bleibt das Herz im Zustand der maximalen Kontraktion stehen. Das nennt man Herzbeuteltamponade.

Die Zeit, die zwischen der Verletzung und dem Herzstillstand vergehen kann, ist unterschiedlich lang und hängt natürlich von der Größe der Lücke in der Herzwand ab; bei einer schlitzförmigen Wunde dauert es ungefähr 20 bis 30 Minuten. Innerhalb dieser Zeitspanne müsste ein Chirurg Brustkorb und Herzbeutel operativ eröffnen und die Herzwunde vernähen. War der Blutverlust nicht allzu groß, so erholt sich der Kreislauf danach wieder rasch, und der lebensgefährlich Verletzte ist gerettet. Eine andere Form der Blutstillung als durch eine Herzoperation ist in einem solchen Fall nicht möglich.

Die erste Operation dieser Art wurde von Dr. Ludwig Rehn, einem Chirurgen in Frankfurt am Main, am 9. September 1896 an dem Gärtner Wilhelm Justus durchgeführt, der bei einer Wirtshausrauferei durch einen Herzstich verletzt wurde. Mit diesem Datum begann die erfolgreiche Chirurgie am Herzen.

Ein Stich ins Herz führt nicht sofort zum Tod

Am 10. September um 1.40 Uhr gingen zwei Frauen raschen Schrittes auf der Seeuferpromenade zur Schiffsanlegestelle. Plötzlich sprang ein Mann hinter einem Baum hervor, schlug der einen Frau mit der Faust gegen die Brust und lief davon. Die Frau stürzte, man half ihr wieder auf – sie war 61 Jahre alt –, und als sie gefragt wurde, antwortete sie lächelnd: „Nein, es ist nichts geschehen." Als die beiden Damen dann weitergingen, fragte die Betroffene: „Was wollte dieser Mensch denn eigentlich?", und sagte dann: „Vielleicht wollte er mir die Uhr wegnehmen?" Einige Minuten später: „Ich glaube, die Brust schmerzt mich ein wenig." Dann wurde ihr schwindlig, und sie stolperte. Zwei Männer legten sie auf eine Bank, ihr Gesicht wurde mit Eau de Cologne eingerieben. Ein in Äther getränktes Stück Zucker schob man ihr in den Mund, und sie biss darauf. Dann erhob sie sich langsam wieder, setzte sich aus eigener Kraft auf. Ihr Blick schwankte unsicher hin und her, schließlich fragte sie nach ihrer Gefährtin: „Was ist denn jetzt mit mir geschehen?" Das waren ihre letzten Worte, sie sank bewusstlos zurück.

Ungefähr zwanzig Minuten nach der Attacke durch den Mann, der in der Zwischenzeit bereits verhaftet worden war, starb die Dame. Bei der Obduktion entdeckte man eine ein Zentimeter große Stichwunde an der linken Brustseite, einen Durchstich des Herzbeutels und des Herzens sowie voluminöse Blutgerinnsel, die den Herzbeutel prall ausfüllten.

Der Vorfall ereignete sich 1898 in Genf, wo Kaiserin Elisabeth von Österreich von Luigi Luccheni mit einer zugespitzten Eisenfeile ins Herz gestochen wurde. Sie hatte keine größeren Schmerzen verspürt, wurde nur zunehmend schwächer und schließlich bewusstlos.

Für die gerichtsmedizinische Begutachtung ist wichtig zu wissen, dass die Handlungsfähigkeit des Betroffenen sogar nach einem Herzstich noch ein gutes Stück Zeit erhalten bleiben kann. In dieser Zeitspanne kann noch alles Mögliche geschehen.

Stichverletzungen sind sowohl bei Tötungsdelikten als auch bei Unfällen häufig, bei Selbstmord dagegen selten. Die Häufigkeit von derartigen Verletzungen ergibt sich daraus, dass Stichwaffen (meist Messer) oft mitgeführt werden. Im Allgemeinen sind die Weichteile leicht zu durchstechen, es ist kaum eine Kraftanstrengung dafür nötig. Am schwierigsten ist es, die Kleidung zu durchtrennen.

Der Umriss einer Stichwunde lässt nur selten und in Ausnahmefällen die Form des Tatwerkzeuges genau erkennen. Stichwunden haben scharfe Ränder und spitz zulaufende Wundwinkel. Sie sind in ihrer Grundform also „schlitzförmig“ oder, wenn klaffend, „mandelförmig“. Dabei ist es gleichgültig, ob das Tatwerkzeug ein Messer mit Schneide oder ein runder Stachel ist. Übrigens kann mit verschiedenen Gegenständen gestochen werden: Bratspieß, Eispickel, Schraubenzieher, Nadel, Kugelschreiber, Bleistift und vieles mehr.

Erfolgte die Verletzung durch ein Messer oder durch einen Stachel?

In beiden Fällen entsteht eine schlitzförmige Wunde. In die Haut ist ein elastisches Fasernetz gitterartig eingeflochten, das die Wundränder auseinander zieht. Werden die Fasern mit einem Messer durchschnitten, so klaffen die Wundränder je nach Schnittrichtung auseinander. Ein Stachel hingegen reißt nur wenige Fasern durch, der Wundschlitz liegt in der Spaltbarkeitsrichtung.

Das ist vor allem auch für den Chirurgen wichtig, wenn er eine solche Wunde wieder zusammennähen soll. Eine Wunde parallel zur Spaltrichtung erlaubt es, die Wundränder exakt aneinander zu legen, im anderen Fall klafft die Wunde und steht unter Zug. Dann entsteht eine deutliche Narbe, die ja jeder Chirurg vermeiden sollte. Aus diesen Gründen erfolgt der Hautschnitt bei einer Blinddarmoperation rechts im Unterbauch von außen-oben nach innen-unten; so verlaufen auch die Spaltlinien, und es entsteht nur eine zarte Narbe.

Was war das Tatwerkzeug?

Die Erkennung des Tatwerkzeugs anhand einer Wunde ist schwierig, denn

- die Länge der Wunde ist nicht gleich der Klingenbreite. Die Wunde kann durch eine gleichzeitige Schnittbewegung wesentlich länger oder bei entsprechender elastischer Retraktion der Haut auch kürzer sein.
- Die Tiefe des Stichkanals entspricht nicht der Klingenlänge. Durch Kompression der Weichteile kann die Klinge viel tiefer eindringen, wobei sie bei Auftreffen auf einen knöchernen Widerstand gestoppt wird.

- Bei gebeugter oder gestreckter Körperhaltung entspricht der später an der gerade liegenden Person festgestellte Stichkanal nicht der Stichrichtung.

- Ein „kleiner Schwalbenschwanz“ kann auf ein einschneidiges Messer mit kantig-scharfem Messerrücken verweisen.

- Der „große Schwalbenschwanz“ kommt durch Drehung des Messers in der Wunde oder durch Bewegung des Opfers zustande. Hineinstechen – Drehung – Herausziehen: Die Schneide hat eine andere Lage.

Messerstich	Stachelstich
Spalt und Schlitz liegen unabhängig von der Hautspaltbarkeit.	Spalt oder Schlitz liegen in der Spaltbarkeitsrichtung.
Im Stichkanal ist der Schlitz in sämtlichen Schichten in derselben Richtung angeordnet.	Der Schlitz entspricht in jeder Schichte der jeweiligen Spaltrichtung.
Wird ein Knochen durchstochen, entsteht eine Lücke in Form des Messers.	Am Kochen entsteht ein rundes Loch.
Der Stoff der Kleidung ist zerschnitten.	Der Stoff der Kleidung ist zerrissen.
Der Hautspalt ist größer als die Messerschneide, weil gleichzeitig gestochen und geschnitten wird.	Der Spalt ist kleiner als der Durchmesser des Stachels, weil sich die elastische Haut zusammenzieht.

Die häufigste Todesursache bei Stichverletzungen ist inneres oder äußeres Verbluten, typisch sind aber auch das Einatmen von Blut bei einem Lungenstich oder das Ansaugen von Luft bei Verletzungen von Halsvenen.

Beim Luftansaugen entsteht im schlagenden Herzen ein schaumiges Blut-Luft-Gemisch, und der Kreislauf bricht zusammen.

Die Gefährlichkeit einer Stichverletzung ist je nach Lokalisation unterschiedlich:

- Kopf: Bei senkrechtem Auftreffen ist ein Durchstoßen der Schädeldecke möglich.
- Nacken: Verletzung des Rückenmarks.
- Hals: Eröffnung großer Blutgefäße.
- Brustkorb: Verletzung von Herz, Brustschlagader, Zwischenrippenarterien.
- Bauch: Eingeweideverletzung. Der Betroffene verspürt zunächst nur einen Stoß, dann „warm“ (Blut, Darm tritt aus).
- Gesäß: Verblutung in die Muskulatur.
- Oberschenkel (Fleischhauerverletzung): Ein hängendes Tier wird über Kopf mit einem beidhändig gehaltenen Messer abgefleischt. Rutscht die Klinge ab, trifft die Messerspitze genau die Leistengegend und die hier gelegene Schenkelarterie.

Wie stellt man fest, ob Fremdeinwirkung vorliegt oder nicht?

Selbstmord	Fremdtötung
Stich ins Herz oder den Hals	Wahllose Lokalisation der Stiche
Mehrere Stiche sind durchaus möglich	Meist zahlreiche Stiche (muss aber nicht sein)
Entblößen der Stichstelle	Typisch ist ein Stich in den Rücken als primäres Angriffsziel (der Täter kam von hinten).
Eventuell kleine Probestiche	
Zugängliche Körperstellen	Unzugängliche Körperpartien
Keine Abwehrverletzungen	Entblößen der Stichstelle; Abwehrverletzungen
Entblößen der Stichstelle; Blutablaufstraße muss zu einer Selbstverletzung passen	Blutablaufspuren in verschiedene Richtungen

Schnittwunden

Eine Schnittwunde ist länger als tief, hervorgerufen durch Messer, Rasierklingen, Glasscherben, scharfes Blech und dergleichen, mitunter sogar durch Grashalme.

Schneidet ein Werkzeug senkrecht in die gespannte Haut, so entsteht eine keilförmige Wunde, trifft das Werkzeug schief auf, so kommt eine Lappenwunde zustande. Eine dritte Möglichkeit ist das Abklappen von Körperteilen, z. B. Ohr, Nase oder Finger. Schnittverletzungen sind typisch für Haushalts- und Betriebsunfälle – oder auch für Mord und Selbstmord. Die häufigsten lebensbedrohlichen Schnittarten sind der Halsschnitt und der so genannte Pulsaderschnitt.

Halsschnitt

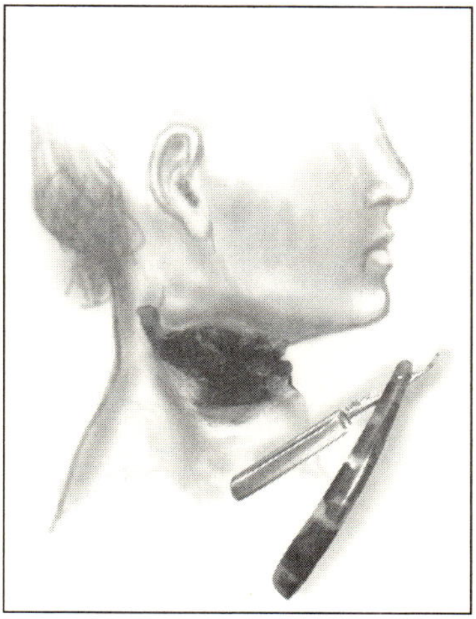

Die alles entscheidende Frage im jeweils konkreten Fall ist, ob Selbstmord oder ein Tötungsdelikt vorliegt.

Selbstmord	Fremdtötung
Entblößter Hals. Der Betroffene zieht sich oft sogar nackt aus, steht oder sitzt vor dem Spiegel	Schnitte gehen durch die Bekleidung, z. B. Kragen oder Halstuch
Blutablaufstraßen an der Körpervorderseite, gleichmäßig und parallel	Unregelmäßige Blutspuren an den Kleidern, Verlauf vorwiegend nach hinten (Opfer wurde niedergerungen und im Liegen verletzt)
Wundverlauf beim Rechtshänder von links oben nach rechts unten zur Schnitthand absteigend	Einer oder mehrere kräftige, bis an die Wirbelsäule reichende Schnitte. Oft Überkreuzung der Schnitte infolge einer Lageänderung des Opfers durch Gegenwehr
Probierschnitte: d. h. oftmaliges zaghaftes Ansetzen bzw. Probeschnitte im Wundwinkel des Schnittbeginns	Keine Probierschnitte
Keine Abwehrverletzungen	Abwehrverletzungen an der Innenseite der Hände und Arme

Was sind Abwehrverletzungen?
Durch schützende Abwehrbewegungen des Opfers entstehen Deckungsverletzungen beim Vorhalten der Unterarme. Dies sind passive Abwehrverletzungen. Greifverletzungen kommen zustande, wenn in das bedrohende Messer hineingegriffen und dabei die Schneide durch die Greifhand gezogen wird. Diese Wunden liegen in der Hohlhand oder lappenförmig an der Beugeseite der Fingerendglieder.

Wie lange dauert es, bis der Tod eintritt?

Die Handlungsfähigkeit bleibt trotz schwerster Halsverletzungen noch einige Zeit erhalten. Das Opfer kann vom Tatort weggehen, etwa in ein anderes Zimmer; der Tatort kann verändert, Einrichtungsgegenstände können umgestoßen werden. Dem Selbstmörder ist es beispielsweise durchaus möglich, das Tatwerkzeug verschwinden zu lassen. Das Fehlen des Messers ist für den Tod durch fremde Hand also nicht beweisend.

Das Messer lag auf dem Nachttisch

Zwei Tage war die 48-jährige, allein stehende Frau nicht mehr gesehen worden, dann fand man sie blutüberströmt mit einer Wunde am Hals tot in ihrem Bett auf. Ihre Arme waren unter der Bettdecke, ein blutiges Messer lag auf dem Nachttisch, daneben zwei Bücher, eine Tablettenschachtel und das Telefon. Es war bekannt, dass die Frau Linkshänderin war.

Der Gerichtsmediziner stellte einen nicht allzu tiefen queren Schnitt am Hals fest. Dieser verlief von rechts oben nach links unten, endete aber in der Halsmitte. Am Grund dieses Schnitts klaffte eine eröffnete Halsvene. Knapp unterhalb dieses Schalters verliefen parallel zwei seichte Hautritzungen. Die Hände der Frau waren blutverschmiert, desgleichen die Unterseite der Bettdecke.

Als Todesursache wurde bei der Obduktion eine Luftembolie festgestellt.

Unter Berücksichtigung aller Befunde und Umstände am Ereignisort konnte Folgendes rekonstruiert werden: Die Frau hatte zunächst zwei Ritzschnitte und dann einen Hauptschnitt an ihrem Hals in für Linkshänder typischer Form angelegt. Es blieb noch so viel Zeit, um das Messer wegzulegen und die Bettdecke hochzuziehen: Selbstmord.

Pulsaderschnitt
Die Schnitte an der Innenseite des Unterarms werden meist quer geführt. Allerdings liegen die Blutgefäße in der Gegend knapp oberhalb der Handwurzel tief unter den starken Beugesehnen der Haut und der Finger; sie sind somit weitgehend geschützt und werden daher häufig gar nicht erreicht. Auch wenn eine hier liegende Arterie durchtrennt wird, hat dies aufgrund der Kontraktion der Wand meist nur eine geringe Blutung zur Folge.

Ein Pulsaderschnitt führt erfahrungsgemäß selten zum Tod. Manche Personen fügen sich diese Verletzung daher lediglich zu, um Aufmerksamkeit auf sich zu ziehen. Es kann aber auch ganz anders ausgehen:

Totenbeschau hausgemacht

Es geschah in einem Nobelvorort von Wien. Am 23. Februar 2001 um 8 Uhr morgens fand der Vater seine Tochter, Fachlehrerin in einer Mädchenschule, im Badezimmer leblos über die Wanne gebeugt. Sie trug einen Bademantel. Der herbeigerufene Notarzt stellte den bereits eingetretenen Tod fest. Als Totenbeschauarzt kam der Gemeindearzt, ein Bekannter der Familie.

Alle wussten, dass die Verstorbene eine chronische Alkoholikerin war und mehrere Entziehungskuren hinter sich hatte. Dem Arzt wurden vom Vater Blutspuren im Bett, in der Küche und im Badezimmer gezeigt. Daraufhin schien dem Totenbeschauer alles klar und er traf folgende Feststellungen:

Die Alkoholikerin hatte sicher eine Leberzirrhose, bei der es häufig zu oft tödlichen Blutungen aus erweiterten Venen in der Speiseröhre kommt. Dies war augenscheinlich auch hier der Fall. Die Blutung habe im Bett begonnen, die Frau sei danach in die Küche und schließlich noch ins Badezimmer gekommen. Dort sei sie gestorben. Der Totenschein wurde ausgestellt: Grundleiden – Leberzirrhose, Todesursache – Ösophagusvarizenblutung.

Als die Leichenbestattung eintraf, um die Verstorbene zu waschen und zu bekleiden, bemerkten die Beamten am linken Unterarm zwei je etwa 15 cm lange Schnittwunden, die in der Längsrichtung verliefen und daher kaum klafften. Jetzt wurde eine Obduktion durchgeführt und eine Luftembolie als Todesursache nachgewiesen. Die Frau hatte sich im Schlafzimmer in selbstmörderischer Absicht die Schnitte zugefügt, das Messer in der Küche abgespült, und wollte dann anscheinend in die Badewanne steigen. Dabei war sie sterbend zusammengebrochen.

Kundige Selbstmörder begeben sich häufig in eine mit heißem Wasser gefüllte Badewanne, denn die Blutungen werden aufgrund der durch die Wärme erweiterten Blutgefäße stärker. Dies tat auch der römische Philosoph Lucius Annaeus Seneca (4–65 n. Chr.), als er von Kaiser Nero zum Selbstmord gezwungen wurde.

Ungeklärt

Der 62-jährige Mann war krank, schwer krank sogar. Er hatte von Jugend an viel Alkohol getrunken, jetzt litt er an einer Leberzirrhose. Zum Skelett abgemagert, war er schon über einen Monat bettlägerig und hatte Fieber. In der Nacht vom 25. zum 26. Januar fügte er sich mit einem Rasiermesser eine stark blutende Wunde am Hals zu. Daraus wurde in den Erzählungen der Menschen „eine blutstarrende Wunde“, ja, man kolportierte sogar, dass das „zum Teil abgetrennte Haupt“ vor Abnahme der Totenmaske abgestützt werden musste. Der behandelnde Arzt, Dr. Essenwein, stellte jedoch klar: „Ich wurde um ein Uhr nachts gerufen, nähte die aufgeschnittene Hautstelle zusammen und stillte die Blutung. Der Schnitt war an und für sich nicht tödlich, der Tod aber auch ohne diese im Anzuge und wäre auch ohne diese Ungeduld von Seiten des Kranken bald erfolgt.“

Wenn eine Schnittverletzung am Hals ein oder mehrere Blutgefäße eröffnet, tritt der Tod innerhalb weniger Minuten ein. Es kann sich also nur um eine seichte Schnittwunde gehandelt haben, denn unser Mann lebte noch zwei Tage. Man weiß aber, dass Patienten im Endstadium einer Leberzirrhose zum einen häufig die Orientierung verlieren und zum anderen oft aggressive Handlungen setzen. Das Ereignis der Schnittverletzung passt genau in dieses Bild. Die Blutung war sicherlich schwer zu stillen, denn bei einer Leberzirrhose ist die Blutgerinnungsfähigkeit gestört. Wir können also mit an Sicherheit grenzender Wahrscheinlichkeit annehmen, dass die Schnittverletzung im Stadium des Leberversagens als eine nicht bei klarem Bewusstsein gesetzte Handlung erfolgte. Selbstverständlich werden die Angehörigen versucht haben, den Zwischenfall mit dem Rasiermesser zu vertuschen, um eine Legendenbildung auszuschalten. Es ist aber auch nicht verwunderlich, dass genau das Gegenteil erreicht wurde.

Was ist nun gesichert? Zweifelsfrei die Leberzirrhose nach entsprechendem Alkoholmissbrauch und der Tod durch Leberversagen. Ob der Halsschnitt ein Selbstmordversuch des großen Dichters Adalbert Stifter (1905–1968) war oder nicht, bleibt ungeklärt.

Und es fiel ein Schuss ...

Bei der Abgabe eines Schusses wird ein Projektil (Geschoss) durch hoch gespannte, sich explosionsartig ausdehnende Verbrennungsgase aus dem Lauf der Waffe getrieben. Diese Verbrennungsgase entstehen durch „Zünden“ des Pulvers, d. h. der Patronenladung. Vor Erfindung der Patrone musste eine Feuerwaffe getrennt zuerst mit Pulver und danach mit einem Geschoss (Kugel) geladen werden. Häufig waren das etwa zehn Millimeter große Bleikugeln, deren Oberfläche blauschwarz schimmerte; daher die Bezeichnung „Blaue Bohnen“. In Kriminalromanen wird der Technik der Waffen und dem Vorgang des Schusses meist nur wenig Raum gegeben, in Film und Fernsehen hingegen wird der Schussvorgang ausführlich gezeigt. Sehr oft weicht dabei vieles von der Realität ab, denn es wird natürlich mit Attrappen geschossen. Fehler, die jedermann sehen und hören kann, sind:

Das Knallgeräusch ist kein echter Schuss. Geübte Kenner sind in der Lage, bei realen Schusswechseln aus dem Schussknall die Art der Patrone und/oder der Waffe herauszuhören. Am Bildschirm und auf der Leinwand knallt alles gleich falsch.

Häufig sieht man die Schusshand mit der Faustfeuerwaffe. Es wird geschossen, der Rückstoß der Waffe aber bleibt aus. Bei jeder echten Schussabgabe wird die waffenführende Hand in die Höhe oder auf die Seite geschleudert, weshalb man in der Realität so selten trifft. Im Film wird geschossen und getroffen, denn es gibt keinen Rückstoß.

Die Bewegung nach oben entsteht durch die Fixierung der Waffe am Griff, der unterhalb des Schwerpunkts liegt. Je rasanter das Geschoss den Lauf verlässt, desto stärker ist der Rückstoß.

Fällt die Waffe zu Boden oder wird sie weggeworfen, hört man regelmäßig das „Scheppern“ des leichten

Blechspielzeuges. Eine echte Faustfeuerwaffe ist stabil und schwer, sie schlittert nicht über den Boden.

Bei Schussduellen oder Kampfhandlungen wird viel zu oft geschossen ohne nachzuladen. Es wird auch viel zu oft getroffen. Man nehme als Vergleich aktuelle Zeitungsberichte über Täterverfolgungen durch die Exekutive. Diese Leute sollten doch das Schießen gelernt haben ... denkt man. Aber was kann man lesen: Es wurden 18 Schüsse abgegeben, getroffen allerdings wurden nur zwei parkende Autos oder ein unbeteiligter Motorradfahrer. Ja, das ist alles schon passiert!

In Westernfilmen geht die Darstellung von Schusswechseln an der Realität weit vorbei. Im „Wilden Westen" wurde mit Schwarzpulver geschossen, die Rauchentwicklung war dabei derart stark, dass man nach drei bis vier Schüssen in einem Saloon kaum mehr die Hand vor Augen sehen konnte. Dies würde die Filmbilder aber sehr verschleiern, weshalb die Westernhelden rauchlos mit Spielzeugrevolvern schießen.

Es gibt seltene Ausnahmen. Gary Cooper benutzte in den Filmen Zwölf Uhr mittags (High Noon) und Vera Cruz einen echten Revolver aus seiner privaten Sammlung: Colt Modell 1873 Single Action Army, Seriennummer 155753, Kaliber.45.

Eine der tragenden Figuren in der Fernsehserie Bonanza war der Schauspieler Dan Blocker, der den dicken Hoss Cartwright verkörperte. Auch dessen Waffe war echt, ebenfalls ein Colt Model 1873 Single Action Army, Seriennummer 43900, hergestellt im Jahr 1877. Beide Waffen sind im Buffalo Bill Historical Center, einem Museum in Wyoming, ausgestellt.

Waffenarten und Munition

Handfeuerwaffen sind in der Hand tragbare Gewehre für den zweihändigen Gebrauch. Kunstschützen schießen manchmal nur mit einer Hand.

Faustfeuerwaffen sind Pistolen und Revolver für den einhändigen Gebrauch. Man trifft allerdings viel sicherer, wenn man auch diese Waffen mit beiden Händen hält.

Eine Pistole hat ein Magazin, wobei die Hülse nach dem Abfeuern einer Patrone automatisch ausgeworfen wird. Es bleiben daher Munitionsreste am Schussort zurück, es sei denn, diese würden eingesammelt. Eine am Tatort gefundene Patronenhülse trägt manchmal viel zur Aufklärung bei. Gewitzte Täter nehmen ihre Patronenhülsen daher wieder mit.

Ein Revolver hat eine drehbare Trommel, die Patronenhülsen bleiben in der Waffe stecken, man findet am Ereignisort nichts.

Pistolen sind technisch komplizierter und daher störungsanfälliger, wie etwa die bekannte Ladehemmung zeigt. Aus diesem Grund schwören viele Profis auf den Gebrauch von Revolvern, obwohl die Anzahl der zur Verfügung stehenden Schüsse meist geringer ist.

Ein gezogener Waffenlauf hat an seiner Innenseite spiralig verlaufende, erhabene Felder und dazwischen liegende vertiefte Züge. Das Projektil wird dadurch in einen Rotationsdrall versetzt und die Flugbahn exakt stabilisiert. Die Felder und Züge hinterlassen ein Muster am Geschoss, sodass Projektil und Waffe einander zugeordnet werden können.

Gewehre mit gezogenen Läufen nennt man Büchsen, Flinten haben glatte Läufe.

Unter Kaliber versteht man einerseits die innere Laufweite, andererseits den Durchmesser des Geschosses. Das Geschoss hat aber immer einen größeren Querdurchmesser als der Lauf, d. h. das Projektil wird durch den Lauf gepresst. Die Kaliberangaben sind teils amerikanische Inches, teils europäische Millimeter.

Häufige Kaliber für Faustfeuerwaffen

1 inch = 25,4 mm	Millimeterangaben
.22 oder 22 l.f.r. (long for rifles) = 0,22 inches	5,6mm lfB (lang für Büchsen) Das ist die so genannte Kleinkalibermunition
.38 = 9,6mm bzw..44 = 11mm große Kaliber für Revolver	6,35 und 7,65mm geläufige kleine Pistolenkaliber
.357 = 9mm Großkaliber, häufig bei amerikanischen Polizeiwaffen	9mm (Parabellum) häufigste Pistolenpatrone
.45 = 11,4mm Patrone der berühmten „45iger"-Pistole aus den Kriminalromanen	

Jagdmunition wird anders charakterisiert. Bei Kugelpatronen für Büchsen wird Kaliber x Hülsenlänge in Millimeter (z. B. 7 x 64) angegeben. Schrotpatronen enthalten zahlreiche kugelige Schrotkörner von zwei bis vier Millimeter Durchmesser. Sehr kleine Schrotkörner nennen die Jäger „Vogeldunst".

Nehmen wir einen Schusswechsel zwischen zwei Personen an. Dabei gilt immer noch die klassische Grundregel: „Der erste Treffer zählt." Entscheidend ist jedoch, welcher Körperteil getroffen und welche Munition verwendet wird.

Beispiele

Trifft ein Geschoss vom Kaliber 6,35 oder 7,65 einen Menschen am Oberarm, so erleidet dieser zwar eine Geschosswunde, es ist jedoch durchaus möglich, dass er in seinen Aktionsmöglichkeiten kaum eingeschränkt ist und fleißig zurückschießen kann.

Ein Treffer an derselben Stelle mit einem Teilmantelgeschoss vom Kaliber.357 kann den Betroffenen durch die Geschosswucht sofort umwerfen und durch die Energieübertragung in einen traumatischen Schockzustand versetzen. Es kommt also nicht nur darauf an, zu treffen, sondern auch darauf, mit welcher Munition man schießt.

Das Maß für die Trefferwirkung heißt Mann-Stopp-Effekt. Dadurch wird ausgedrückt, wie weit man einen getroffenen Angreifer außer Gefecht setzt. Die beste Wirkung erzielen Geschosse mit abgestumpftem oder ausgehöhltem Kopf, so genannte Hohlspitzgeschosse. Diese ändern beim Eindringen in den Körper ihre Form, sie „pilzen" sich auf und erlangen dadurch einen wesentlich größeren Querschnitt. Damit ist auch die Übertragung der Trefferenergie viel größer.

Dum-Dum-Geschoss: In der britisch-indischen Munitionsfabrik Dum-Dum wurden Zerlegungsgeschosse gefertigt, die im getroffenen Körper in Teilstücke zersplittern und dadurch natürlich eine verheerende Wirkung mit umfangreicher Organzerstörung haben.

Als Faustregel für die Trefferwirkung gilt der alte Erfahrungssatz: „Der letzte Schuss ist ein Kopfschuss." Aber man muss treffen, sonst wird zurückgeschossen.

Was eine Schussverletzung alles erzählen kann

Schussverletzungen können ganz unterschiedlich aussehen, sie differieren je nach Geschoss, Waffentyp, Treffladung und Schussentfernung.

Es ist durchaus möglich, dass Schusswunden von Sachunkundigen verwechselt werden mit:

- Stichverletzung: Ein ermattetes Projektil „schlüpft“ durch die Haut und erzeugt eine schlitzförmige Öffnung entsprechend der Spaltbarkeit.
- Blitzschlag: Es können schrotschussartige Verletzungen vorgetäuscht werden.
- Madenfraß: Dadurch entstehen Löcher in der Haut, die Schusswunden imitieren.
- Hautkratzer: Wenn eine Wunde nicht blutet, entsteht lediglich eine Kruste, die als „Schramme“ missdeutet werden kann.

Eine Schutzverletzung kann als Wunde bei der äußeren Leichenschau gänzlich übersehen werden, wenn es nur einen Einschuss gibt und dieser an einer unzugänglichen Stelle liegt. So kann ein Schuss in ein Nasenloch, in die Mundhöhle oder in die Afteröffnung unbemerkt bleiben. In solchen Fällen ist der Totenschauarzt gefordert – und häufig überfordert. Wann wird schon an einer Leiche der Anus inspiziert? Und wurde der Lauf einer Waffe auch nur ein Stück in die Öffnung hineingesteckt, sieht man gar nichts.

Von den Ermittlern werden an den Gerichtsmediziner oft folgende Fragen gestellt:

- Welche Wunde ist der Einschuss, welche der Ausschuss? Dazu Näheres im folgenden Abschnitt, Seite 102.
- Wie oft wurde geschossen bzw. getroffen? Wenn mehrmalig, dann ist die Klärung der Reihenfolge wichtig. Ein Projektil kann z. B. drei Durchschüsse vortäuschen, wenn das Geschoss zuerst die ver-

schränkten Arme und dann den Körper durchschlagen hat.

- Wo ist das Projektil? Möglichst früh ist am Tatort zu klären, ob es sich um einen Durchschuss handelt und das Projektil daher im Raum oder in der Umgebung zu suchen ist. Die Sicherstellung des Geschosses ist entscheidend für die Identifizierung der Tatwaffe.
- Aus welcher Richtung wurde geschossen? Dabei wird die Lage von Ein- und Ausschuss mit Bezugspunkt zur Fußsohle gemessen und in eine Zeichnung des menschlichen Körpers übertragen.
- Aus welcher Entfernung wurde geschossen? Die Unterscheidung zwischen Fernschuss, Nahschuss bzw. aufgesetztem Schuss ist für die Rekonstruktion des Tatvorganges sehr wichtig.
- Welche war die Schusshand? An jener Hand, die einen Schuss abgegeben hat, lassen sich charakteristische Spuren nachweisen. Diese sind für den Nachweis eines Selbstmordes oder die Überführung eines Tatverdächtigen als Schützen von großer Bedeutung.
- Wie war die Stellung des Schützen und die des Opfers während des Schussvorganges? Gab es mehrere Treffer, so blieb das Opfer sicher nicht in derselben Position. Es sollte zunächst der Versuch gemacht werden, den Tatablauf zu rekonstruieren.
- Was war die Todesursache? Hat die Schussverletzung zum Tode geführt oder gibt es eine andere Todesursache, z. B. Schock, akutes Herzversagen oder Ähnliches?
- Wenn es mehrere Schüsse gab: Welcher war tödlich? Es kann ja sein, dass zwei Täter geschossen haben. War bereits der erste Schuss tödlich, so hat der zweite Schütze kein Tötungsdelikt begangen.

- Existieren Abwehrverletzungen? Streckt das Opfer die Hände abwehrend in Richtung des Schützen aus, so kann es vorkommen, dass der Schuss durch die Handfläche geht.
- Am Opfer und, wenn habhaft, am Täter muss außerdem nach Alkoholisierung, Medikamenteneinfluss sowie Drogen gesucht werden.
- Bestand nach dem Treffer noch eine Handlungsfähigkeit des Opfers?

Einschuss – Ausschuss

Bei der Abgabe eines Schusses erscheinen an der Laufmündung der Reihenfolge nach:

- das Mündungsfeuer (nur bei Schwarzpulver) bzw. ein heißer Gasstrahl,
- der Schmauch, d. h. verbrannte schwärzliche Pulverrückstände, die durch den Luftwiderstand pilzartig gestaucht werden; sieht aus wie Ruß. Darüber hinaus besteht der Schmauch aus geschmolzenen Metallteilchen vom Zündsatz, Geschoss oder Lauf. Es handelt sich um Blei, Kupfer, Antimon und dergleichen.

Das Projektil durchfliegt den Schmauch und belegt sich mit Ruß und Öl aus dem Waffenlauf.

Die Unterscheidung zwischen Einschuss und Ausschuss kann im Hinblick auf die Vielfalt der modernen Munition und die Unterschiede der gebrauchten Waffen nicht mehr ohne weiteres getroffen werden. Die klassische Konzeption (Einschuss klein – Ausschuss groß; Einschuss meist rund – Ausschuss meist fetzig; Einschüsse in platte Knochen geben das Kaliber wieder) stimmt keineswegs immer.

Das sicherste Einschusszeichen ist der Schmutzsaum bzw. Abstreifring. Es handelt sich dabei um eine Wundrandschwärzung, einen schwarzen Ring an der Wunde. Der

Ruß- und Ölbelag auf dem Projektil wurde beim Eindringen in die Haut abgestreift, d. h. das Geschoss wurde durch den engen Kontakt mit der Haut „geputzt“, und der Schmutz blieb an der Eindringstelle zurück. Daher fehlt der Schmutzsaum an der Haut, wenn das Projektil beim Durchschlagen von Holz (z. B. Tür) oder Kleidung schon vorher „gesäubert“ wurde. Gibt es an der Kleidung einen Schmutzsaum und ist damit der Einschuss dokumentiert, so sollte in der darunter liegenden Wunde nach Kleiderfasern gesucht werden, die in den Schusskanal verschleppt wurden.

Der Ausschuss ist eine stern- oder spaltförmige Platzwunde ohne Schmutzring. Meist ist der Ausschuss größer als das Projektil, die häufigste Ursache dafür ist Geschossdeformierung.

In jeder durchschlagenen Gewebsschicht des Körpers erweitert sich der Schusskanal trichterförmig in der Schussrichtung. Besonders bei Schädeldurchschüssen ist die Erweiterung des Schusskanals am Knochen deutlich sichtbar.

Nahschuss – Fernschuss

- **Absoluter Nahschuss:** Darunter versteht man einen Schuss mit aufgesetzter Laufmündung. Schmauchhaltige Pulvergase gelangen dabei durch die Einschussöffnung unter die Haut und erzeugen dort eine Schmauchhöhle; bei einer fest aufgesetzten Waffe fehlt eine äußere Beschmauchung.

  Die sich in der Schmauchhöhle ausdehnenden Pulvergase heben die Haut von der Unterlage ab und schleudern sie gegen die Waffenmündung. Dadurch wird das Waffenprofil auf der Haut abgedrückt, es entsteht die so genannte „Stanzmarke“. Die Konfiguration der Stanzmarke entspricht so genau dem „Waffengesicht“, dass daraus bereits sehr oft der Waffentyp identifiziert werden kann. Außerdem ist es möglich, die Haltung der Waffe bei der Schussabgabe zu erkennen, z. B. ob der Lauf aufrecht (mit dem Griffstück nach oben) gehalten wurde.

Die Haut über der Schmauchhöhle kann infolge Überdehnung einreißen. Dies geschieht insbesondere dann, wenn sich unter dem Einschuss ein knöchernes Widerlager befindet wie in der Stirn- und Schläfenregion. Es entsteht dabei ein charakteristisches Muster der Einschussplatzwunde. Diese ist in der Stirnmitte stets vierstrahlig, in der Schläfengegend dreistrahlig.

- **Relativer Nahschuss:** Dabei lässt sich Schmauch in der Umgebung des Einschusses nachweisen, es gibt jedoch keine Höhle. Da die Schmauchfahne je nach Waffe und Munition unterschiedlich lang aus der Laufmündung austritt, kann man beim Nahschuss kein bestimmtes Entfernungsmaß angeben. Grob geschätzt, lässt sich sagen, dass die Beschmauchung auf etwa ein bis zwei Lauflängen wirkt.

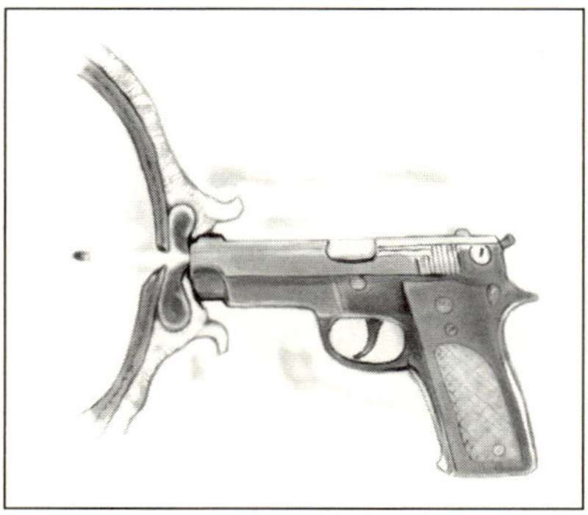

Die Schmauchfahne als Nahschusszeichen wird selbstverständlich durch dazwischen liegendes Material weggefiltert. Dies ermöglicht einen besonderen Trick bei absichtlichen Selbstverletzungen: In Kriegen wurde oft versucht, durch eine meist harmlose Schussverletzung zunächst ins Lazarett und danach überhaupt in die Heimat zu kommen. Um die Nahschusszeichen einer Selbstbeschädigung zu vertuschen, schoss man dabei durch ein Holzbrett oder einen Brotlaib. Allerdings lassen sich herausgelöste Teilchen der durchschossenen Substanz im Schusskanal ziemlich einfach nachweisen.

Dasselbe gilt für Nahschusszeichen auf Bekleidungsstücken: Auf hellen Kleidern ist der dunkle Schmauch zu sehen, auf schwarzen Kleidern manchmal ein graphitartig glänzender Fleck. Die Schmauchspuren lassen sich aber in jedem Fall an der Kleidung chemisch identifizieren, Textilfasern werden in den Schusskanal hinein verschleppt.

- **Fernschuss:** Nur das mit Ruß und Öl bedeckte Projektil trifft die Kleidung oder Haut, es entstehen keine Schmauchspuren. Bei kurzläufigen Waffen beginnt der Fernschussbereich bei 40 bis 50 cm.

Besondere Schüsse – besondere Treffer

Spezielle Patronen sind Platzpatronen. Dabei handelt es sich um Knallpatronen für Schreckschusswaffen, aber auch für die Startpistolen bei Sportereignissen. Der Knall entsteht allein durch die Explosion des Zündsatzes, es gibt kein Projektil. Allerdings entweicht an der Laufmündung ein heißer Gasstrahl, und es können auch Teile der Patronenhülse mitgerissen werden. Platzpatronen sind bei geringer Schussentfernung also höchst gefährlich.

Für Manöverübungen werden ebenfalls Platzpatronen verwendet, von Militär und Polizei werden manchmal Gummi- oder Plastikgeschosse eingesetzt. Auch solche Geschosse können tödlich sein.

Eine spezielle Munition sind ferner Geschosse mit einem Aufschlagzünder. Dabei ist in der Spitze des Projektils eine kleine Sprengkapsel eingebaut, die bei Trefferkontakt explodiert und das Geschoss abbremst, aber auch zerlegt. Es entstehen natürlich verheerende Wunden. Eine solche Munition wird vom Begleitschutzdienst in Flugzeugen verwendet, da der Körper des Getroffenen bei einem Schuss während des Fluges von einem gewöhnlichen Projektil durchschlagen und danach auch die Wandung des Fliegers beschädigt werden könnte.

Es ist erstaunlich, wie sehr auch äußere Faktoren auf die Präzision eines Schusses einwirken. Die geringe Luftdichte im Hochgebirge führt zu einem geringeren Luftwiderstand, und das Geschoss schlägt höher ein als auf Meerniveau. Nebel, Regen und Schneeflocken bremsen – es resultiert ein Tiefschuss. Auch der Einfluss des Windes ist beträchtlich.

Die maximale Reichweite eines Schusses beträgt bei einem Geschoss aus einer Büchse bis 7.000 m (d. h. 7 km!), bei einem Geschoss aus einer Faustfeuerwaffe 1.000 bis 2.000 m und bei einem Schrotgeschoss bis 500 m.

Eine Besonderheit ist der Schuss senkrecht nach oben. Im Orient ist es Brauch, im Rahmen von Freudenfesten in die Luft zu schießen. Die Geschosse kommen natürlich wieder herunter, und zwar mit einer Geschwindigkeit von 50–100 m/sek., was zu schweren Verletzungen führen kann.

Ein Griff zur falschen Waffe

Eine Spezialeinheit der Polizei trainierte auf dem Gelände einer stillgelegten Fabrik. Einerseits wurde auf plötzlich auftauchende Zielscheiben in Menschengestalt scharf geschossen, andererseits gab es Übungen mit Platzpatronen. Nach einiger Zeit rief der Ausbildungsleiter eine Ruhepause aus. Die Männer, verteilt in verschiedenen Stockwerken des Gebäudes, kamen alle in das Erdgeschoss herunter. Das dauerte natürlich einige Zeit, und als der Letzte die Außentreppe herunterstieg, saßen die anderen schon in fröhlicher Runde. Einer von diesen griff zu den abgelegten Pistolen, zielte auf den Nachzügler, rief ihn an und drückte ab. Es sollte der Knall einer Platzpatrone folgen. Es folgte jedoch ein scharfer Schuss, der den 27-jährigen Polizisten in die Brust traf. Durch das 9-mm-Geschoss wurde das Hemd genau in der Mitte der Brusttasche getroffen, eine Zigarettenpackung und ein Feuerzeug durchschlagen, der Brustkorb perforiert und die linke Herzkammer zerfetzt. Und zwar deshalb, weil das Projektil durch das Feuerzeug verdreht worden und mit der Breitseite eingedrungen war. Der junge Mann war sofort tot.

Warum die scharf geladenen Pistolen nicht getrennt von den Waffen mit Platzpatronen abgelegt worden war, wurde nicht zufrieden stellend geklärt.

Das Projektil fiel vom Himmel

Der Vorfall ereignete sich im Mittleren Osten. Ein zweijähriges Kind stand vor dem Haus, stürzte plötzlich zusammen und war für einige Minuten bewusstlos. Ein Arzt nähte eine blutende Hautwunde an der linken Scheitelregion, und die Sache schien erledigt. Nach mehreren Brechanfällen des Kindes brachten es die Eltern zu einem anderen Arzt. Die Röntgenaufnahme des Schädels zeigte ein Projektil im Bereich der Nackenmuskulatur. Ferner fanden sich eine Einschussöffnung im Scheitelbein und ein Ausschuss im Hinterhauptsknochen. Das Geschoss konnte leicht entfernt werden, es blieben keine Dauerschäden.

Von wem der Schuss abgegeben worden war, blieb ungeklärt. Mehrere andere Ereignisse dieser Art sind in der Fachliteratur beschrieben, auch Todesfälle kamen vor.

Wo ist das Projektil?

Man unterscheidet zwischen Steckschüssen – d. h. das Projektil steckt am Ende des Schusskanals – und Durchschüssen – d. h. das Projektil hat den Körper wieder verlassen und ist weitergeflogen. Aber es gibt auch Kuriositäten:

- Ringelschuss: Das Projektil dringt ein und wird dann durch Knochen im Körper bogenförmig abgelenkt, etwa entlang einer Rippe oder auch innerhalb der Schädelhöhle.
- Winkelschuss: Das Projektil wird an einem Knochen reflektiert und fliegt innerhalb des Körpers in einer anderen Richtung weiter.
- Geschosszerstörung: Wenn sich das Projektil zerlegt, kann es mehrere Ausschüsse geben, oder ein Geschossteil bleibt stecken und ein anderer tritt aus.
- Geschossembolie: Gelangt das Projektil in die Richtung eines größeren Blutgefäßes, so kann das Geschoss in eine entfernte Körpergegend verschleppt werden.

Bei der Suche nach einem Projektil sollte daher zunächst eine Röntgenaufnahme in zwei Ebenen gemacht werden. Auf diese Weise erhält man Informationen über die räumliche Position von Geschossen. Ein Anfassen oder Herausziehen des Projektils mit einer Pinzette geschieht nur im Film. Dadurch würden nämlich kleine Spuren, die für die Identifizierung der Waffe wesentlich sind, zerstört. Auch darf die Waffe weder mit der bloßen Hand berührt noch sonstwie verändert werden.

Das verschleppte Schrotkorn

Anlässlich einer Wachteljagd wurde ein 18-jähriger Mann durch eine Schrotgarbe in die Brust getroffen. Röntgenologisch fand man 170 Körner in der Brust, davon zehn im Herzmuskel und 27 in der Lunge. Der Verletzte war bei der Einlieferung in das Krankenhaus an seiner linken Körperseite gelähmt. Bei der Schädelaufnahme wurde ein weiteres

Schrotkorn in einer rechten Gehirnarterie lokalisiert. Es entstand eine Durchblutungsstörung des Gehirns wie bei einem Schlaganfall.

Der junge Mann hat die Schussverletzung zwar überlebt, trug aber eine schwere Behinderung davon.

Die Handlungsfähigkeit des Getroffenen

Eine Schussverletzung am Kopf oder Rumpf muss keineswegs eine Handlungsunfähigkeit bedingen. Es können durchaus noch bewusste und zielgerichtete Aktionen gesetzt werden.

Lediglich Zerstörungen von größeren Teilen des Gehirns führen zu sofortiger Handlungsunfähigkeit, bei allen anderen Treffern ist zunächst noch eine Reaktion möglich.

Viel Handlungsfähigkeit

Am Dachboden seines Anwesens wurde ein 65-jähriger Landwirt in einer Schlinge hängend tot aufgefunden. Neben ihm war eine Leiter angelehnt, auf dem Boden lag eine Pistole Kaliber.22 lfr. Die Sohlen der Schuhe waren blutig, auf den Sprossen der Leiter waren Blutspuren, es gab auch einen blutigen Handabdruck.

Nach Bergung der Leiche sah man oberhalb der Nasenwurzel in der Mitte der Stirne eine Einschusswunde. Die Hirnsubstanz zeigte einen Schusskanal nahe der Mittellinie, das Projektil steckte im Gehirn. Blutabrinnspuren verliefen im Gesicht und an der Vorderseite des Brustkorbes, beide Hände waren blutverschmiert. Todesursache war eindeutig das Erhängen, der Mann hatte sich allerdings vorher in den Kopf geschossen. Trotz dieser Verletzung konnte er noch die Leiter hinaufsteigen, die Schlinge anbringen und sich daran aufhängen.

Mord durch Erschießen oder Selbstmord?

Die Lösung dieser Frage ist ein Problem der Kriminalistik, d. h. die Gesamtsituation des Falles ist zu berücksichtigen.

Beim typischen Selbstmord durch Erschießen handelt es sich um einen angesetzten Schuss in bestimmten Lokalisationen. Die häufigste Schussart ist die Schläfenregion, danach kommen Herzgegend, Mund, Stirn, aber auch der Nacken. Durch den Schussvorgang gelangen Spuren auf die Hand des Schützen, die „Schusshand“ kann identifiziert werden. Der Selbstmörder schießt in der Regel auf unbekleidete Körperstellen. Im Augenblick des Todes erschlafft die Muskulatur, wobei meistens die Waffe aus der Hand des Schützen fällt. Die Rekonstruktion des Schusskanals muss beim Selbstmord mit einer Selbstbeibringung vereinbar sein.

Was ist die „Schusshand“?

Beim Abschießen einer Faustwaffe entweichen Schussrückstände auch nach hinten, vor allem aus dem Patronenlager. Diese Schmauchelemente können an der Haut chemisch nachgewiesen werden. Da es sich um Schwermetallsubstanzen handelt, kann es auch bei bestimmten Berufsgruppen wie Elektriker, Metallarbeiter oder Maler zu positiven Ergebnissen kommen. Aber auch die andere Hand des Schützen kann eine Beschmauchung aufweisen, wenn der Waffenlauf mit dieser gehalten wurde. Man sollte also zwischen Schusshand und Haltehand unterscheiden.

In früheren Zeiten, als noch mit Schwarzpulver geschossen wurde, waren die Hände tatsächlich schwarz, bei Verwendung moderner Munition muss nach Spuren gesucht werden. Die Schusshand kann auch Blutspritzer aufweisen, vor allem beim aufgesetzten Schuss. Letztlich ist durch das Zurückfahren des Schlittens bei Selbstladepistolen auch eine Zwickverletzung der Haut zwischen Daumen und Zeigefinger möglich.

Um die Spuren einer Schusshand zu bewahren, sollten möglichst frühzeitig Plastikbeutel über die Hände gezogen werden. Hat der Schütze Handschuhe getragen, so sind die Schusshandzeichen dort zu suchen.

Die Waffe in der Hand des Toten:
Hält der Tote die Waffe in der Hand, so besteht zumindest der Verdacht, dass diese dem Opfer erst nachträglich in die Hand gedrückt wurde. Das kann sein, muss aber nicht, denn bei etwa 20% der eindeutigen Selbstmorde blieb die Waffe in der Hand des Toten. Ursachen können eine plötzliche Enthirnungsstarre bei Kopfschüssen, ein Hängenbleiben der Finger am Abzug oder besonders beengte räumliche Verhältnisse sein.

Selbstmorde mit mehrfachen Schussverletzungen:
Auch solche sind möglich, sollten aber kriminalistisch genauestens untersucht werden.

Selbstmord mit drei Kopfschüssen

Ein 72-jähriger Rentner wurde im Sessel seines Wohnzimmers tot aufgefunden. Zwischen den Oberschenkeln lag eine doppelläufige Pistole, Kaliber 7,65. Auf einem Tisch daneben befanden sich eine blutverschmierte Patronenschachtel und ein Abschiedsbrief. Blutspuren am Fußboden führten in die Küche, dort lagen blutige Patronenhülsen.

Bei einer Röntgenaufnahme des Schädels zeigten sich drei Projektile im Kopf, an der rechten Schläfe gab es zwei Einschussöffnungen von aufgesetzten Schüssen. Eines der Projektile hatte den rechten Schläfenlappen durchschlagen und steckte in der knöchernen Schädelbasis, ein zweites steckte in der Hirnrinde des Hinterhauptlappens. Der dritte Schuss war in das linke Auge abgefeuert worden, das Projektil steckte im Gehirn.

Die Rekonstruktion der Tat ergab folgenden Ablauf: Wahrscheinlich hatte sich der Mann, im Sessel sitzend, zunächst die beiden Schüsse in die Schläfe beigebracht, war dann aufgestanden, in die Küche gegangen, hatte dort die beiden Hülsen aus der Waffe genommen und nachgeladen. Nachdem er sich im Wohnzimmer erneut niedergesetzt hatte, wurde der dritte Schuss ins Auge abgefeuert, was schließlich zum Tode führte.

Selbstmord mit fünf Kopfschüssen

Ein 48-jähriger Bauer wurde im Schuppen seiner Landwirtschaft bewusstlos aufgefunden. Neben ihm ein blutverschmiertes Kleinkalibergewehr (.22 lfr) und eine große Blutlache. Vier Patronenhülsen lagen am Boden. Der Mann wurde ins Krankenhaus gebracht, wo er 26 Stunden später starb.

Festgestellt wurden drei Einschüsse an der Stirn, zwei Einschüsse an der rechten Schläfe und ein Ausschuss an der linken Schläfe. Im Gehirn steckten vier teilweise stark deformierte Projektile, ein fünftes Projektil wurde im Schuppen gefunden. Die Spurenauswertung ergab zweifelsfrei, dass sich der Mann alle fünf Schüsse in den Kopf selbst beigebracht hatte.

Das Außergewöhnliche an diesem Fall ist die Handlungsfähigkeit des Selbstmörders bis zum fünften und letzten Kopfschuss, denn er hatte die Waffe viermal repetiert. Dabei wurden die vier Hülsen ausgeworfen.

Unerwartete Wirkungen eines Geschosses sind niemals auszuschließen. Es ist daher ratsam, sich nicht in der Nähe aufzuhalten, wenn sich jemand erschießt.

Und die Frau gleich mit ...

Ein PKW fuhr ungebremst und ungesteuert nach einer langen Rutschphase in die Leitplanke der Straße und blieb dort stecken. Der Motor lief, das Licht war eingeschaltet. Auf dem Fahrersitz saß zusammengesunken eine tote junge Frau, auf dem Beifahrersitz befand sich der Ehemann, ebenfalls tot.

Der Mann hatte an seiner rechten Schläfe einen aufgesetzten Einschuss, links am Kopf einen Ausschuss. An der rechten Schläfe der Ehefrau war ein Einschuss, jedoch ohne Nahschusszeichen. Im Gehirn der Frau steckte ein 7,65-Projektil. Die dazugehörige Waffe lag auf der Beifahrerseite im Auto, desgleichen die ausgeworfene Patronenhülse. An der rechten Hand des Mannes gab es eindeutige Schusshandzeichen.

Die Rekonstruktion führte zu folgendem wahrscheinlichem Tatablauf: Es war bekannt, dass sich das Ehepaar trennen wollte. Im Zuge einer Auseinandersetzung im Auto setzte der Mann die Pistole an seine rechte Schläfe und drückte ab. Aufgrund der ungewöhnlich dünnen Knochen seines Schädels hatte das Geschoss nach dem Austritt noch so viel Energie, um in den Kopf der daneben sitzenden Frau einzudringen. Damit waren die fehlenden Nahschusszeichen am Schädel der Frau erklärlich.

Verletzungen durch Explosionen

Sprengstoffexplosionen sind im Zusammenhang mit religiösem und politischem Fanatismus traurige Realität. Die Art der Anschläge reicht von Briefbomben über Minen und sprengstoffgefüllten Kraftfahrzeugen bis hin zu Selbstmordattentätern. Da solche „Bomben" in der Regel von den Tätern selbst hergestellt werden, sind Aufbau und Wirkung sehr unterschiedlich. Reine Explosionsbomben wirken durch die Druckwelle, sind im Sprengsatz Nägel, Bleikugeln oder Metallstücke enthalten, so rufen diese weitere verheerende Verletzungen hervor. Dazu kommen durch die Hitzewirkung Verbrennungen bis Verkohlungen. Durch die Druckwelle werden luftgefüllte Organe wie etwa die Lunge und flüssigkeitsgefüllte Organe wie beispielsweise Herz und Gehirn besonders betroffen. Dort kommt es zu Zerreißungen. Die Gewalt der Explosion ist meist so groß, dass Gliedmaßen abgetrennt (Finger bei Briefbomben) und Extremitäten amputiert werden (Arme und Beine) sowie penetrierende Verletzungen durch geschossartig eingedrungene Fremdkörper entstehen. Im Nahbereich von Explosionen kommt es zu regelrechten Körperzerteilungen. Die Identifikation der Opfer erfordert eine Zuordnung der Leichenteile, eventuell durch DNA-Analyse.

Von Selbstmordattentätern, die den Sprengstoff am eigenen Körper tragen und zünden, bleiben meist nur die Unterschenkel und Füße unversehrt. Alles andere wird in ungefähr faustgroße Gewebstrümmer zerrissen. Erfolgt die Explosion im Freien, können Körperteile über 100 Meter weit geschleudert werden. Explodiert die Bombe in einem Fahrzeug, kommen die zerlegten Metallbestandteile als Sekundärgeschosse dazu und rufen weitere Verletzungen hervor.

Prominente Schussopfer

Zu einem Attentat gehören ein entschlossener Täter mit einer wirkungsvollen Waffe und natürlich eine passende Gelegenheit. Da diese Komponenten zusammenstimmen müssen, gibt es weitaus mehr Attentäter als tatsächlich ausgeführte Anschläge. Außerdem werden gefährdete Personen des öffentlichen Lebens heute intensiv geschützt und abgeschirmt – viele tragen schusssichere Westen. Die Köpfe bleiben dabei allerdings frei, und so ist aus der Sicht des Täters der wirkungsvollste Schuss ein Kopfschuss. Wer selbst schon einmal auf Zielscheiben mit Menschenkontur geschossen hat, weiß, wie klein ein Kopf als Ziel werden kann.

Je nachdem, welche Körperteile getroffen wurden, sind die Verletzungsmuster unterschiedlich. Kopfschüsse können zum Tod oder zu dauernder Invalidität führen; Schüsse in das Rückenmark bewirken eine Querschnittslähmung; wenn Bauchschüsse rasch chirurgisch versorgt werden, stehen die Überlebenschancen gut. Um einen Überblick zu geben, seien im Anschluss eine Reihe von Schussattentaten skizziert.

Abraham Lincoln (1809–1865): Der Schuss im Theater

Lincoln war Präsident während des amerikanischen Bürgerkrieges. Dieser Sezessionskrieg von 1861 bis 1865 hatte die noch sehr junge Nation gespalten. Am 14. April 1865, es war Karfreitag, hatten die Südstaaten bereits seit fünf Tagen kapituliert. Der Aussöhnungspolitik von Präsident Lincoln stand die Ablehnung der Radikalen auf beiden Seiten gegenüber.

Am Abend dieses Tages hatten sich die Lincolns mit General Ulysses Grant und dessen Frau zu einem Theaterbesuch verabredet. Aber es kam ganz anders. Lincoln hatte sich im Weißen Haus verspätet und kam mit seiner Frau erst während des zweiten Aktes. Die Familie Grant kam gar nicht. Als der Schauspieler John Wilkes Booth in die Loge des Präsidenten eindringen wollte, befand sich nur ein Sekretär vor der Tür. Dem sagte der Attentäter, er sei ein Bote und habe eine wichtige Nachricht zu überbringen. Er durfte passieren, trat in die Präsidentenloge ein und schoss Abraham Lincoln in den Hinterkopf.

Der Schuss zerschmetterte das Kleinhirn. Das Projektil riss zahlreiche Knochenstücke mit sich, durchquerte fast das ganze Gehirn und blieb hinter dem rechten Auge stecken. Neun Stunden lang bemühten sich die Ärzte um den Verletzten, am Morgen des 15. April um 7.22 Uhr aber war Lincoln tot. Die Tatwaffe war eine einschüssige Perkussionspistole, „Philadelphia- Desinger", Kaliber.41.

Es dauerte nicht lange, bis sich herausstellte, dass Booth einer Verschwörerbande angehörte. Aber so einfach war die Lösung nicht, denn bei einer Verschwörungstheorie sind doch gerade die Detailfragen interessant:

1. Warum kam die Familie Grant nicht ins Theater? – Grants Frau und die First Lady konnten einander nicht ausstehen und vermieden jede persönliche Begegnung.
2. Warum wurde Lincoln an jenem Abend nicht besser bewacht? – Ein Adjutant hatte noch im Weißen Haus zu arbeiten, der Leibwächter John Parker war in eine neben dem Theater gelegene Kneipe gegangen.
3. Warum entkam der Attentäter Booth aus dem Theater? – Angeblich, weil die Straße Richtung Süden als einzige nicht abgesperrt worden sei. Tatsächlich wurde aber gar keine Straße gesperrt.
4. Wie kam Booth am 26. April 1865 ums Leben? – Er wurde auf der Flucht in einem Bauernschuppen in Virginia entdeckt, das Gebäude wurde in Brand gesteckt, und dann fiel ein Schuss. Ungeklärt ist, ob

Booth Selbstmord verübte oder von einem Soldaten erschossen wurde.

5. Was geschah mit den Verschwörern? – Acht Angeklagte wurden für schuldig gesprochen und vier gehenkt.

Franz Ferdinand v. Habsburg-Este (1863–1914) und seine Frau, Sophie v. Hohenberg: Die Startschüsse zum Ersten Weltkrieg

Ähnlich wie 1963 in Dallas waren die tödlichen Schüsse 1914 in Sarajewo ausgesprochene Glückstreffer. Die Attentäter hatten zwar Schussübungen gemacht, dass reichte aber nur, um die Waffe überhaupt bedienen zu können. Scharfschützen waren sie sicherlich keine.

Als die Wagenkolonne am 28. Juni 1914 gegen elf Uhr vormittags an der Kreuzung zwischen Appel-Kai, Franz-Joseph-Straße und Lateinerbrücke in Sarajewo stoppte und reversierte, geschah das rein zufällig an jener Stelle, wo am Gehsteigrand Gavrilo Princip stand. Die Entfernung betrug etwa zwei Meter.

Princips spätere Aussage: „Im ersten Moment wollte ich die Bombe, die ich auf der linken Seite im Gürtel hatte, werfen. Es wäre schwer gewesen, sie herauszunehmen und zu werfen. Ich zog deshalb die Pistole und erhob sie gegen das Automobil, ohne zu zielen. Ich habe sogar, als ich schoss, den Kopf weggewendet. Ich habe zwei Schüsse nacheinander abgegeben."

Die Waffe war eine FN Browning PK, Kal. 9mm. Die Schilderung ist durchaus glaubhaft, denn anvisiert und gezielt gefeuert wurde nicht.

Das erste Projektil durchschlug das Karosserieblech auf der rechten Seite des Autos und traf die Herzogin von Hohenberg im Unterbauch. Der Rückstoß der Waffe riss die Hand des Schützen in die Höhe, sodass das zweite Projektil etwa einen Meter höher flog und den Erzherzog in den Hals traf. Die Folgen waren letal, nach wenigen Minuten waren beide Verletzten tot.

Die Schussverletzung hatte bei der Herzogin lediglich die untere Hohlvene und die rechte Beckenarterie betroffen. Die Vene ist etwa daumendick, die Arterie nur halb so groß. Beide Blutgefäße liegen eng nebeneinander und können von einem Geschoss durchtrennt werden. Und so geschah es auch: Es kam zu einer massiven Blutung in die Bauchhöhle, der Tod trat infolge innerer Verblutung innerhalb weniger Minuten ein. Das Stahlmantelgeschoss wurde bei der Obduktion im kleinen Becken gefunden.

Der Thronfolger wurde auf der rechten Halsseite getroffen, die große (etwa kleinfingerdicke) Halsvene zerfetzt. Dann blieb das Projektil in der Nähe des Kehlkopfes stecken. Franz Ferdinand starb nicht an einer Verblutung, sondern an einer Luftembolie. Durch das Loch in der Halsvene wurde Luft angesaugt, die ins Herz und die Lungengefäße gelangte. Das Herz schlägt leer, der Blutkreislauf bricht zusammen. Ein solches Ereignis ist innerhalb kürzester Zeit tödlich.

Vom schusstechnischen Gesichtspunkt her waren es zwei Zufallstreffer. Kein Kunstschütze der Welt hätte mit Absicht so schießen können. Die Schüsse, die den Ersten Weltkrieg auslösten, waren dilettantisch abgefeuert, aber sie haben millimetergenau getroffen.

Grigorij Jefimowitsch Rasputin (1869–1916): Er hat drei Schussverletzungen überlebt

Die Leiche Rasputins wurde am Dienstag, 19. Dezember 1916, angefroren unter der Eisdecke der Newa, in St. Petersburg aufgefunden. Der gerichtsmedizinische Befund nach der Autopsie war eindeutig: Tod durch Ertrinken. Aber da waren noch drei Schusswunden, und diese hatte Rasputin überlebt.

Was war geschehen? – Der sibirische Bauernsohn Rasputin war vor allem durch die Förderung der Zarin am russischen Hof in ungeahnte Höhen aufgestiegen. Und der Zar war Wachs in den Händen seiner Frau, daher auch sein legendärer Ausspruch: „Besser zehn Rasputine am Hof als einen hysterischen Anfall der Zarin!"

Unter der Führung des Prinzen Felix Jusupov wurde Rasputins Ermordung in die Wege geleitet. Anlässlich einer Party im Keller des prinzlichen Palais schoss Jusupov Rasputin mit einer Pistole Browning 6.35 aus kurzer Distanz in die Brust. Das Projektil durchschlug die linke Brustkorbseite, danach die Leber und den Magen. Rasputin fiel um und blieb einige Zeit regungslos am Boden liegen, dann rappelte er sich auf und versuchte zu fliehen. Ein zweiter Attentäter schoss ihm nach und traf einmal den Rücken und einmal den Kopf. Das Projektil im Rücken blieb in der Muskulatur stecken und hatte keine nennenswerte Wirkung. Der Schuss in den Kopf hatte die Stirn getroffen, das Projektil war etwas in das Hirngewebe eingedrungen.

Wie konnte Rasputin das alles überleben? Das Kaliber der Geschosse (6,35) war sehr gering, entscheidend aber war, dass die Durchschlagskraft der Munition, d. h. ihre Rasanz, zu schwach war. Dies lässt sich daran erkennen, dass kein Projektil wieder aus dem Körper austrat. Es handelte sich also nur um Steckschüsse; der Kopftreffer führte zur Bewusstlosigkeit. Und so wurde der ohnmächtige Rasputin abtransportiert und durch ein Loch in der Eisdecke im Fluss versenkt. Dort ist er ertrunken.

Wladimir Iljitsch Lenin (1870–1924): Was wäre gewesen, wenn?

Hätte die Weltgeschichte wirklich einen anderen Verlauf genommen, wenn das Attentat auf Lenin geglückt wäre? Eigentlich nein. Das Attentat der Fanija Kaplan ereignete sich am 30. August 1918. Aber da war eigentlich schon alles geschehen.

Im April 1917 war Lenin nach zehn Jahren Exil in die Heimat zurückgekehrt und hatte die Revolution zum Sieg geführt.

Am 10. Juli 1918 wurde die Russische Sozialistische Föderative Sowjetrepublik (USSR) gegründet und sieben Tage später die Zarenfamilie ermordet. Die wichtigsten Ereignisse waren schon geschehen, und mit Trotzki, Swerdlow und Stalin standen drei außerordentliche Führerpersönlichkeiten an Lenins Seite.

Da kam es am 30. August 1918 zum Attentat. Lenin sprach bei einer Arbeiterversammlung in Moskau. Auf dem Rückweg zu seinem Auto schoss die Sozialrevolutionärin Fanija Kaplan mit einer Pistole auf Lenin und traf ihn dreimal. Eine Kugel durchschlug seinen Hals von links nach rechts, durchquerte die Lungenspitzen und blieb oberhalb des rechten Schlüsselbeins stecken. Die Hauptschlagader war nur um wenige Millimeter verfehlt worden. Die zweite Kugel steckte in Lenins linker Schulter, und das dritte Geschoss war nur durch seine Jacke gegangen.

Lenins Zustand war kritisch, denn er hatte sehr viel Blut verloren. Vorsichtshalber brachte man den Verletzten nicht in ein Krankenhaus, sondern zurück in den Kreml. Bei Revolutionen weiß man ja nie, ob ein Spital sicher genug ist. Die Ärzte wagten nicht zu operieren, sie versorgten eigentlich nur die Hautwunden.

Fanija Kaplan wurde am 3. September 1918 ohne vorherige Gerichtsverhandlung erschossen.

Innerhalb von drei Wochen erholte sich Lenin so weit, dass er wieder die Staatsgeschäfte übernehmen konnte. Erst drei Jahre später entfernte ein deutscher Chirurg das Projektil aus der Schlüsselbeingegend. Die andere Kugel wurde nicht entfernt.

Als Lenin sich erstmals wieder in der Öffentlichkeit zeigte, skandierten die Arbeiter: „Lang lebe Lenin!“ Keiner ahnte, dass er nur noch sechs Jahre zu leben hatte. Er starb an einer Reihe von Schlaganfällen.

Dr. Engelbert Dollfuß (1892–1934): Mord am Bundeskanzler

Am 20. Mai 1932 wurde der Jurist Engelbert Dollfuß österreichischer Bundeskanzler. Er erwies sich als tatkräftiger und selbstbewusster Regierungschef. Trotz seiner nur 151 cm Körpergröße wurde er die dominierende Gestalt der christlich-sozialen Mehrheitspartei. Die Auseinandersetzung mit den Sozialdemokraten führte im Februar 1934 zu einem viertägigen Bürgerkrieg, der über 1.000 Tote forderte.

Die in Österreich verbotenen und daher so genannten „illegalen“ Nationalsozialisten agitierten gegen den autoritären Kurs von Dollfuß. Am 25. Juli 1934 kam es zu einem Putschversuch, illegale SS-Männer drangen in das Bundeskanzleramt ein. Auf Dollfuß wurden zwei Schüsse abgegeben, er erlitt eine Querschnittslähmung und starb nach etwa zweieinhalb Stunden.

Die genauen Umstände und der Tathergang der Ermordung von Bundeskanzler Dollfuß konnten weder durch die widersprüchlichen Aussagen der unmittelbar Beteiligten noch durch das gerichtsmedizinische Gutachten aufgeklärt werden. Eine unvollständige Tatbestandsaufnahme, eine unzulängliche Beweismittelsicherung und politisch motivierte Vertuschungsaktionen verwischten die Spuren.

Professor Werkgartner, der beste Gerichtsmediziner der damaligen Zeit, hatte in der Nacht des 25. Juli 1934 im Bundeskanzleramt die Leiche von Engelbert Dollfuß untersucht und folgendes Gutachten erstellt (Auszüge):

„Herr Bundeskanzler Dr. Engelbert Dollfuß ist infolge einer Durchschussverletzung der Hals-Brust-Gegend durch

Verblutung eines gewaltsamen Todes gestorben. Das Geschoss ist an der linken Halsseite (...) eingedrungen und hat (...) in absteigender Richtung nach rechts den Hals durchbohrt, wobei es den siebenten Halswirbel und das Halsmark durchschlagen hat, auf seiner weiteren Bahn hat es die rechte erste und zweite Rippe durchbrochen und zersplittert und zugleich auch die rechte Brusthöhle eröffnet und an dieser Stelle offenbar auch größere Blutgefäße verletzt, denn die rechte Brusthöhle enthielt ungefähr 500 Kubikzentimeter Blut. (...) Das Geschoss ist in der rechten Achselhöhle aus dem Körper wieder ausgetreten. (...) Die Verletzung ist als unbedingt tödlich zu bezeichnen. Es kann aber längere Zeit (mehrere Stunden) gedauert haben, bis der Tod wirklich eingetreten ist.

Um die Einschusswunde der Haut fanden sich Pulvereinsprengungen, ein Beweis, dass dieser Schuss aus ganz kurzer Entfernung abgegeben wurde. (...)

Außer dieser tödlichen Verletzung fand sich knapp unterhalb dieser Einschusswunde noch eine zweite Einschusswunde an der Haut von annähernd gleicher Größe. Dieses Geschoss ist aber nur wenig in die Weichteile des Halses eingedrungen und offenbar von selbst wieder herausgefallen. Diese Verletzung war leichten Grades und hat zum Eintritt des Todes nicht wesentlich beigetragen. In der Umgebung dieser Schusswunde fanden sich keine Nahschusszeichen. Dieser Schuss kann daher aus etwas größerer Entfernung als der tödliche Schuss abgegeben worden sein. (...)“

Es ist absolut unklar, welches der erste Schuss war. Die Tatsache, dass Dollfuß sofort zu Boden stürzte, besagt gar nichts, ebenso wenig die Feststellung im Gutachten „die Verletzung war leichten Grades“, denn eine Schussverwundung am Hals kann einen Menschen umwerfen. Es könnte demnach ein Täter beide Schüsse abgegeben oder ein zweiter Täter geschossen haben. Fest steht lediglich ein Fehlen von Nahschusszeichen an der zweiten Wunde.

Das Rätsel des zweiten Schusses bleibt ungelöst. Aus der doch sehr präzisen Beschreibung im gerichtsmedizinischen Gutachten lässt sich der Kanal des Schusses von der linken Halsseite (Einschuss) bis zur rechten Achselhöhle (Ausschuss) genau festlegen. Eine grafische Darstellung ergibt einen Neigungswinkel gegenüber der Horizontalen von etwa 45 Grad, wodurch ausgeschlossen ist, dass der Schuss den aufrecht stehenden oder laufenden Bundeskanzler traf. Der Schusskanal führt zu steil von oben nach unten.

Mit der Schussrichtung vereinbar wären folgende Positionen: stark vorgeneigter Kopf und Oberkörper, wie zum Beispiel beim Sich-Ducken, dies kann eine Abwehr- oder Angriffshaltung sein, Handgemenge einer großen mit einer kleineren Person, ein „Niederringen" bzw. Festhalten im so genannten „Schwitzkasten".

Über den Verlauf des zweiten Schusskanals liegen keine Angaben vor. Als Werkgartner einen Röntgenapparat anforderte, um das stecken gebliebene zweite Projektil auszumachen, wurde ein Apparat gebracht, der mit 220 Volt Stromspannung arbeitete, im Bundeskanzleramt gab es aber nur 110-Volt-Strom! Eine Röntgenuntersuchung wäre deshalb angebracht gewesen, weil ja nur das durch die rechte Achselhöhle ausgetretene Geschoss gefunden worden war und die zweite Kugel höchstwahrscheinlich noch im Körper steckte oder auch durch die Einschussöffnung wieder herausgerutscht sein könnte. Eine Röntgenuntersuchung unterblieb jedoch, das Rätsel um den zweiten Schuss ist nicht mehr zu klären.

Außerdem gibt es unterschiedliche Angaben über das Kaliber der Munition. Der Totenbeschauarzt schrieb in seinem Protokoll: „Ein Projektil 8 mm wurde gefunden." Im Bericht der Polizei ist dagegen von einem 9-mm-Geschoss die Rede. Wie merkwürdig die Ermittlungen geführt wurden, geht auch daraus hervor, dass die Tatwaffe nie identifiziert wurde.

Mahatma Gandhi (1869–1948): Ein Kämpfer für den Frieden

Der Rechtsanwalt Dr. Mohandas Karamchand Gandhi war der Führer der indischen Unabhängigkeitsbewegung. Seine Taktik gegen die britische Kolonialmacht war der gewaltlose, zivile Ungehorsam gegen jedes Unrecht. Er selbst hatte sich Mahatma genannt, das bedeutet „große Seele". Es dauerte mehr als 40 Jahre, bis die Engländer dem passiven Widerstand nachgaben. Am 15. August 1947 wurden Indien und Pakistan in die Unabhängigkeit entlassen.

Wieso waren aus dem riesigen Subkontinent, dem Kaiserreich Indien, dem „kostbarsten Juwel der britischen Krone" nun zwei Staaten geworden? Kurz gesagt, war das die Folge eines unerbittlichen Religionskrieges zwischen Hindus und Muslimen. Gandhi hatte versucht, die Trennung zu verhindern, und wollte jetzt vermitteln. Aber gerade das kann religiöse Fundamentalisten veranlassen zu morden. In Indien brach ein religiös inszenierter Bürgerkrieg aus, viele Millionen Menschen mussten ihre alten Wohngebiete verlassen, denn Indien war hinduistisch ausgerichtet, Pakistan dagegen moslemisch.

Am 30. Januar 1948 wurde Mahatma Gandhi während eines öffentlichen Gebetes von dem Journalisten und radikalen Hindu Nathuram Godse mit einer alten, gerade noch funktionsfähigen Pistole zweimal in die Brust und einmal in den Bauch geschossen. Eine halbe Stunde später war er tot.

Gandhi wurde, wie bei den Hindus üblich, verbrannt und seine Asche im Ganges verstreut. Der Attentäter, der einer kleinen Verschwörergruppe angehörte, wurde zum Tode verurteilt und gehenkt. Bei der Hinrichtung rief er: „Lang lebe Hindustan! Nieder mit Pakistan!" Auch er wurde verbrannt, wobei es einigen seiner Anhänger gelang, Reste seiner Gebeine zu bergen. Diese wurden als Reliquien verteilt.

John Fitzgerald Kennedy (1917–1965): Ein mangelhafter Obduktionsbefund

Die entscheidende Schwachstelle im offiziellen Ermittlungsbericht zum Tod Präsident Kennedys ist der Obduktionsbefund: Keiner der an der Autopsie beteiligten Ärzte hatte ausreichende Erfahrung in der Beurteilung von Schusswunden. Die Obduktion fand im National Naval Medical Center, Bethesda, Maryland statt. Die Ausführenden waren Marineärzte, Gerichtsmediziner waren nicht anwesend. Kennedy wurde von J. J. Humes, einem Fregattenkapitän, seziert.

Der Obduktionsbefund ist schlecht, unvollständig, inkompetent. Einige Organe – z. B. die Schilddrüse und die Nebennieren – sind überhaupt nicht erwähnt. Das Skelettsystem wird als normal befunden, die Wirbelsäulenoperationen Kennedys sind nicht beschrieben. Auch die Kleidung des Opfers, immer ein wesentlicher Teil der Ermittlungen, wurde nicht untersucht. Das Protokoll umfasst sieben Seiten und ist ein Pfusch von Dilettanten. Eine Fälschung kommt nicht in Frage, denn niemand würde sich trauen, so dumm zu fälschen.

Da die Wunden am Leichnam aber durch zahlreiche Fotografien dokumentiert sind, lassen sich doch mehrere eindeutige Aussagen machen:

1. Die Tatwaffe war ein Mannlicher-Carcano Karabiner, Modell 1938, Kaliber 6.5 Seriennummer C2766, gefertigt 1940. Die Waffe wurde aus italienischem Kriegsüberschuss erworben, mit einem japanischen Zielfernrohr aufgerüstet und – wie in den USA bis heute üblich – im Versandhandel verkauft.
2. Im Körper Kennedys gab es zwei Treffer: Der Halsdurchschuss erfolgte von hinten nach vorne und verletzte dann den vor Kennedy im Auto sitzenden texanischen Gouverneur Connally. Allerdings wurde auf

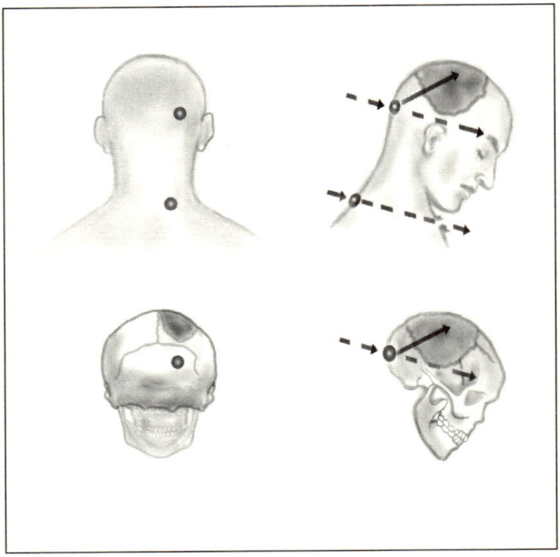

die Dokumentation der Einschusszeichen vergessen; auch die Schmutzabstreifungen an der Kleidung wurden nicht beachtet und entlang des Schusskanals nicht nach verschleppten Textilfasern von Sakko und Hemd gesucht. Der Schusskanal war lediglich sondiert worden. Jeder ernsthafte Gerichtsmediziner würde ein solches Vergehen als Todsünde der Wissenschaft bezeichnen.

Beim Kopftreffer sind Abstreifring und Schürfsaum an der Wunde am Hinterkopf ebenfalls nicht erwähnt. Trotzdem ist anhand der Fotos und Röntgenaufnahmen eindeutig klar, was passiert ist: Der Schädel wurde von hinten getroffen, das Geschoss zerlegte sich in Einzelbruchstücke. Ein Teil des Projektils trat unter Mitnahme von Anteilen des Großhirns in der Scheitelgegend aus. Die oft zitierte und im Film des Amateurfilmers Abraham Zapruder zu sehende Kopfbewegung nach rückwärts war durch den Druckausgleich-

Rückstoß des explodierenden Schädels bedingt. Der Knochendefekt lag vorne, da Kennedys Kopf ja geneigt war; das Loch im Schädel hatte einen großen Durchmesser von 13 cm. Es gab keinen Treffer von vorne.

3. Es wurde keine Schusswinkelbestimmung vorgenommen. Daraus hätte man leicht ersehen können, woher die Schüsse kamen. Aber auch dies ließ sich nachträglich rekonstruieren.

4. So weit überhaupt kriminalistische Fakten erhoben wurden, sind diese eindeutig. Im fünften Stock des Schulbuchverlages an der Dealey Plaza in Dallas war aus Bücherkartons ein Schießplatz eingerichtet worden. Dort lagen drei ausgeworfene Patronenhülsen und ein Gewehr mit Zielfernrohr.

   Das Zielfernrohr verringerte die räumliche Distanz zwischen Fenster und Auto von 80 Meter auf optische 20 Meter. Fingerabdrücke Lee Harvey Oswalds am Gewehr wurden nachgewiesen. Oswald war ausgebildeter Scharfschütze bei der US-Marine. Mit Hilfe des Zielfernrohres konnte er kaum vorbeischießen. Zum Durchladen des Gewehres braucht man 2,5 Sekunden, d. h. für drei Schüsse zweimal durchladen = 5 Sekunden. Die Rekonstruktion ergab 8,5 Sekunden für die drei Schüsse.

   Ein Schuss wurde durch einen Baumzweig abgelenkt und schlitterte auf der Straße weiter, zwei Schüsse waren Volltreffer.

   Sämtliche kriminalistischen Untersuchungen wurden nach dem Tode Oswalds eingestellt!

So wie es nach dem ähnlich suggestiv konstruierten Film „Amadeus" von Milos Forman viele Menschen gibt, die glauben, Mozart wurde tatsächlich vergiftet, so glauben 73% der Amerikaner nach dem Film „JFK", dass Präsident Kennedy Opfer einer Verschwörung wurde.

Grundlage des von Oliver Stone raffiniert inszenierten Films ist das Buch des ehemaligen Ober-Staatsanwalts von New Orleans Jim Garrison, „On the Trail of the Assassins" („Auf den Spuren der Attentäter").

Garrison ist es in zahlreichen Anstrengungen seit 1964 nicht gelungen, auch nur einen Beweis für seine Verschwörungsthese vorzulegen. Der Einzige, den er anklagen konnte, der Geschäftsmann Clay Shaw, wurde freigesprochen.

Der Film beschreibt die Ermordung JFKs – in den Worten von Oliver Stone – als „Staatsstreich, an dem die Regierung beteiligt war". Der Film legt eine Lösung vor – so war es und nicht anders! Die „Staatsstreichhypothese" ist in einer westlichen Demokratie allerdings absurd, vor allem, dass niemand draufgekommen sein sollte.

Hier spielt jedoch die Psychologie des Post-Vietnam-Amerikaners mit: Kennedy wurde ermordet (Anstifter: Militär und Rüstungsindustrie), weil er den Vietnamkrieg abbrechen wollte. Er ist ein Held und Märtyrer, denn er hätte Amerika vor einer blamablen Niederlage bewahrt.

Amerika braucht zur Bewältigung des Vietnam-Traumas eine Ausrede, warum es so gekommen ist. „Hätte Kennedy weitergelebt, dann hätten wir nicht verloren" – was keineswegs sicher ist. Oder noch allgemeiner und daher noch gefährlicher: „Wäre Kennedy nicht ermordet worden, lebten wir in einer besseren Welt."

Der Film ist gut, und das ist schlecht. In wesentlichen Schlüsselszenen handelt es sich um eine schlichte Geschichtsfälschung bzw. freie Erfindung.

Wie weit darf die künstlerische Freiheit gehen, wo fängt die Manipulation der Geschichte an?

Hier seien nur drei typische Behauptungen aus dem Film JFK herausgegriffen:

1. falsche Behauptung: Es ist unmöglich, mit der vermeintlichen Tatwaffe drei gezielte Schüsse innerhalb von 5,6 Sekunden abzugeben. Diese Rechnung ist falsch!

2. falsche Behauptung: Im Film wird in Zweifel gezogen, dass Oswald den Polizisten Tippit erschossen hat, als dieser ihn anhalten wollte – was zweifelsfrei erwiesen ist. Es wird auch unterschlagen, dass Oswald bereits früher ein Attentat auf den ultrakonservativen US-General Edwin Walker verübt hatte.

3. falsche Behauptung: Kennedy wurde auch von vorne, also von mindestens einem zweiten Attentäter getroffen. Die Fotos im Obduktionsbefund beweisen das Gegenteil.

Ein erfahrener Pathologe kann auf Grund der vorhandenen Fakten den Ablauf des Attentates zweifelsfrei rekonstruieren, denn es besteht eine vollkommene Übereinstimmung zwischen dem Film von Abraham Zapruder und dem Obduktionsergebnis: Zwei Treffer von hinten, der zweite Schuss (Teilmantelgeschoss) sprengte den Schädel.

Man kann das Attentat allerdings auch anders sehen: Es gab eine Augenzeugin, die einen zweiten Schützen gesehen haben wollte. Sie verblüffte die Vernehmungsbeamten allerdings, als sie erklärte, zwischen dem Präsidenten und seiner Frau sei ein großer, weißer Hund im Auto gesessen.

Bei Attentaten auf Staatsmänner – seien es Könige, Präsidenten, Minister oder andere einflussreiche Persönlichkeiten – werden immer wieder Verschwörungstheorien aufgetischt, im Falle der Ermordung von John F. Kennedy sind sie allerdings besonders krass.

Rudolf (Rudi) Dutschke (1940–1979): Der führende Kopf der studentischen Linken Deutschlands in den 1960er-Jahren

Rudi Dutschke wandelte die antiautoritäre Studentenbewegung schließlich zur außerparlamentarischen Opposition (APO) und wurde von der rechtskonservativen „Springer-Presse" scharf angegriffen. Er war für die einen das „Idol", für die anderen ein „Feindbild".

Am Gründonnerstag des Jahres 1968 um 16.35 Uhr steht der 24-jährige Kleinkriminelle, Gewalttäter und Hilfsarbeiter Josef Bachmann in Berlin vor dem Haus Kurfürstendamm 140, dem Sitz des „Sozialistischen Deutschen Studentenbundes". Er war aus München angereist. Plötzlich und unerwartet tritt Rudi Dutschke aus dem Haus, er wollte mit dem Fahrrad zu einer Apotheke. Bachmann schrie: „Du dreckiges Kommunistenschwein!" und schoss dreimal. Seine Waffe war ein aufgebohrter Gastrommelrevolver, geladen mit scharfen 9-mm-Patronen.

Dutschke wurde an der rechten Schulter, in der rechten Wange und an der linken Schläfe getroffen. Die drei Projektile konnten im Krankenhaus operativ entfernt werden, der Schläfenschuss jedoch hatte das Gehirn teilweise zerstört. Dutschke hatte irreparable Schäden, war teilweise gelähmt und auch geistig behindert. Durch lange Rehabilitationsbemühungen konnte er schließlich wieder politisch denken, reden und schreiben. Er promovierte in Dänemark zum Dr. phil. und lehrte an der Universität Aarhus.

Josef Bachmann wurde zu sieben Jahren Haft verurteilt, am 24. Februar 1970 beging er in seiner Zelle Selbstmord. Er streifte sich einfach eine Plastiktüte über den Kopf und erstickte dadurch. Rudi Dutschke hat das Attentat elf Jahre überlebt, bekam jedoch infolge der Narbenbildung im Gehirn epileptische Anfälle und starb am 24. Dezember 1979 an den Spätfolgen seiner Hirnverletzung.

Dr. Martin Luther King (1929–1968): Gewaltloser Widerstand gegen Rassismus

Der Rassismus vor allem gegenüber der schwarzen Bevölkerung ist auch gegenwärtig in weiten Gebieten der USA keineswegs überwunden. Mit gewaltlosem Widerstand und zivilem Ungehorsam organisierte der Baptistenpfarrer die Bürgerrechtsbewegung der amerikanischen Schwarzen. Höhepunkt war der Marsch von über 250.000 Menschen nach Washington, D. C., wo Pastor King am 28. August 1963 seine berühmteste Rede hielt, beginnend mit den unvergesslichen Worten: „I have a dream ...“ Für seine Ideen und Kundgebungen von einer freien, nicht durch Schranken der Hautfarbe getrennten Gesellschaft wurde er vielfach bedroht und mehrmals eingesperrt. Aber er bekam 1964 auch den Friedensnobelpreis.

Anfang April 1968 war Dr. King in Memphis, Tennessee. Er bewohnte im ersten Stock des Motels „Lorraine“ das Zimmer 306. Am Abend des 4. April trat er mit einigen Freunden auf den Balkon und unterhielt sich mit Bekannten unten auf dem Parkplatz. Um 18.01 Uhr traf ihn ein Schuss in Hals und Unterkiefer. Die ganze untere Gesichtshälfte wurde weggerissen, er verlor viel Blut und wurde eine Stunde später von den Ärzten für tot erklärt.

Der Schuss kam aus dem Badezimmer einer nahe gelegenen Pension. Kurze Zeit später wurde die Tatwaffe – ein Remington-Gewehr Kaliber.30-06 (entspricht 7,65 mm) mit Zielfernrohr – gefunden. Fingerabdrücke konnten keine sichergestellt werden. Der Täter war geflohen, wurde aber als der 40-jährige James Earl Ray identifiziert. Am 8. August, also vier Monate nach der Tat, wurde er von englischen Flughafenbeamten bei der Passkontrolle in London verhaftet.

Die Indizien für James Earl Ray als Täter waren eindeutig: Er befand sich im Badezimmer der Pension. Als der Schuss fiel, stürzte er danach fluchtartig davon. Auf der Tatwaffe waren seine Fingerabdrücke. Unmittelbar nach der Tat war er nach Kanada und dann nach England geflüchtet. Er besaß mehrere gefälschte Pässe. Seit seiner Jugendzeit hatte er einen Hass auf Schwarze entwickelt. Unklar blieb, wer ihm die falschen Papiere besorgt und ihn bei der Flucht unterstützt hatte.

In seinem Prozess bekannte sich James Earl Ray schuldig, entkam dadurch der Todesstrafe und wurde am 10. März 1969 zu 99 Jahren Zuchthaus verurteilt. Drei Tage nach dem Urteil widerrief er sein Geständnis und öffnete damit die Tür für Verschwörungs- und Tätertheorien diverser Art. Da alle Fakten nochmals überprüft wurden, scheint es das einzige Ziel des vielfach vorbestraften Kleinkriminellen James Earl Ray gewesen zu sein, das von Rassisten auf Martin Luther King ausgesetzte Kopfgeld von 50.000 Dollar zu verdienen.

Ray starb am 23. April 1998 im Gefängnis an einem Krebsleiden. Das ehemalige Motel „Lorraine“, 450 Mulberry Street, in Memphis, wurde umgestaltet und ist heute das National Civil Rights Museum.

Robert Francis Kennedy (1925–1968): Ein Mord, der im Fernsehen übertragen wurde

Robert F. Kennedy, ein jüngerer Bruder des 1963 ermordeten amerikanischen Präsidenten John F. Kennedy, war Bewerber der Demokratischen Partei um die Präsidentschaftskandidatur. Am Dienstag, den 4. Juni 1968, fanden dazu Vorwahlen in Kalifornien und South Dakota statt. Kurz nach Mitternacht stand fest, dass Kennedy in Kalifornien gewonnen hatte. Vor laufenden Fernsehkameras verkündete er seinen Sieg und wollte dann ins Pressezentrum des Hotel Ambassador in Los Angeles. Zwecks Abkürzung des Weges wurde er von seinen Begleitern durch einen Küchengang gelotst. Es war mühsam, weiterzukommen, denn Wahlkampfhelfer, Parteifreunde, Hotelpersonal, Fernseh- und Presseleute, Sicherheitsbeamte und sonstiges Publikum hatten alles verstopft.

Um 0.14 Uhr, also bereits am 5. Juni, fielen acht Schüsse. Kennedy und fünf seiner Begleiter sanken verletzt zu Boden. Der gebürtige Palästinenser Sirhan Bishara Sirhan hatte die Trommel seines Revolvers Iver and Johnson, Kaliber.22 leer geschossen. Es knatterte wie bei einem Feuerwerk, und dann herrschte noch mehr Chaos. Alles wurde live im Fernsehen übertragen.

Robert Kennedy lag auf dem Rücken, die Arme von sich gestreckt, das rechte Auge weit geöffnet, das linke halb geschlossen, aus dem Hinterkopf floss Blut. Ein Projektil hatte ihn hinter dem rechten Ohr getroffen und Teile des Kleinhirns wie auch die rückwärtigen Partien der rechten Großhirnhälfte zerstört. Die Schussentfernung betrug etwa anderthalb Meter. Robert Kennedy hatte nie eine Überlebenschance und wurde 25 Stunden nach dem Attentat für tot erklärt.

Zum Motiv seiner Tat erklärte Sirhan in einem Fernsehinterview im Gefängnis: „Ich war arbeitslos, fand keinen Job. Der arabisch-israelische Krieg von 1967 war zu Ende, die Unterstützung im Nahen Osten ging weiter. Die Israelis hatten gesiegt, und ich war ein Verlierer, ich war Araber!" In Sirhans Tagebuch stand auch der Satz: „Robert F. Kennedy muss vor dem 5. Juni getötet werden!" An diesem Tag jährte sich zum ersten Mal der Beginn des Sechstage-Krieges. Sirhan hasste Kennedy, weil er überzeugt war, dieser wollte Waffen nach Israel liefern.

Später, im Gefängnis, sagte Sirhan, er habe zwar geschossen, doch gezwungenermaßen, da er hypnotisiert worden sei.

John Lennon (1940–1980): Innere Stimmen gaben den Befehl zu töten

Der britische Musiker lebte nach Auflösung der legendären Beatles seit 1970 in New York, wo er in einem eigenen Studio komponierte und textete. Mit seiner Frau Yoko Ono wohnte er im exklusiven Dakota Building, einem Apartmenthaus an der Westseite des Central Park.

Am Montag, 8. Dezember 1980, kehrte er gegen 22.50 Uhr nach Hause zurück und stieg gemeinsam mit seiner Frau die Treppe zur Rezeption hinauf. Da schoss ihm Mark David Chapman (geb. 1955 in Georgia) vier Kugeln in den Rücken, der fünfte Schuss ging daneben. Die Tatwaffe war ein Revolver Kaliber.38. Kurz nach der Einlieferung in das Krankenhaus war John Lennon tot, er hatte zu viel Blut verloren. Seine Leiche wurde verbrannt. Im Central Park versammelten sich 400.000 Menschen zu einer Gedenkfeier.

Chapman war eine gescheiterte Existenz, hatte bereits Nervenzusammenbrüche und auch schon einen Selbstmordversuch hinter sich. 1979 war er in einen schizophrenen Wahn abgeglitten, unterschrieb Briefe mit „John Lennon" und hörte Stimmen, die ihm befahlen, den Ex-Beatle zu töten. Er wurde zu einer lebenslangen Freiheitsstrafe verurteilt.

Papst Johannes Paul II. (1920–2005): Schüsse am Petersplatz

Er handelte im Auftrag, nicht als Einzeltäter – das steht fest, die Hintergründe des Mordanschlages von Ali Agca auf Papst Johannes Paul II. werden wohl nie gänzlich aufgeklärt werden.

Es geschah am Mittwoch, dem 13. Mai 1981, kurz nach 17 Uhr. Die Generalaudienz am Petersplatz war in vollem Gange, der Papst stand auf der Ladefläche eines langsam fahrenden weißen Geländewagens, segnete die herandrängenden Menschen, ergriff die Hände einzelner Gläubiger und nahm ein kleines Mädchen auf den Arm. Alles lief ab wie an jedem Mittwoch sonst auch.

Da fielen rasch hintereinander mehrere Schüsse. Das erste Projektil streifte Johannes Paul am Ellbogen, der zweite Schuss traf den linken Zeigefinger und der dritte Schuss drang in den Unterleib des noch immer stehenden Papstes, zerfetzte mehrere Dünndarmschlingen sowie den Dickdarm; danach trat das Projektil neben der Wirbelsäule wieder aus. Angeblich gab es noch einen vierten Schuss. Jedenfalls wurden auch zwei amerikanische Touristen getroffen und verletzt.

Der Papst hatte großes Glück. Die Schüsse wurden aus einer Browning-Pistole, Typ HP, Kaliber 9-mm abgegeben. Das ist eine äußerst durchschlagskräftige Waffe. Die Kugel traf nur Darmschlingen, weder die Leber noch die Bauchspeicheldrüse noch die Nieren oder eines der großen Blutgefäße und auch nicht das Rückenmark. Eine kurzfristige innere Verblutung oder eine Querschnittsläsion wären sonst die Folge gewesen. Die Notoperation dauerte fünf Stunden, das Leben des Papstes konnte gerettet werden.

Der Schütze Mahmet Ali Agca wurde von einer neben ihm stehenden Nonne so lange festgehalten, bis die Polizei da war. Seine Angaben bei den Verhören und vor Gericht waren widersprüchlich und verwirrend. Fest steht, dass der gebürtige Türke in seiner Heimat bereits eine Journalistin erschossen hatte, mit einem gefälschten Pass reiste und unerklärte Geldüberweisungen bezog. Ali Agca wurde nach 20 Jahren Haft aus Italien in die Türkei abgeschoben.

Anwar as-Sadat (1918–1981): Mörder aus dem engsten Kreis

Als Mitglied im „Geheimbund der Freien Offiziere“ hatte Anwar as-Sadat gemeinsam mit Gamal Abdel Nasser

(1918–1970) 1952 den ägyptischen König Faruk gestürzt, wurde Vizepräsident und dann Nachfolger des plötzlich an einem Herzinfarkt verstorbenen Nasser. Er betrieb Ägyptens Annäherung an den Westen und eine Friedensinitiative gegenüber Israel, wofür er gemeinsam mit dem israelischen Ministerpräsident Menachem Begin 1978 den Friedensnobelpreis erhielt. Im eigenen Land wuchs die Opposition der politischen Gegner und der religiösen Fanatiker.

Am 6. Oktober 1981 ergab sich die Gelegenheit für Khaled Islambuli, einen 24-jährigen Armeeoberleutnant, der schon seit längerem Angehöriger einer islamistischen Untergrundbewegung war. Anlässlich der Militärparade zum Gedenken an den Yom-Kippur-Krieg von 1973 gelang es Islambuli, drei Mitverschwörer als Besatzung in seinen LKW einzuschleusen und sie mit scharf geladenen Waffen auszurüsten. Sadats Sicherheitsdienst hatte nicht damit gerechnet, dass einer der Offiziere ein Attentäter sein könnte.

Bei der Vorbeifahrt an der Ehrentribüne stoppte der LKW, die Verschwörer sprangen heraus und eröffneten aus Maschinenpistolen sofort das Feuer. Schon der erste Schuss traf Sadat. Er sank in seinem Sessel zusammen und wurde insgesamt von 37 Projektilen getroffen. Es gab sieben Tote sowie zahlreiche Verletzte. Die gesamte Verschwörergruppe wurde aufgedeckt, fünf Todesurteile vollstreckt.

Der Mord an Anwar as-Sadat war die Exekution eines „abtrünnigen" Moslems, eines Verräters an der Einheit der arabischen Welt gegen Israel und gegen den Westen.

Indira Gandhi (1917–1984): Opfer zweier religiöser Fanatiker

Sie war die Tochter des langjährigen indischen Ministerpräsidenten Nehru und hatte den Publizisten Firuz Ghandy geheiratet. Als sie in die Politik einstieg, änderte sie die Schreibweise ihres Familiennamens in das publikumswirksamere Gandhi. Mit dem Mahatma war sie nicht verwandt. Indira wurde 1966, zwei Jahre nach dem Tod ihres Vaters, Ministerpräsidentin. Ihr politischer Stil wurde im Laufe der Zeit zunehmend autoritär, sie erlitt Wahlschlappen und triumphale Siege. Doch dann trat wieder ein indienspezifisches religionspolitisches Problem auf: die Religionsgemeinschaft der Sikhs.

Diese kriegerische Sekte stand im Kampf gegen England auf Seiten der Hindus. Im Rahmen der territorialen Umgliederung wurde ihre angestammte Heimat, die Provinz Pandschab, jedoch geteilt: West-Pandschab kam zu Pakistan, Ost-Pandschab zu Indien. Das ging nicht gut, die Sikhs wurden immer radikaler und forderten einen unabhängigen Staat. Es kam wieder einmal zum Bürgerkrieg, die Regierung Gandhis schlug mit aller Macht zu. Darauf zogen sich die Anführer der Sikhs in deren höchstes Heiligtum, den goldenen Tempel von Amritsar zurück. Niemand hatte bisher gewagt, diese heilige Stätte anzugreifen. Indira zögerte lange, dann ließ sie den Tempel stürmen. Es gab etwa 1.000 Tote, das Heiligtum wurde schwer beschädigt. Das war das Todesurteil für Indira Gandhi.

Trotz aller Warnungen behielt sie alle Sikh-Mitglieder, die sich unter ihren Leibwächtern befinden, in ihren Diensten. Am Morgen des 31. Oktober 1984 war Indira Gandhi auf dem Weg zu einem Fernsehinterview mit Sir Peter Ustinov. Zwei Sikhs aus ihrer Leibgarde eröffneten das Feuer, Indira wurde von mehr als 30 Projektilen getroffen und war sofort tot.

Olof Palme (1927–1986): Weder Motiv noch Täter sind bekannt

Der international geachtete sozialdemokratische schwedische Ministerpräsident lehnte, wo immer es ging, den Schwarm der ihm zugeteilten Leibwächter ab. So auch am

28. Februar 1986. Nach einem Kinobesuch ging Olof Palme mit seiner Frau zu Fuß nach Hause. Genau um 23.21 Uhr packte ihn ein Mann von hinten an der linken Schulter, fixierte ihn und schoss ihm etwa zehn Zentimeter unterhalb des Nackens mit einem „Smith and Wesson"-Revolver in den Rücken. Es war ein an der Kleidung angesetzter Schuss, genau in die Körpermitte. Das Projektil durchschlug die Wirbelsäule und zerfetzte Aorta, Speiseröhre und Luftröhre. Olof Palme war innerhalb kürzester Zeit tot.

Inzwischen war ein zweiter Schuss gefallen: Der Schütze hatte auf Palmes Frau gezielt, die einige Schritte vor ihrem Mann gegangen war. Diese hatte sich gerade umgedreht, als sie den ersten Schuss hörte. Sie wandte dem Schützen daher ihre Schmalseite zu, das Projektil durchschlug nur ihre Kleidung und streifte die Haut über den Schulterblättern. Der Täter war im Wirrwarr auf der nächtlichen Straße entkommen. Auch die polizeilichen Ermittlungen endeten im Chaos. Der Mörder Olof Palmes wurde nicht gefunden.

Wolfgang Schäuble (geb. 1942): Glück im Unglück

Die Leibwache eines Politikers ist bei Massenveranstaltungen gegen einen unauffälligen Verrückten eigentlich machtlos. So war es auch beim Attentat auf den deutschen Innenminister. Am Abend des 12. Oktober 1990, bevor Wolfgang Schäuble nach Hause zurückkehren wollte, hielt er noch in einem Gasthaus seines Wahlkreises eine Rede. Etwa 250 Zuhörer waren gekommen, allgemeiner Jubel und Zwischenapplaus, alles lief planmäßig. Nur einer jubelte nicht.

Der 36-jährige Dieter Kaufmann stand ziemlich weit hinten im Saal, trug eine schwarze Lederjacke, blätterte manchmal in CDU-Wahlprospekten und blickte ernst vor sich hin. Der Mann benahm sich, so behaupten zumindest einige Zeugen nach dem Attentat, irgendwie auffallend. Schäuble und sein Leibwächter wurden jedoch nicht gewarnt, denn erst nachher wusste man alles besser.

Als der Innenminister am Ende der Veranstaltung auf den Ausgang zuging, fielen drei Schüsse. Schäuble wurde von hinten getroffen. Ein Schuss traf vor dem rechten Ohrläppchen den Unterkiefer, durchschlug den Oberkiefer und trat neben der Nase wieder aus. Die Ärzte hatten viel zu tun, um die Gesichtsknochen mittels Metallprothesen wieder zusammenzuschrauben. Der zweite Schuss traf die Wirbelsäule und durchtrennte das Rückenmark in Höhe des dritten Brustwirbels. Der dritte Schuss streifte den Leibwächter.

Wolfgang Schäuble blieb dank sofortiger intensivmedizinischer Versorgung am Leben. Meistens enden Schussverletzungen des Brustrückenmarkes infolge eines „spinalen Schocks“ tödlich. Schäuble hat überlebt, seine untere Körperhälfte ist jedoch gelähmt.

Der Täter litt an Schizophrenie, hatte Wahnideen und fühlte sich vom Staat verfolgt. Daher wollte er gegen den Innenminister ein Zeichen des Widerstandes setzen. Dazu benützte er einen großkalibrigen Revolver seines Vaters, den der leidenschaftliche Jäger als Fangschusswaffe besaß.

Die Liste der prominenten Schussopfer ließe sich noch sehr lange fortführen, wir wollen es aber mit den hier angeführten Beispielen bewenden lassen.

Wenn es an die Gurgel geht

Mit dieser etwas saloppen Redewendung meint man einen „Angriff“ auf den Hals, der zum Ersticken führen kann. Ersticken ist letztlich Sauerstoffmangel, der zuallererst und nach ziemlich kurzer Zeit das sehr empfindliche Gehirn schädigt. Der Erstickungstod erfolgt aber nie plötzlich, der Sterbevorgang beim reinen Ersticken dauert drei bis fünf Minuten. Dabei werden verschiedene Stadien durchgemacht, die in dieser Reihenfolge und zeitlichen Dauer nur für die Sauerstoff-Mangel-Situation gelten, für Ertrinken, Erwürgen und dergleichen aber meist ähnlich sind.

1. Stadium des willkürlichen Luftanhaltens: Meist wird als erste Reaktion ein kurzer Atemstillstand einsetzen.

   Dauer: etwa 30 Sekunden.

2. Stadium der Atemnot: Zuerst krampfhafte Versuche einzuatmen, danach infolge Kohlendioxidüberlastung Ausatmungskrämpfe. Bei den krampfhaften Ausatmungsversuchen kann es zu Blutverblasungen aus den Nasenlöchern kommen. Diese Blutspuren finden sich dann auf der Kleidung des Täters und am Tatort.

   Dauer: etwa ein bis zwei Minuten.

3. Stadium der Bewusstlosigkeit: Infolge Sauerstoffmangels im Gehirn tritt Bewusstlosigkeit auf, die Atembewegungen werden schwächer. Dagegen kommt es zu allgemeinen Krämpfen mit wildem Herumschlagen von Armen und Beinen. Dabei sind Ausschlagverletzungen möglich, die später bei der Rekonstruktion des Vorgangs Verwirrung stiften können. Während dieser Krämpfe kann es zu Kot- und Harnabgang kommen, bei Männern auch zu einer Erektion des Penis und sogar Ejakulation.

Dauer: ein bis zwei Minuten.

4. Schnappatembewegungen des Mundes bei erhaltener Herztätigkeit, dann endgültiger Atemstillstand. Diese reflexartigen, ungeordneten Atembewegungen dauern etwa eine Minute.

Der Erstickungstod dauert also drei bis fünf Minuten, Bewusstlosigkeit tritt nach einigen Sekunden (Erhängen) bzw. nach ein bis zwei Minuten (Drosseln, Würgen) ein. Das Herz kann noch bis zu 20 Minuten weiterschlagen, Wiederbelebungsversuche sind jedoch nach vier bis fünf Minuten erfolglos.

Die wichtigsten Erstickungsarten

Ein Ersticken erfolgt keineswegs nur bei den drei klassischen „Tötungsarten am Hals", d. h. Erhängen, Erdrosseln, Erwürgen, sondern auch bei einer Vielzahl anderer Möglichkeiten.

1. Erstickung durch Gase oder in engen Räumen

   - Raum ohne Frischluftzufuhr
   - Arbeiten mit Schneidbrenner (Sauerstoffverbrauch) in engen Räumen
   - Einschließen von Kindern in Koffer, Schränke, nicht betriebene Kühltruhen oder Eisschränke
   - Kohlendioxid-Atmosphäre in Weinkellern, Schächten oder Brunnen

2. In die Luftwege gelangte Fremdkörper

   - Tabletten, abgebrochene Bleistifte, Holzsplitter, Erdnüsse, Bohnen, Fleisch- oder Wurstbissen
   - Kinderpuder, Asche, Zellstoff, Plastikmaterial, versprühter Kunststoff bei „Schaumpartys"

- Ausgefallene oder ausgeschlagene Zähne, Gebissprothesen

3. Erstickung anlässlich ärztlicher Maßnahmen

- Wenn zwecks Stillung einer Blutung im Rachen allzu viel und allzu heftig mit Gaze oder dergleichen tamponiert wird
- In der Luftröhre vergessene Tupfer bei einer Tracheotomie
- Schleimhautschwellung im Kehlkopf bei Medikamentenallergie
- Seitliche Drehung des Kopfes bei Operationen über längere Zeit führt zwar nicht zur Atembehinderung, aber zur Abklemmung der Blutgefäße am Hals (Mechanismus der Strangulation)

4. Verschüttung

- Lawinen, Sand, Getreide, Moor
- Einatmen von körpereigenem Material (Aspiration)
- Blutaspiration: Blutungsquelle – z. B. Schädelbasisbruch, Verletzung von Mund- bzw. Rachenschleimhaut, lädierte Nasenschleimhaut (Boxhieb), Lungengewebszerreißung bei Traumen
- Aspiration von erbrochenem Mageninhalt, häufig unter Alkohol- oder Drogeneinfluss

5. Kompression des Brustkorbes

- Bergsteiger stürzt ins Seil und hat keine Trittschlinge
- Einklemmung zwischen Eisenbahnpuffern
- Traktor fällt auf den herausgeschleuderten Fahrer

- Erdrücken im Gedränge
- „Burking“: Spurenlose Tötungsmethode durch Knien oder Setzen auf die Brust eines alkoholisierten Opfers bei gleichzeitigem Zuhalten von Mund und Nase. Benannt nach dem Schotten Burke, der mit seinem Komplizen Hare nach 1820 auf diese Weise 16 Morde in Edinburgh verübte. Die Leichen verkauften sie an Anatomieinstitute.

6. Ertrinken

Feststellung des Erstickungstodes

Die Befunde der Obduktion beim reinen Erstickungstod sind uncharakteristisch und lassen keine zweifelsfreie Diagnose zu. Für die Erstickung beweisend ist einzig der Nachweis der erstickenden Ursache. Das kann mitunter äußerst schwierig sein, wenn etwa ein Kleinkind unter einem weichen Polster erstickt wurde. Ein Hinweis auf ein solches Ereignis kann eine fleckförmige Verfärbung des Gesichtes sein: Durch die Erstickung und den Sauerstoffmangel im Blut wird die Gesichtshaut etwas bläulich verfärbt. Der Druck des Polsters hat das Blut an den vorstehenden Gesichtsteilen (Nasenspitze, Kinn, Augenbrauen, Wangen) jedoch weggedrückt, diese Hautpartien bleiben weiß. Es entsteht das so genannte „umgekehrte Kasperlgesicht“, weil jene Gesichtsteile, die bei einem Clown farbig geschminkt sind, farblos erscheinen.

Das Erhängen

Erhängen ist eine Strangulation der Halsweichteile durch einen Strang (Strick, Riemen, Gürtel, Wäscheleine, Abschleppseil und v. a. m.) wobei die Schlinge durch das eigene Körpergewicht zugezogen wird. Was passiert dabei?

Durch das feste Zuziehen des Stranges werden die Blutgefäße am Hals abgeklemmt und die Blutzirkulation zum Gehirn damit unterbrochen. Es sind nur ganz niedrige Druckwerte erforderlich, um die Gefäße zu verschließen. Zur Abklemmung der Halsschlagadern, also jener Arterien, die sauerstoffreiches Blut zum Gehirn bringen, genügen an der Vorderseite des Halses ca. 5 kg und an der Nackenseite rund 15 kg. Selbst beim Erhängen in liegender Position entstehen Druckwerte von 10–20 kg, weshalb eine Strangulation in fast allen Körperpositionen möglich ist.

Beim Erhängen wird meist auch die Zunge gegen die Rachenhinterwand gedrückt und damit die Luftzufuhr durch Mund und Nase blockiert. Dies ist aber nur ein zusätzlicher Faktor für das Eintreten des Todes.

Grundsätzlich werden zwei verschiedene Arten des Erhängens unterschieden. Dies muss man wissen, sonst wird die Auffindungssituation von „Erhängten" oft missdeutet.

- **Das typische Erhängen**
  Das Strangwerkzeug liegt symmetrisch an Hals und Kopf, der Knoten befindet sich im Nacken, und der Körper hängt frei im Raum. Das bedeutet, dass alle Blutgefäße am Hals gleichzeitig und komplett verschlossen werden. Daher gibt es keine Blaufärbung des Gesichts, keine Schwellung von Gesicht und Zunge und keine Blutungen in den Bindehäuten der Augen.
- **Das atypische Erhängen**
  Der Knoten des Strangwerkzeuges liegt seitlich oder vorne, und der Körper hängt nicht frei. Man kann sich nämlich so ziemlich in jeder Körperhaltung erhängen: stehend, kniend, hockend, sitzend, liegend. Meist zieht sich der Strang in solchen Situationen nur allmählich zu, die Venen werden abgeklemmt, die Arterien bleiben offen. So kann Blut zwar in den Kopfbereich einströmen, aber nicht mehr abfließen. Das

bläulich verfärbte Gesicht ist aufgedunsen, in den Augenbindehäuten gibt es Blutungen.

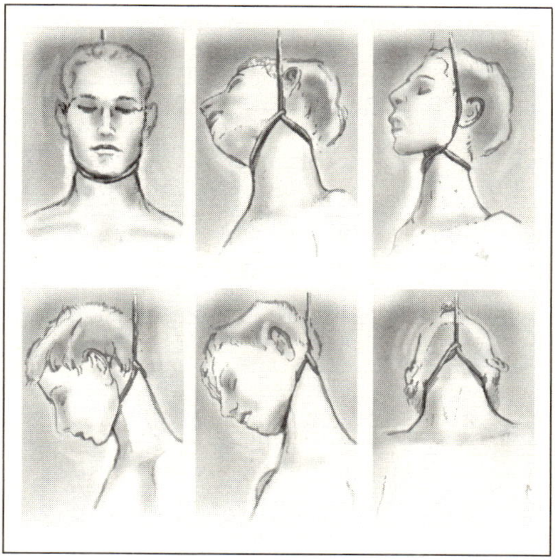

Das typische Erhängen ist in der Praxis atypisch und selten, das atypische Erhängen hingegen typisch und häufig.

Wie stirbt man beim Erhängen?

1. Zieht sich die Schlinge am Hals zu, so kommt es nach acht bis zwölf Sekunden zur Bewusstlosigkeit infolge des Sauerstoffmangels im Gehirn. Diese Zeitspanne wurde durch Selbstversuche von Gerichtsmedizinern ermittelt. Tritt Bewusstlosigkeit ein, kann sich der Erhängte jedenfalls nicht mehr selbst retten.
2. Erhängte, bei denen die Aufhängevorrichtung versagte, berichten über Glücksgefühle, Helligkeitswahrnehmungen und Rückblicke auf ihr Leben im Zeitraffertempo. Diese Phänomene gehören zu den bereits gut und ausführlich bekannten Nahtoderlebnissen.

3. Im Stadium der Muskelkrämpfe kommt es zum „Zappeln“ der Extremitäten sowie zu ruckartigen Streckversuchen des Rumpfes. Ein Erhängter kann wild um sich schlagen: Der Sessel, auf dem er stand und von dem er heruntersprang, wird weggeschleudert, durch Ausschlagen an Wände oder Möbelstücke entstehen Verletzungen, die stark bluten können, Fensterscheiben werden eingeschlagen. Am Auffindungsort eines Erhängten kann der erste Augenschein durchaus auf einen Raufhandel oder Ähnliches hinweisen. Außerdem können Blutabrinnspuren aus Mund, Ohren und Nase vorhanden sein. Das sind keine Hinweise auf Schläge oder sonstige Gewalteinwirkung, es handelt sich vielmehr um Stauungsblutungen aus kleinsten Gefäßen in Schleimhäuten.
4. Fast immer treten Speichel- und Tränenfluss auf. Ursache ist eine Reizung des sympathischen Nervensystems (Teil des vegetativen Nervensystems). Speichel- und Tränenabrinnspuren sind ein wertvolles Vitalitätszeichen, d. h. ein Lebender hat sich erhängt. Wird ein bereits Toter erst nachträglich aufgehängt, gibt es solche Abrinnspuren natürlich nicht.
5. Ein Erhängter ist nach drei bis fünf Minuten hirntot.

In der Regel (98% der Fälle) handelt es sich beim Erhängen um Selbstmord. Selten sind Unfälle oder Mord durch Erhängen. Manchmal werden bereits Tote aufgehängt, um einen Selbstmord vorzutäuschen, oder auch Selbstmörder abgeschnitten, um die Selbsttötung zu verschleiern.

Was ist zu tun, wenn man einen Erhängten auffindet?

Selbstverständlich muss sofort geklärt werden, ob der Betroffene tatsächlich tot ist oder nicht. Als Beweis gelten nur die sicheren Todeszeichen – Totenflecken, Todesstarre. Ist noch Herzschlag oder Puls merkbar, soll sofort mit Reanimationsmaßnahmen begonnen werden. Handelt es sich eindeutig um einen Toten, sollte man die Leiche hängen lassen, um den Kriminalisten einen unveränderten Auffindungsort zur Untersuchung zu überlassen.

Unter keinen Umständen dürfen die Schlinge und der Knoten des Strangwerkzeuges aufgelöst oder durchtrennt werden. Lediglich an einer indifferenten Stelle ist ein glatter Durchschnitt erlaubt; die beiden Enden müssen markiert oder mit Klebeband bzw. einem dünnen Faden wieder zusammengeführt werden. Ferner ist unbedingt und sofort die Befestigungsstelle des Strangwerkzeuges zu besichtigen und vor unbefugtem Zugriff zu sichern.

Bei Selbstmord werden folgende Fragen zu klären sein: Die Tatortsituation muss stimmen. Konnte der Erhängte selbst und allein in die Schlinge geraten? Liegt ein typisches oder ein atypisches Erhängen vor? Ist eine „laufende Schlinge“ vorhanden?

Ein Selbstmörder hat mit dem Strangwerkzeug hantiert und sich die Schlinge selbst um den Hals gelegt. Handelt es sich um einen Strick, eine Krawatte, einen Schal oder Ähnliches, so verbleiben Fasern an der Innenfläche seiner Hände. Das Fasermaterial kann mit einem durchsichtigen Klebeband abgenommen und mikroskopisch mit Fasern vom Strangwerkzeug verglichen werden. Personen, die sich erhängen, versuchen manchmal im letzten Augenblick in die Schlinge hineinzugreifen. Sie bleiben mitunter mit einem oder mehreren Fingern in der Schlinge eingeklemmt, manchmal entstehen auch Verletzungen an der Wange; dies nennt man Selbstrettungsspuren.

Es ist für Selbstmordkandidaten gar nicht so einfach, in einer Wohnung eine geeignete Vorrichtung zu finden, um sich zu erhängen. Bilderhaken reißen aus, Gardinenstangen brechen – was tun?

Nicht allzu selten werden folgende Möglichkeiten zur Befestigung eines Strickes gewählt:

- Türklinke: Der Erhängte hockt, sitzt oder liegt.
- Bettgestell: Wenn am Haupt des Bettes ein Strangwerkzeug angebracht werden kann.
- Spülwasserkasten der Toilette.
- Heizkörper: Der Erhängte liegt auf dem Boden.
- Leiter, offene Installationsrohre (im Keller), große Wandhaken, etwa in der Garage, Fahrradständer.

Der berühmte Gerichtsmediziner Otto Prokop (Berlin) berichtete über einen Selbstmord durch Sprung aus dem Fenster nach Befestigung des Kopfes in einer Schlinge. Der Täter hatte ein fünf Millimeter dickes Stahldrahtseil auf dem Dachboden an einem Balken befestigt. Er zog sich eine Drahtseilschlinge um den Hals und sprang durch das Dachfenster eines fünf Stockwerke hohen Hauses. Die Drahtschlinge schnitt dabei den Kopf komplett ab. Nach dem Aufprall auf dem Boden lagen Körper und Kopf sechs Meter voneinander entfernt, es entstand eine riesige Blutlache.

Ein Gehstock als Hilfsmittel

Ein 68-jähriger, allein stehender Mann wurde seit einigen Tagen in der großen Wohnhausanlage nicht mehr gesehen. Nachbarn verständigten die Polizei, und nach längerer Diskussion öffnete ein Aufsperrdienst die Wohnungstür. Alles war penibel aufgeräumt, auf dem Tisch lagen die persönlichen Dokumente sowie ein Abschiedsbrief. Der Mann hing an der Tür zwischen Wohn- und Schlafzimmer. An der Öffnungsseite der Tür war der Gehstock des Mannes zwischen Türrahmen und Türflügel eingeklemmt; daran befestigt, lief über die obere Türkante ein Strick, dessen Schlinge um den Hals des Erhängten gezogen war. Er selbst hing also an der einen Türfläche, der Stock klemmte an der anderen Seite. Neben dem Toten lag ein umgeworfener Sessel. Es konnte eindeutig Selbstmord festgestellt werden.

Ein Liebespaar

Die persönlichen Umstände waren eindeutig und den Verwandten wie auch den Nachbarn bekannt. Der Mann und auch die Frau konnten aus ihren jeweiligen Eheverbindungen nicht aussteigen, die Sache schien den psychisch ohnehin äußerst labilen Personen ausweglos. Letztlich wurden sie in der Wohnung der Frau (ihr Mann war als LKW-Fahrer unterwegs) erhängt aufgefunden.

Der Doppelselbstmord war genau geplant und inszeniert. Über die Oberkante eines Türflügels lief ein Strick, an beiden Enden eine Schlinge. Die Länge war genau abgemessen, sodass beide Personen, nachdem sie anscheinend gleichzeitig von je einem Schemel heruntergetreten waren, an der äußeren und inneren Türfläche hingen. Um im Tod vereint zu sein, hatten sie sich in der Höhe des Türschlosses die Hände gereicht.

Tötung durch andere Personen

Ein Mord durch bloßes Aufhängen des Opfers ist selten. Die Betroffenen sind in solchen Fällen praktisch immer betäubt; Alkohol, Drogen oder ein Schlafmittel sind im Spiel.

Meist wird das Opfer auf eine andere Weise getötet und dann aufgehängt. Es soll also ein Mord verschleiert und Selbstmord vorgetäuscht werden. Ein solches postmortales Aufhängen ist kein leichtes Unterfangen, denn der Leichnam muss zu einer geeigneten Stelle geschleift und dann hochgezogen werden. Das hinterlässt Schleifspuren auf dem Boden, Schürf- oder Polierspuren am Balken oder Haken, an denen das Strangwerkzeug beim Hochziehen scheuert.

Manchmal werden vom Täter banale Fehler begangen:

- Es steht zwar ein Stuhl da, dieser ist jedoch zu niedrig, sodass das Opfer die Hängestellung gar nicht erreichen konnte.
- Es wurde zu hoch aufgezogen.
- Der Strang um den Hals ist keine laufende Schlinge, also hätte ihn sich das Opfer gar nicht über den Kopf ziehen können.

Raffiniert ist nicht genug

Ein 17-jähriges, unterstandloses Mädchen wurde, an einem Brückengeländer hängend, tot aufgefunden. Am Geländer war ein Seil befestigt, die Schlinge lag um den Hals des Mädchens. Es war komplett bekleidet und trug einen Schal um Hals und Kopf geschlungen. Erst darüber befand sich die Schlinge. Das erschien für einen Selbstmord merkwürdig. Die Obduktion deckte eine Schwangerschaft auf; die

Kriminalisten ermittelten im Obdachlosenmilieu. Die Gravidität der jungen Frau war bekannt, der Freund konnte bald ausgeforscht werden.

Das Geständnis brachte folgenden Tathergang: Der Freund und Kindesvater hatte das Seil mit der Schlinge an der Brücke angebracht. Zu einem günstigen Zeitpunkt ging er mit der jungen Frau über die Brücke und warf ihr plötzlich die Schlinge über den Kopf. Er zog sofort zu, sie war derart überrumpelt, dass sie anscheinend keinen Abwehrversuch machte. Für den kräftigen Mann war es leicht, das Mädchen über das Geländer zu stürzen. Sie fiel in die Schlinge und wurde stranguliert.

Verschleierte Selbstmorde

Vor allem in ländlichen Gebieten und besonders bei bestimmten Religionsgemeinschaften ist Selbstmord nicht nur eine Schande, sondern grundsätzlich inakzeptabel. Im gegebenen Fall wird dann versucht, den Selbstmord zu vertuschen. Nicht selten hat das auch versicherungsrechtliche Gründe, wenn eine Selbstmordklausel die Zahlung ausschließt.

Der Totenbeschauarzt findet dann einen im Bett liegenden Leichnam vor, bereits mit dem Bestattungsgewand bekleidet. Die Strangmarke ist durch ein Halstuch oder die Totenkinnbinde verdeckt. Alles sieht sehr arrangiert aus.

Der autoerotische Unfall

Sex spielt sich bekanntlich im Gehirn ab. Sauerstoffmangel mit Steigerung der Kohlendioxidkonzentration erhöht den sexuellen Reiz. Es ist daher gar nicht selten, dass mitunter einfache, aber auch höchst komplizierte Vorrichtungen gebastelt werden, um einen solchen Effekt zu erzielen. Wird dabei eine Schlinge um den Hals gelegt, so können ein Abrutschen, Ausgleiten oder eine sonstige Ungeschicklichkeit die Schlinge zuziehen und es tritt sofort Bewusstlosigkeit ein. Dann ist eine Selbstbefreiung nicht mehr möglich. Die Situation am Auffindungsort ist stets eindeutig. Der oder die Betroffene (Frauen seltener als Männer) hat einen Schlingenmechanismus konstruiert, wodurch rhythmisches oder dosiertes Zusammenziehen möglich ist. Entweder ist die Person nackt oder spärlich bekleidet, manchmal aber auch bizarr verkleidet. Häufig gibt es einen Spiegel, immer irgendwelche andere Utensilien zur sexuellen Stimulation. Meist erfolgen diese Manipulationen allein. Besonders schlimm ist es natürlich, wenn ein Partner infolge von Sexspielen erstickt wird.

Das Erdrosseln

Ein um den Hals gelegtes Strangwerkzeug wird nicht durch die Körperschwere, sondern durch eine andere Kraft, meist durch die Hände, zugezogen. Der Strang ist häufig ein Strick oder Riemen, ein Strumpf, Hosenträger, diverse Wäschestücke, ein Draht und anderes.

Die Drosselfurche verläuft nicht aufsteigend wie beim Erhängen, sondern horizontal und ist zirkulär in sich geschlossen. Im Fall eines Mordes zieht der Täter den Strang nicht gleichmäßig zu, denn das Opfer wehrt sich. Er muss nachgreifen, die Drosselung lockert sich, und es ist häufig ein mehrfaches Zuziehen nötig. Oftmals hört der Täter auf, da er denkt, das Opfer sei bereits tot. Dieses erwacht jedoch wieder, oder es setzt auch nur das Stadium der Schnappatmung ein, und dann erst drosselt der Mörder weiter. Dadurch werden die Venen abgeklemmt, die Arterien pumpen aber weiter Blut in Richtung Kopf, und somit entstehen charakteristische punktförmige Blutaustritte in den Augenbindehäuten sowie auch eine allgemeine Schwellung und Blaufärbung im Gesicht.

Gleichzeitig entstehen Blutungen in den Weichteilen des

Halses sowie Brüche des Kehlkopfskelettes. Die Luftwege werden beim Erdrosseln praktisch nie komplett verschlossen, dazu wäre eine zu große Kraftanstrengung nötig.

Daher gibt es beim Drosselvorgang ein krampfhaft pfeifendes Atemgeräusch.

Erdrosseln ist

- in 99% der Fälle Mord;
- sehr selten Selbstmord (nur möglich, wenn die selbst zugezogene Schlinge auch in der Bewusstlosigkeit fixiert bleibt, wie z. B. bei einem Strumpf);
- als Unfall möglich. Ein langer Schal kann sich bei einer Motorradfahrt oder in einem offenen Auto in den Speichen verfangen. Dies geschah im Fall der Tänzerin Isadora Duncan.

  Als Arbeitsunfall kann der Hals zwischen das Transmissionsseil eines Motors kommen.

  Ferner gibt es die Selbsterdrosselung von Kleinkindern mit Spielzeug oder im Laufgeschirr.

Die Drosselfurche kann fehlen, wenn ein breites, weiches, feuchtes Tuch verwendet wurde. Andererseits kann eine Drosselfurche durch vertrocknete Hautfalten vorgetäuscht werden.

Die Aufblähung der Halshaut bei Leichenfäulnis kann eine Pseudodrosselfurche erzeugen, wenn ein enger Hemdkragen anliegt. Desgleichen entstehen Markierungen, wenn der Hals auf Ästen, Holzstücken oder ähnlich geformten Dingen liegt.

Die Drosselmarkierung wird mit zunehmender Vertrocknung deutlich sichtbar. Dann ist es manchmal auch möglich, ein charakteristisches Muster des Strangulationswerkzeuges zu erkennen, z. B. gedrehte Faserwindungen eines Seiles, Falten in einem Tuch, glatte Randmarkierungen von einem Riemen und Ähnliches.

Das Erwürgen

Die Abklemmung der Halsgefäße bzw. Luftwege erfolgt durch die Hand. Ein Strangwerkzeug wird nicht benutzt.

Beim Angriff von vorne wird vom Würger meist nur eine Hand benützt. Da sich das Opfer wehrt, benötigt der Täter eine Hand zur Fixierung der Person. Beim Angriff von hinten ist das Würgen mit zwei Händen die Regel. Der Abwehrkampf beim Würgen ist meist heftig und lang. Da der Täter dabei den Griff wechselt, sind die Würgemale am Hals vielseitig. Charakteristisch sind streifige, flächenhafte Abschürfungen durch den Druck der Finger und mondsichelartige Blutunterlaufungen durch den Einsatz der Fingernägel. Häufig werden die Würgemale erst nach einigen Stunden oder am nächsten Tag sichtbar.

Beim Erwürgen ist der Verschluss der Halsarterien niemals vollständig, daher kommt es immer zu einer maximalen Stauung: Das Gesicht ist blau angeschwollen, die Augen treten hervor, in den Bindehäuten treten Blutungen auf, weiters Austritt von Blut aus Nase und Mund.

Es gibt noch eine besondere Würgetechnik, bei welcher der Hals des Opfers zwischen Ober- und Unterarm des Täters eingeklemmt wird und somit eine weitere Beugung im Ellbogengelenk die Blutgefäße des Halses komprimiert. Solche Griffe werden auch im Kampfsport und bei Polizeimaßnahmen eingesetzt. Die Sportler sind trainiert und wissen, was sie tun, die Polizisten sollten intensiv geschult werden, denn alle Griffe am Hals sind lebensgefährlich.

Rotweinflecken sind kein Blut

Eine 53-jährige, polizeibekannte Alkoholikerin wird tot in ihrer Wohnung aufgefunden. Es richt nach Alkohol, sie selbst hat erbrochen und liegt in einem großen, roten Fleck auf dem Boden. Für den Totenschauarzt scheint die Sache klar zu sein. Er hält das Ereignis für einen natürlichen Tod:

massives Bluterbrechen und Blutaspiration in die Luftwege bei einer bestehenden Leberzirrhose.

Als die erfahrenen Beamten der Leichenbestattung Stunden später den Leichnam abholen, erkennen sie, dass der rote Fleck auf dem Boden nicht Blut (wie der Arzt meinte), sondern Rotwein ist. Da die Leiche noch nicht gewaschen wurde, werden zumindest Mund und Hals gereinigt. Jetzt werden Würgemale und Blutungen nach Einsatz der Fingernägel deutlich. Die Polizei wird alarmiert und beginnt mit den Ermittlungen. Schließlich stellt sich heraus, dass die Frau von einem Trinkkumpanen erwürgt worden war.

Erwürgen ist immer eine Tötung durch fremde Hand; Selbstmord oder Unfall sind dabei nicht möglich.

Der Tod im Wasser

Ertrinken ist ein Verschluss der Atemwege durch eine Flüssigkeit; was dann folgt, ist eine Erstickung. Aber nicht jeder Todesfall im Wasser ist ein Erstickungstod.

Wird eine Leiche im Wasser aufgefunden, sind folgende Möglichkeiten in Betracht zu ziehen:

1. Ertrinken: kommt vor als Unfall, Selbstmord oder Tötungsdelikt (ein Bewusstloser, Betäubter oder sonstiger Wehrloser wurde ins Wasser geworfen, bzw. es erfolgte ein Kampf mit „Untertauchen“).
2. Tötung außerhalb des Wassers mit nachfolgendem Vortäuschen des Ertrinkens: Es wurde ein Toter in das Wasser gebracht; diesen Fall muss der Gerichtsmediziner aufdecken.
3. Badetod aus natürlicher Ursache: Dies ist ein Sterben im Wasser; es erfolgt keinerlei Gewalteinwirkung. Die häufigsten Ursachen sind ein Kreislaufkollaps durch die plötzliche Abkühlung, Alkoholisierung, voller Magen oder eine bestehende Krankheit, wie z. B. Epilepsie, ein Herzfehler und Ähnliches.
4. Tod in der Badewanne: Möglich ist ein Unfall, viel häufiger handelt es sich jedoch um eine Tötung durch fremde Hand. In Frage kommen ein Stromkabel (Elektrogerät im Badewasser), eine Betäubung mit nachfolgendem Ertrinken oder das berüchtigte rasche Anheben und Herausziehen der Beine (der Kopf taucht unter, Wasser dringt in Nase und Mund, reflektorisch erfolgen Herz- und Atemstillstand).

Die genaue Untersuchung all dieser Möglichkeiten hat natürlich zunächst kriminalistische Aspekte im Hinblick auf die Aufdeckung einer Straftat. Es ist aber auch zu bedenken, dass der Ertrinkungstod versicherungsrechtlich ein Unfall sein kann, der Badetod dies aber nicht ist. Da es dabei ums Geld geht, sind Meinungsverschiedenheiten voraussehbar. Manchmal geht es aber nicht ums Geld, sondern um persönliche Vorwürfe und die berufliche Existenz.

Plötzlich war Sebastian weg

Eine Schulklasse ging mit zwei Aufsichtspersonen baden. Es waren elfjährige Kinder, Jungen und Mädchen. Dementsprechend ging es ziemlich laut und lustig zu, 25 Jugendliche tobten sich im Wasser richtig aus. Den Lehrern stand noch ein Bademeister zur Seite, um den Überblick zu wahren und die Sache unter Kontrolle zu halten. Plötzlich schrie eines der Kinder um Hilfe, denn ein Schulkamerad lag regungslos am Grund des Schwimmbeckens. Niemand hatte etwas bemerkt, kein Hilfeschrei, kein Um-sich-Schlagen. Der kleine Sebastian F. war anscheinend lautlos untergegangen und verschwunden. Innerhalb kürzester Zeit wurde er aus dem Wasser gezogen, die Erwachsenen bemühten sich um ihn. Als der Notarzt eintraf, konnte dieser nur mehr den eingetretenen Tod feststellen.

Eine gerichtliche Obduktion musste die Frage klären, ob es sich um einen Tod durch Ertrinken handelte oder nicht. Eine solche Entscheidung ist ungemein wichtig für die Aufsichtspersonen. Ein Ertrinkungstod darf bei sorgfältiger Aufsicht nicht vorkommen, so etwas muss bemerkt und verhindert werden. Ein Sterben im Wasser ist dagegen nicht vorhersehbar, nicht zu verhindern, und daher auch niemandem anzulasten.

Bei Sebastian F. wurde zunächst festgestellt, dass er nicht ertrunken war, sondern bereits mit einem Atem- und Kreislaufstillstand unterging. Er hatte, ohne dass irgendjemand etwas bemerkte, eine Entzündung der Herzmuskulatur, eine Myokarditis. Wie eruiert werden konnte, war dies höchstwahrscheinlich die Folgekomplikation einer vier Wochen zuvor durchgemachten Mandelentzündung. Das kommt vor. Das tragische Ereignis stellte sich demnach als typischer Badetod heraus, wobei niemandem eine Verletzung der Aufsichtspflicht anzulasten war.

Auf Melanie wurde nicht aufgepasst

Die Familie bewohnte eine Villa mit großem Garten, Terrasse und einem Schwimmbad im Keller des Hauses. Man war sehr gastfreundlich, es gab viele Einladungen, auch für Kinder. Es geschah an einem solchen „Kindernachmittag" im Sommer. Die Kleinen durften nicht in das Schwimmbecken im Keller, sie spielten im Freien. Im Garten waren zwei große, runde, aufblasbare Wasserbecken aus Gummi aufgestellt, jedes mit 4 m Durchmesser und einer Wassertiefe von 60 cm. Neun Kinder spielten an jenem Nachmittag, das Jüngste war die eineinhalbjährige Melanie. Die Aufsicht führte eine Tante, die Großmutter war im Haus mit der Bereitung der Jause beschäftigt.

Als zum Essen gerufen wurde, stürmten die Kinder ins Haus, um abgetrocknet zu werden. Serviert wurde auf der Terrasse. Von dort sah man auf die Wasserbecken, und in einem lag ein Kind.

Was genau geschehen war, ließ sich nicht mehr rekonstruieren. Beim Sturmlauf in Richtung Haus muss die kleine Melanie irgendwie in eines der Becken gefallen sein. Da auch ein Spielzeug von ihr im Wasser lag, erschien es wahrscheinlich, dass sie sich über den Rand hineingebeugt hatte und ins Wasser gefallen war.

Bis Melanie, im Wasser liegend, entdeckt und herausgezogen wurde, vergingen etwa drei bis fünf Minuten. Das Kind konnte reanimiert werden, eine irreversible Schädigung der Großhirnrinde infolge des Sauerstoffmangels ist jedoch geblieben. Melanie ist seither ein Pflegefall.

Den Erwachsenen ist ein Versäumnis bei der Aufsichtspflicht anzulasten.

Bei entsprechender Aufmerksamkeit kann man eventuell einen Ertrinkungstod abwenden, einen Badetod dagegen nicht.

Wie stellt man einen Ertrinkungstod fest?

Voraussetzung ist natürlich eine Ertrinkungsmöglichkeit. Es genügt, wenn Mund und Nase von Flüssigkeit bedeckt werden. Nach einem Sturz kann jemand, auf dem Bauch liegend, in einer Pfütze ertrinken.

Charakteristisch ist ein Schaumpilz vor dem Mund. Dieser ist weiß, feinflusig, bierschaumartig und steif, besteht aus einer Mischung von Bronchialschleim, Luft und Wasser und wird bei der Bergung der Leiche passiv aus dem Mund herausgedrückt. Wurden Reanimationsmaßnahmen durchgeführt, so ist der Schaumpilz bei Eintreffen des Gerichtsmediziners natürlich weg. Manchmal wird er einfach nur weggewischt, weil er nicht schön aussieht. Die Lunge selbst ist überbläht und auffällig trocken. Dieser scheinbare Widerspruch – Ertrinken im Wasser, trockene Lunge – muss dem Obduzenten auffallen.

Dieses Phänomen tritt nur bei Ertrinken im Süßwasser auf, denn Wasser hat eine geringere Konzentration an gelösten Teilchen als Blut. Daher strömt das „eingeatmete“ Wasser nach den Gesetzen der Osmose in die Blutbahn, verdünnt das Blut, und die Lunge bleibt trocken. Beim Ertrinken im Salzwasser sind die Verhältnisse genau umgekehrt: Wasser wird dem Blut entzogen, um die Konzentration des Salzwassers zu erniedrigen.

Beweisend für einen Ertrinkungstod ist, dass in der Lunge Kieselalgen, die in jedem Wasser vorkommen, mikroskopisch nachzuweisen sind. Außerdem gelangt beim Ertrinken Wasser nicht nur in die Luftwege, sondern wird auch verschluckt. Wasser im Magen ist typisch für einen Ertrinkungstod.

Der Ablauf des Ertrinkungsvorganges

1. Als Überraschungsreaktion auf den Kältereiz erfolgt eine reflektorische Einatmung, mit der aber nur Wasser eingesogen wird.
2. Daher willkürliches Anhalten der Atmung, 30 bis 60 Sekunden lang.
3. Der Anstieg der Kohlendioxidkonzentration reizt das Atemzentrum, und die Atmung wird wieder in Gang gesetzt. Wasser gelangt in Kehlkopf, Luftröhre und Bronchien und wird dort mit Schleim und Luft vermischt. Daraus entsteht später der Schaumpilz. Der Vorgang dauert ein bis zwei Minuten.
4. Infolge von Sauerstoffmangel im Gehirn treten Muskelkrämpfe auf, etwa eine Minute lang.
5. Die Atembewegungen werden immer schwächer, und schließlich kommt es zum Atemstillstand. Der Herzschlag bleibt noch einige Zeit erhalten.

Der gesamte Ertrinkungsvorgang spielt sich in drei bis fünf Minuten ab. Die Betroffenen gehen ziemlich rasch unter, und die Außenstehenden sehen nichts mehr. Der Körper eines Ertrinkenden sinkt im Regelfall zunächst etwas in die Tiefe. Leichen können aber auch von Beginn an dicht unter der Oberfläche schweben oder, wenn sich Luftblasen in der Kleidung gesammelt haben, sogar schwimmen.

Der untergegangene Körper liegt in typischer Treibhaltung mit dem Gesicht nach unten. Dies kommt durch den Gasaustausch im Bauch-Beckenbereich zustande. Darmbakterien bilden Gas und pumpen den Bauch wie einen Luftballon auf. Brust, Kopf und Extremitäten enthalten kein Gas und hängen hinunter. Durch den Auftrieb der Fäulnisgase kommt die Leiche wieder an die Oberfläche. Dieser Vorgang ist stark temperaturabhängig, denn die Temperatur beeinflusst den Stoffwechsel und die Gasbildung der Darmbakterien. Annäherungsweise lässt sich Folgendes sagen:

- Bei Wassertemperaturen um 18° C taucht die Leiche nach zwei bis drei Tagen wieder auf.
- Bei Temperaturen unter 10° C kommt die Leiche nach Wochen, Monaten oder gar nicht mehr an die Oberfläche.
- Im November ins Wasser gelangte Körper können bei der Erwärmung im darauf folgenden Frühjahr oder Sommer wieder auftauchen.
- In manchen Alpenseen herrschen in 50 m Tiefe Temperaturen von 4° C; dort gibt es keine Fäulnis, die Leichen bleiben unten. Erfahrene Einheimische kennen die Seen und Plätze genau, wo Leichen wieder auftauchen oder nicht.

Eine gasgeblähte Leiche kann eine Beschwerung von 25 bis 50 kg überwinden. Das Füllen der Jackentaschen mit Pflastersteinen ist auf jeden Fall zu wenig. Der Auftrieb lässt sich jedoch ganz einfach verhindern: Will man einen Toten in einem tiefen See verschwinden lassen, muss man nur einige Öffnungen in die Brust- und Bauchhöhle stechen, damit die Fäulnisgase ausströmen können.

Charakteristisch für den Aufenthalt einer Leiche im Wasser ist die Waschhautbildung. Dabei verfärbt sich die Haut an Händen und Füßen weiß, die Oberhaut löst sich ab und erzeugt ein typisches runzeliges Faltenmuster. Später lässt sich die Haut handschuhartig abziehen.

In einem fließenden Gewässer werden Treibspuren entstehen. Zuerst fallen die Haare aus, die Leiche bekommt eine Glatze. Da Handrücken, Knie und Fußrücken nach unten hängen und schleifen, können an diesen Stellen Verletzungen entstehen. Auch können die Kleider abgestreift werden, sodass die Leiche letztlich nackt und die Bekleidung verschwunden ist. Die Schädeldecke kann durch Anstoßen eröffnet werden; dann wird das Gehirn herausgespült.

Wasserleichen überziehen sich nach einiger Zeit mit feinem Schlamm sowie mit einem Algen- und Bakterienrasen. Daher stinken sie erbärmlich.

Wird eine Leiche bei Sommerhitze aus dem Wasser gezogen, so treten die Fäulniserscheinungen sehr schnell (innerhalb weniger Stunden) auf und können die Leiche völlig verändern.

Es kam beispielsweise schon vor, dass eine bekleidete Wasserleiche beim Transport in einen Seziersaal stark anschwoll. Der geschlossene Hemdkragen bildete in dieser Zeit eine „Pseudodrosselfurche“.

Wird eine Leiche aus dem Wasser gezogen, so sind die Fragen an den Gerichtsmediziner klar vorgegeben:

1. Tod durch Ertrinken? Ja oder nein.
2. Wenn ja: Allein durch Ertrinken oder zusätzlich z. B. Würgemale, Alkohol, Drogen, Schlafmittel oder einfach ein Schlag auf den Kopf?
3. Wenn nein: Was ist die Todesursache? Tod im Wasser (Elektrizität in der Badewanne, Herzkrankheit und anderes), oder wurde ein Leichnam ins Wasser gelegt?
4. Wann war der Todeszeitpunkt bzw. wie lange liegt der Körper schon im Wasser?
5. Sind eventuelle Verletzungen vor dem Tod oder erst im Wasser entstanden?
6. Hinweise auf einen Selbstmord? 10% der Selbsttötungen erfolgen durch Ertrinken. Dabei kommt es oft zu charakteristischen Begleithandlungen: Selbstfesselung, Mitnehmen von Gewichten, Pulsaderschnitt, Betäubungsmittel.
7. Hinweise auf einen Unglücksfall? Das Tragen von Badekleidung weist auf Freiwilligkeit hin. Ist ein Sturz

ins Wasser wahrscheinlich, oder kann es ein verunglückter Kopfsprung gewesen sein?

8. Hinweise auf ein Tötungsdelikt? Tötung nur durch Ertrinken des Opfers ist selten und schwierig, denn es ist nicht einfach, einen gesunden Menschen so lange unter Wasser zu halten, bis er tot ist. Ganz anders liegen die Verhältnisse in der Badewanne.

Reflexmechanismen

Wird weder bei der medizinischen noch bei der kriminalistischen Untersuchung eine Erklärung für den „Tod im Wasser" gefunden, so kommen noch verschiedene Reflexmechanismen in Frage. Diese kann man nur vermuten, leider fast nie beweisen.

- Ebbecke-Reflex: Plötzliches Eintauchen des Gesichtes in kaltes Wasser führt zu einem Blutdruckabfall, ja sogar zum Herzstillstand. Dies erfolgt reflexartig durch Reizung des Parasympathicus. Der Reflex wurde vom Physiologen Ulrich Ebbecke (1883–1960) in Bonn entdeckt.

  Dieser Mechanismus kann durch einen Kopfsprung ins kalte Wasser oder durch plötzliches Untertauchen des Gesichtes ausgelöst werden. Letzteres ist sogar in einer Wasserschüssel möglich. Es wird diskutiert, ob nicht sogar ein kalter Luftstoß zu diesem Reflex führen kann.
- Hering-Reflex: Unerwartetes und plötzliches Eindringen von Wasser in die Nase reizt die Schleimhaut. Reflektorisch kann dies zum Herzstillstand führen. Der Reflex wurde vom Physiologen Karl Ewald Konstantin Hering (1834–1918) in Leipzig entdeckt.

  Wahrscheinlich ist es dieser Reflex, der eine spurenlose Tötung in der Badewanne ermöglicht: Hochheben und Ziehen an den Beinen führt zu einem raschen Untergehen des Kopfes und unerwartetem Eindringen des Wassers in die Nase. Es ist daher gar nicht so ungeschickt, wenn sich manche Leute beim Sprung ins Wasser die Nase zuhalten.

- Andere Reflexe, die ebenfalls zum Herzstillstand führen, können ausgelöst werden durch

  - Druck auf den Augapfel (Sturz ins Wasser),
  - maximale Anspannung der Muskulatur beim Ausatmen (Freitauchen, aber auch beim Gewichtheben, Schreien, Singen, Husten, Stuhlgang, Koitus),
  - Reizung der Kehlkopfinnenwand (ein Sich-Verschlucken) und
  - einen Schlag gegen den Oberbauch (Bauchfleck beim Sprung ins Wasser).

Flammen, Rauch und Feuer

Die Temperatur in einem Feuerofen beträgt 300–500° C, bei einem Wohnungsbrand 500–1.000° C. Ein Krematorium arbeitet mit etwa 1.200° C. Dementsprechend wird man Brandleichen häufig völlig verkohlt vorfinden.

Die Veränderungen an einer Leiche im Feuer sind charakteristisch. Sie kommen dadurch zustande, dass die Körperflüssigkeiten sieden bzw. verdampfen und die soliden Körperteile verbraten und schrumpfen. Der Vergleich ist makaber, aber wahr: Eine Brandleiche sieht aus wie ein vergessenes Grillwürstchen.

Zunächst führt das Verkochen zur Aufblähung, zum Aufplatzen der Haut, ja sogar zu Verdampfungszerreißungen des Magens. Wenn das Gehirn verkocht, kann die Dampfdruckbildung im Schädel zu Explosionsbrüchen Anlass geben. Bei der Schrumpfung der Muskulatur kommt es auf die ursprüngliche Größe an, die mächtigen Beuger schrumpfen stärker als die Strecker der Gelenke.

Daraus resultiert die bizarre „Fechterstellung“, d. h. Arme und Beine sind in allen Gelenken etwas angewinkelt. Die Schrumpfung der Haut erzeugt spaltförmige Einrisse, die wie Schnittwunden aussehen, am Hals können Pseudostrangulationsfurchen entstehen. Die Schrumpfung der Gesichtsmuskulatur öffnet den Mund, eine Schrumpfung des Halsumfanges presst die Zunge heraus. Wenn es zu lochartigen Aufplatzungen kommt, spricht man von „Hitzeschusslöchern“.

Alles in allem sieht eine Brandleiche nicht nur infolge der schwarzen Verkohlung schrecklich aus, es kommen, wie geschildert, noch viele weitere Verunstaltungen hinzu.

Der Gerichtsmediziner hat wesentliche und entscheidende Fragen bei der Untersuchung einer Brandleiche zu beantworten:

Identifizierung der Person

Es ist niemals „ohnehin klar“, wer die verkohlte Leiche ist, nur weil jemand als abgängig gemeldet wurde oder eine Person am Brandort gewohnt hat. Bei solch oberflächlichen Zuordnungen sind schon mehrfach peinliche Fehler passiert.

Für eine Identifizierung ist zu beachten:

- Unverbrannte Kleidungsteile, wie Gürtelschnallen, Metallknöpfe und Ähnliches; der Brandschutt ist deshalb zu durchsieben.
- Gewebsreste für eine DNA-Analyse müssen sichergestellt werden.
- Die Altersbestimmung ist schwierig. Hilfreich kann die Ausbildung der Knochenkerne und Schädelnähte sein. Ferner die Zähne, Arteriosklerose und bei Frauen der Zustand der Eierstöcke.
- Eine Röntgenaufnahme des Schädels und der Extremitäten sollte angefertigt werden; es könnten ja alte Knochenbrüche bestehen.
- Kieferknochen und Gebiss sowie Zahnprothesen müssen aufbewahrt werden.
- Die Körpergröße lässt sich nur annähernd abschätzen, da der Größenverlust durch die Schrumpfung bedeutend sein kann. Über das Körpergewicht ist durch die Wasserverdampfung überhaupt keine Aussage möglich.
- Haare und Augenfarbe sind nicht verwertbar, ebenso wenig die Daktyloskopie (Verfahren zur Abnahme von Fingerabdrücken).

Hat die Person vor Feuerausbruch noch gelebt?

Vitalitätszeichen an einer Brandleiche sind bei der Obduktion rasch und leicht feststellbar. Für alle weiteren Ermittlungen ist es ja wesentlich, ob der/die Betroffene lebend oder tot verbrannt ist.

- Ruß in den Luftwegen (meist auch im Magen) ist ein Beweis dafür, dass während des Brandes noch geatmet und geschluckt wurde. Die schwarzen Rußpartikeln sind im Kehlkopf, der Luftröhre, den Bronchien und auf der Magenschleimhaut sofort zu erkennen.
- Der Nachweis von Kohlenmonoxid im Blut beweist das Einatmen von Rauch bei funktionierendem Blutkreislauf.
- Bei raschem Flammenausbruch, einer Explosion oder einem elektrischen Lichtbogen werden reflektorisch die Augen zusammengekniffen. Dadurch entstehen Falten, die nicht verbrannt bzw. rauchschwarz verfärbt sind. Es entstehen strahlenförmige weiße „Krähenfüße“ um die Augen.

Ein Mensch als lebende Kerze

Für die Feuerwehr sah es aus wie ein gewöhnlicher Wohnungsbrand, es stank nur fürchterlich. Als sich die Rauchschwaden verzogen hatten, bot sich ein Bild, das später durch die Fachliteratur der Gerichtsmedizin wie auch der Feuerwehr ging. So etwas hatte noch niemand gesehen.

Nahe einer Zimmerwand stand ein Schaukelstuhl, die Rücklehne war verbrannt, sonst schien er weitgehend intakt. Nach vorne herunter hingen die ab dem Kniegelenk völlig unversehrten Beine einer Frau, an den Füßen die Hausschuhe. Der gesamte Körper war weg, rund um den Stuhl lagen verkohlte Teile und Reste. Auf der Sitzfläche des Stuhles befanden sich die teilweise verbrannten Oberschenkel, die Beckenknochen sowie die weitgehend zerstörte Wirbelsäule. Eine 67-jährige Frau war sitzend in einem Sessel verbrannt. Was war da geschehen?

Es handelte sich um einen schweren Fall von Parkinson-Erkrankung; die Frau war ohne fremde Hilfe fast bewegungsunfähig. Daher war auch die Friseurin zu ihr ins Haus gekommen, hatte die Haare gefärbt und die Frisur mit reichlich Haarfestiger in die gewünschte Fasson gebracht. Dann war sie gegangen. Die alte Frau im Schaukelstuhl hatte sich eine Zigarette angezündet, wobei ihre Haare Feuer fingen. Die Chemikalien in den Haaren wirkten als Brandbeschleuniger, auch die Tapete fing Feuer. Und so verbrannte die an den Stuhl gefesselte Frau hilflos wie eine Kerze von oben nach unten. Für diesen Ablauf sprachen die Gesamtsituation am Brandherd und die Tatsache, dass Zigaretten sowie Streichhölzer auf dem Fußboden lagen.

War die Todesursache die Verbrennung oder etwas anderes?

Selbstmord und Mord in Verbindung mit einer Verbrennung sind selten. Die meisten Verbrennungen sind Unfälle; die Opfer sind häufig alkoholisiert, haben Drogen oder Schlafmittel genommen, waren Epileptiker oder litten an Krankheiten, die einen plötzlichen Tod aus natürlicher Ursache erklären können. Im Rahmen einer Verbrennung stirbt man an einer Vergiftung durch toxische Rauchgase oder einem Inhalationshitzeschock. Spättodesfälle erfolgen als Komplikationen der Hitzeschäden der Haut.

Bei einem Feuer entstehen, je nachdem, was verbrennt, äußerst giftige Brandgase. Stirbt jemand im Feuer, so ist an dem tödlichen Ausgang eine Vergiftung zumindest beteiligt.

Welche Substanzen sind in den Brandgasen enthalten?

- Blausäure, Zyanide: entstehen bei der Verbrennung von Wolle, Seide, Nylon, Matratzen, Vorhängen, Teppichen, Papier, Schaumstoff sowie der Innenauskleidung von Kraftfahrzeugen und Flugzeugen.

  Blausäure ist ein rasch tödliches Atemgift.

- Kohlenmonoxid: ist in allen Brandgasen enthalten; es blockiert den Sauerstofftransport im Blut.
- Nitrosegase: entstehen bei der Verbrennung von Textilien, Zelluloid und Düngemitteln. Es kommt zu einer starken Lungenreizung.
- Ferner können entstehen: Schwefeldioxid, Salzsäure, Ammoniak und viele andere Giftstoffe.

Im Zuge eines Brandes entstehen, je nach Art der verbrannten Substanzen, auch verschiedene Lungenreizstoffe. Salzsäure, Isozyanate und Fluorwasserstoff kommen im Rauch verbrennender Plastikteile und Kunststoffe vor, schließlich die bereits erwähnten Nitrosegase.

Das war das lebensbedrohliche Problem für Niki Lauda bei seinem Unfall am 1. August 1976. Sein Auto kam während eines Rennens auf dem alten Nürburgring von der Fahrbahn ab, kollidierte mit einem anderen Wagen und ging in Flammen auf. Dem damals regierenden Weltmeister Lauda wurde der Helm vom Kopf geschlagen, und er saß bewusstlos im brennenden Ferrari. Über eine Minute lang atmete er die giftigen und ätzenden Rauchgase ein, dann wurde er von seinem Rennfahrerkollegen Arturo Merzario aus dem Wrack gezogen. Einerseits erlitt er schwere Verbrennungen im Gesicht, deren narbige Reste ihm geblieben sind; andererseits waren die Atemwege bis in die Lungenbläschen verätzt, die Schleimhäute zerstört.

Die verbrannte Haut im Gesicht wurde durch zahlreiche Transplantationen und kosmetische Operationen repariert. Die Lungenschädigung hat sich so weit regeneriert, dass Lauda sogar Zigaretten rauchend angetroffen wird.

Ist der Tod auf ein Verbrechen zurückzuführen?

Nur die Berücksichtigung aller Detailfunde von Spurensicherung, Kriminalistik, polizeilichen Erhebungen und Gerichtsmedizin können die Antwort klären.

Mordbrand oder Brandmord?

Die Verbrennung eines zuvor auf andere Weise getöteten Menschen nennt man Mordbrand. Eine vollständige Beseitigung aller Überreste eines Körpers ist aber kaum möglich.

Die Tötung eines Menschen durch Verbrennen heißt Brandmord. Das kommt vor, wenn ein Bewusstloser, Betäubter oder Gefesselter ins Feuer geworfen wird. In früheren Zeiten gab es auch noch die Verbrennung am Scheiterhaufen.

Beispiele

Wie man den Ehemann nicht los wird

In einem völlig ausgebrannten PKW wurde ein verkohlter Leichnam aufgefunden. Es war dem ersten Augenschein nach höchst ungewöhnlich, dass bei einem gewöhnlichen Autobrand ein derart massives Feuer entstand. Der Mann konnte als der Fahrzeugbesitzer identifiziert werden. Die gerichtsmedizinische Untersuchung ergab keine Rußeinatmung in die Luftwege und kein Kohlenmonoxid im Blut, allerdings einen beträchtlichen Alkoholgehalt. Infolge der weit fortgeschrittenen Verkohlung konnte lediglich festgestellt werden, dass die Knochen des Kehlkopfskelettes gebrochen waren und Blutungen in den Weichteilen des Halses bestanden. Dieser Befund passte zu einem Tod bei oder durch Verbrennung überhaupt nicht, auch konnte er sich diese Verletzungen nicht selbst zugefügt haben.

Der Gerichtsmediziner kam daher zu folgendem Ergebnis: Der PKW-Insasse war schon tot, als das Auto in Flammen aufging. Todesursache war mit sehr hoher Wahrscheinlichkeit ein Angriff gegen den Hals, fast sicher ein Erwürgen. Der Mann war bei seinem Tode alkoholisiert.

Die kriminalpolizeilichen Ermittlungen deckten schließlich einen Mord auf. Die Ehefrau des Toten hatte ihren

Mann betrunken gemacht und ihr Liebhaber ihn dann erwürgt. Gemeinsam brachten sie den Mann im Auto auf einen Waldweg und zündeten das Fahrzeug unter Mithilfe eines Brandbeschleunigers an. Sie wollten einen Selbstmord vortäuschen. Die Frau war von Beruf Krankenpflegerin und hatte alkoholische Desinfektionsmittel aus dem Krankenhaus mitgenommen. Diese leicht entflammbaren Substanzen wurden als Brandbeschleuniger verwendet.

Die Schwiegermutter hat sich in Rauch aufgelöst

Am 23. März 1960 war die 81-jährige Frau zum letzten Mal gesehen worden. Es ereignete sich im nördlichen Teil Niederösterreichs, wo die alte Frau im Ausgedinge auf dem Bauernhof ihres verheirateten Sohnes lebte. In unmittelbarer Nachbarschaft lag die tschechische Grenze, es bestand aber damals noch der eiserne Vorhang. Drüben in der Tschechoslowakei bewirtschafteten Verwandte von Maria O. ebenfalls einen Bauernhof. Der Sohn war schwer kriegsversehrt und beinahe blind. Seine Frau führte ein strenges Regiment am Hof, die Schwiegermutter war ihr nur lästig und ein „unnützer Esser“. Zum Zeitpunkt, als die alte Frau verschwand, war der Sohn zu einem Kuraufenthalt in einem anderen Bundesland, erst nach seiner Rückkehr wurde eine Abgängigkeitsanzeige erstattet. Die Schwiegertochter sagte im Dorf jedoch immer wieder: „Die Alte ist in der Tschechei bei Verwandten, ich weiß nicht, wann sie wieder zurückkommt.“

Routinemäßig überprüfte die Gendarmerie dies, und es stellte sich heraus, dass die alte Frau gar keinen Pass besaß und auch kein Ausreisevisum ausgestellt worden war. Daraufhin begann die Landesgendarmerie sich für diesen Abgängigkeitsfall zu interessieren. In dem kleinen Dorf, wo jeder jeden kannte, erfuhren die Beamten von einem Sparbuch. Weit und breit gab es in dieser Gegend zur damaligen Zeit keine Bankfiliale, nur eine Raiffeisenkasse in einer 40 km entfernten Stadt. Dort entdeckten die Beamten das Sparbuch, aber es war leer. 11.800 Schilling waren vor kurzem abgehoben worden. Die Gendarmen unterhielten sich oft über das Verschwinden der Maria O., und dabei fiel ein Satz, der später zu einer geflügelten Redewendung werden sollte: „Sie kann sich doch nicht in Rauch aufgelöst haben!"

Ein junger Beamter ließ nicht locker und befragte nochmals die Dorfbewohner: „Ist Ihnen nichts aufgefallen, als der Bauer auf Kur war? War seine Frau alleine oder ist jemand zu ihr gekommen? Was hat sie eigentlich gemacht?" Und plötzlich kam die entscheidende Antwort: „Sie hat Brot gebacken, den ganzen Tag lang. Pausenlos kam schwarzer Rauch aus dem Schornstein."

Jetzt wurde die Gerichtsmedizin geholt. Der Backofen fand sich sauber ausgekehrt, auch der Rost war sauber. Darunter lag eine Hand voll Asche, und darin fanden sich zwei kleine Knochenstücke. Knochen im Brot? Das war unwahrscheinlich. Das Bauernhaus und seine Umgebung wurden auf den Kopf gestellt, bis ein frisch umgegrabenes Beet im Gemüsegarten die Lösung brachte. 317 Knochenteile waren dort vergraben, dazu Asche und einige schwarz-braune Klumpen. Aber das genügte noch nicht. Für eine hieb- und stichfeste Anklage musste bewiesen werden, dass die Verbrennungsrückstände tatsächlich die Reste der Maria O. waren. Von DNA-Analytik träumte man damals nicht einmal. Aber neben den Knochenstücken wurde noch ein geschmolzenes farbiges Glasstück gefunden. Beim Durchsuchen der wenigen vorhandenen Kleidungsstücke von Maria O. entdeckte man Glasknöpfe an einer Weste, von denen einer fehlte. Die Zusammensetzung beider Glasstücke war identisch, der Knopf dürfte abgerissen worden und in der mitverbrannten Unterwäsche stecken geblieben sein.

Das Einzige, was die Schwiegertochter dazu sagte, war: „Die Alte ist zusammengefallen, dann war sie tot, und ich hab sie verheizt." Obwohl das nicht widerlegt werden konnte, erkannten die Geschworenen bei Gericht auf „lebenslänglich".

Ein kühnes Urteil, denn es gab kein Geständnis. Aber damals war noch die Zeit der großen Auftritte bedeutender Gerichtsmediziner. Und ein solcher Spitzenmann seines Faches hatte im Gerichtssaal ein Knochenstück vorgewiesen: „Das ist ein Teil des Unterkiefers, ein Stück vom Kinn, das Kinnspitzel. Ein spitzes Kinn ist anatomisch für einen Menschen charakteristisch. Diese Kinnspitze beweist, dass ein Mensch verbrannt wurde und kein Schimpanse!" Nach diesen Worten waren die Geschworenen überzeugt.

Was geschieht in einem Krematorium?

In vorchristlicher Zeit verbrannten viele Völker ihre Leichen. Älteste Nachrichten über diese Form der Bestattung haben wir von den Assyrern, Babyloniern und Persern, den Trägern der Hochkulturen im mittleren Osten. Später kamen die Griechen, Römer, Etrusker, Germanen und Juden. Hektor, Patroklos und Achilles wurden verbrannt, ebenso Cäsar und Augustus. Im Alten Testament kann man nachlesen, dass die Verbrennung wahrscheinlich nur den Königen vorbehalten war (Jerem. 34,5; Samuel 31,11; 2. Chronik 21,19). Tacitus berichtet im 27. Kapitel der Germania, „dass die Leichname ausgezeichneter Männer mit besonderen Holzarten verbrannt wurden".

Wahrscheinlich nahm die Leichenverbrennung ihren Anfang, als man die Körper der im Kampf gefallenen Heerführer und Soldaten nicht der Willkür des Feindes überlassen wollte. Die Asche wurde mitgenommen und an prominenter Stelle beigesetzt, um die Nachkommen an die Taten ihrer Vorfahren zu erinnern. Seit Beginn der christlichen Ära in Europa ab dem 5. Jahrhundert wurde die Erdbestattung angeordnet, wahrscheinlich aus einem übertriebenen Auferstehungsglauben. Karl der Große verbot 785 den „heidnischen Brauch der Totenverbrennung". Brennen ließen die Christen durch viele Jahrhunderte nur mehr die Scheiterhaufen. Als Folge der Bestattung in Grüften und Erdgräbern ist es zu einem Phänomen gekommen, das die Kommunalverwaltungen bis in die Gegenwart beschäftigt – die Friedhöfe werden zu klein.

Es besteht kein Zweifel, dass die Leichenverbrennung die zweckmäßigste, sauberste und hygienisch einwandfreieste Umgangsform mit den Körpern der Verstorbenen darstellt. Sämtliche gewünschte Zeremonien können durchgeführt werden, lediglich die Erdwürmer können sich nicht von Leichenresten ernähren.

Die Einäscherung in einem modernen Krematorium dauert knapp zwei Stunden, bei einer Temperatur, die kontinuierlich von 800° auf 1.500° C erhöht wird. Bei den modernen Ofensystemen kommt der Leichnam mit dem direkten Feuer nicht in Berührung und wird ausschließlich durch die erhitzte Luft zu grauweißer Asche verwandelt. Der Rückstand sind 1,5 kg kalzinierte Asche. „Kalziniert" bedeutet die Hitzeumwandlung von Knochen in wasserfreie, nur mehr mineralische Substanzklümpchen. Von der Kremation wird jedem Sarg eine nicht brennbare, nummerierte Platte beigegeben, sodass die Identität der Asche einwandfrei festgestellt werden kann.

Die Asche eines Verstorbenen muss in einer Bestattungsanlage beigesetzt werden; diese reichen von Urnenwandnischen über Urnenhaine bis zu bestehenden Grabstellen.

Da die römisch-katholische Kirche nach einem Beschluss des II. Vatikanischen Konzils den Begräbnisritus für Erd- und Feuerbestattungen gleichgestellt hat, nehmen römisch-katholische Priester auch bei Kremationsfeiern Einsegnungen vor.

Die Beobachtung des eigentlichen Vorgangs einer Leichenverbrennung ist nichts für schwache Gemüter:

- Nach 10 Minuten: Durch Schrumpfung der Muskulatur werden die Gelenke gebeugt, der Leichnam bewegt sich und nimmt Fechterstellung ein. Manchmal richtet sich auch der Oberkörper auf.
- Nach 30 Minuten: Die Nähte der Schädelknochen werden durch den Dampfdruck des Gehirns aufgesprengt. Brust- und Bauchhöhle platzen auf, die inneren Organe quellen vor.
- Nach 40 Minuten: Die Muskulatur der Extremitäten verbrennt, innerhalb von zehn Minuten sind Arme und Beine zerstört.
- Nach einer Stunde: Der Rumpf bricht auseinander. Schließlich zerbrechen und zerschmelzen dann die Knochen.

Manche Materialien stören bei einer Kremation sehr. So müssen Herzschrittmacher zuvor entfernt werden, denn bei deren Zerstörung werden toxische, manchmal auch radioaktive Substanzen freigesetzt. Ersatzteile im menschlichen Körper, wie z. B. Gelenksprothesen aus Metall, werden selbstverständlich auch nicht verbrennen.

Hinrichtung durch Verbrennen

Die Exekution auf dem Scheiterhaufen war eine geläufige, aber keineswegs allzu häufige Vollzugsart der Todesstrafe. Meist wurde am Galgen gehenkt, manchmal auch der Kopf abgeschlagen; so war es vom 12.–19. Jahrhundert üblich. Danach kamen technische Methoden, vom elektrischen Stuhl über das Erschießen bis zur Giftspritze, auf.

Die öffentliche Verbrennung eines Menschen war natürlich ein Spektakel für die Zuschauer. Am Hinrichtungsort wurden schon am Tag zuvor die besten Aussichtsplätze bezogen, fliegende Händler sorgten für Speisen und Getränke. Wurden Prominente verbrannt, dann war auch die Hohe Geistlichkeit anwesend. So etwa anlässlich der Verbrennung von Johanna von Orléans (30. Mai 1431 in Rouen), Jan Hus (6. Juli 1415, während des Konzils von Konstanz), Girolamo Savonarola (23. Mai 1498 in Florenz; erdrosselt und danach verbrannt), Giordano Bruno (17. Februar 1600 in Rom) und vielen anderen. Wurden Hexen verbrannt, so genügte meist ein Priester.

Das Errichten des Scheiterhaufens erforderte Sorgfalt. Grünes Holz gab zu wenig Hitze und nur Rauch. Ein Scheiterhaufen aber musste brennen, Flammen sollten hochschlagen, Funken mit dem Wind davongetragen werden. Daher wurde Buchenholz geschlichtet, das eine gute Hitze gab.

In die Ritzen zwischen den Holzscheiten wurde Stroh gestopft, denn dadurch leuchtete das Feuer besonders auf. In den Holzstoß wurde ein Holzstab gestellt, um den Delinquenten anzubinden. Und dann wurde um gutes Wetter gebetet, denn Regen konnte alles verderben.

In der Haupt- und Residenzstadt Wien war der Richtplatz für die Verbrennungen die „Gänsweyd", heute Ecke Weißgerberlände–Kegelgasse im 3. Gemeindebezirk. Hier wurden zahlreiche Juden verbrannt und als einzige Hexe in Wien am 27. September 1583 die 70-jährige Elisabeth Plainacher: „Die Thätterin solle an die gewöhnliche Richtstatt, auf die Gänseweid geschliffen werden, volgendts dasselbs lebendig mit dem Feuer zu Pulver verbrannt."

Aus dem Märchen von Hänsel und Gretel ist bis heute jedem Schulkind die Vorstellung vertraut, dass Hexen zu verbrennen sind: „ ... die Hexe muss braten, die Kinder gehen nach Hause." Die Existenz von Hexen war so sehr Bestandteil des katholischen Glaubens, dass die Behauptung des Gegenteils bereits ketzerisch war.

Die Opfer am Scheiterhaufen sind in der Regel erstickt. Das Einatmen von Kohlenmonoxid und -dioxid statt Sauerstoff führt innerhalb weniger Minuten zum Erstickungstod.

Es waren auch Varianten der Hinrichtung erlaubt, aufgeschrieben in den „Geheimen Anmerkungen" zur „peinlichen Gerichtsordnung" der Maria Theresia, der berühmten Constitutio Criminalis Theresiana von 1769: „Wir wollen aber den bußfertig – und reumüthigen Missethätern zur Vermeidung der Verzweiflung in Betreff des lebendigen Feuers ... als eine allgemeine Gnade der Strafflinderung ... allermildest angedeyen lassen. ... Unsere höchste Gnade ... besteht überhaupt in dem ... mittelst Anbindung eines Pulversacks auf das Herz und vorläuffiger Erdrosselung des armen Sünders."

Solche Verfahrensanweisungen sollte man kennen, damit im Zuge der Historien-Nostalgie Maria Theresia ja nicht mit Mutter Teresa verwechselt wird!

Die Witwenverbrennung

Wir kennen alle die Errettung der jungen Aouda, der Witwe eines indischen Maharadschas, durch Phileas Fogg und Passepartout. Jules Verne hat in seinem Abenteuerroman „In 80 Tagen um die Welt" anschaulich erzählt, wie die Frau durch einen Verkleidungstrick vom Scheiterhaufen heruntergeholt wurde.

In entlegenen Gegenden Indiens gibt es noch heute Witwenverbrennungen. Das Ritual heißt „Sati", und die Frau, die sich freiwillig verbrennen lässt, „Sati-Ma". Man schätzt, dass ein solches Ereignis zwei- bis dreimal im Jahr stattfindet. Seit 1987 ist die Witwenverbrennung gesetzlich verboten, aber Indien ist groß, sehr groß.

Die Witwenverbrennung hat Tradition in jenen Gegenden, wo eine Wiederverheiratung streng verboten ist. Eine Sati-Ma erwartet im Jenseits höchstes Glück, sie wird auch bei der in Aussicht gestellten Wiedergeburt in der Hierarchie der Kasten bevorzugt.

In der klassischen Zeit der Witwenverbrennung wurde die Frau mit Rauschmitteln und Drogen betäubt und auf den Scheiterhaufen gelegt, den der älteste Sohn anzünden musste. An der Verbrennungsstätte wurde dann ein kleiner Tempel oder zumindest eine Gedenkstätte errichtet. Mahatma Gandhi erklärte zur Witwenverbrennung: „Wenn die Frau ihre ungeteilte Hingabe zu ihrem Ehemann zu beweisen hat, so muss auch der Mann Treue und Hingabe beweisen. Dennoch hat noch nie jemand von einem Mann gehört, der in das Verbrennungsfeuer seiner Frau gegangen ist. Daher wird deutlich, dass die Praxis der Witwenverbrennung ihre Wurzeln im Aberglauben, in der Dummheit und im Egoismus der Männer hat."

Beseitigen einer Leiche durch Verbrennen

Das spurlose Verschwindenlassen eines Opfers wird vom Täter sehr häufig versucht, meist jedoch vergeblich. Der medizinische Laie meint, dass das Verbrennen einer Leiche doch möglich sein muss. Häuser, Scheunen, Strohballen und Autos werden angezündet, manchmal wird auch der Körper vorher zerstückelt. Aber immer bleibt ein Rest übrig, denn schließlich haben die wenigsten Täter Zugang zu einem Krematorium, und selbst dort bleiben Überreste. Theoretische Szenarien wären das Hineinkippen in eine Müllverbrennungsanlage, das Verdampfen in einem Lichtbogen oder das Verschwinden im Krater eines aktiven Vulkans.

Traurige Wirklichkeit einer vollständigen und restlosen Körperverbrennung waren die Atombombenabwürfe über Hiroshima und Nagasaki. Im Zentrum einer Atombombenexplosion entstehen Temperaturen von 1 Million Grad Celsius; da bleibt nichts mehr übrig.

Die Gefahren der Elektrizität

Damit elektrischer Strom durch den menschlichen Körper fließen kann, sind der gleichzeitige Kontakt mit einem Spannung führenden Leiter und eine Abflussmöglichkeit für den Strom nötig. Entscheidend für die entstehenden Schäden ist die Stromstärke, die durch den Körper fließt. Diese ist leicht auszurechnen:

I (Stromstärke, Ampere) =
U (Spannung, Volt) / R (Widerstand, Ohm)

Daraus ergibt sich, dass die Stromstärke mit wachsendem Widerstand sinkt. Ein Stromfluss von 100 Milliampere kann tödlich sein. Beim Haushaltsstrom von 220 Volt fließen 220 mA, die Lebensgefährdung ist also sehr groß.

Der Gesamtwiderstand des menschlichen Körpers schwankt zwischen 1.000 und 3.000 Ohm. Daher kann folgende Rechnung aufgestellt werden:

220 Volt/1.000 Ohm = 220 mA
→ höchste Lebensgefahr!

220 Volt/3.000 Ohm = 73 mA
→ kann toleriert werden!

Der Widerstand eines menschlichen Körpers, d. h. die Abwehrkraft gegenüber Strom, sinkt bei Feuchtigkeit und nassem Kontakt. Die meisten Elektrotodesfälle ereignen sich daher im Badezimmer. Für die Wirkung des elektrischen Stromes ist jene Körpergegend maßgebend, wo der Durchfluss stattfindet. Am empfindlichsten sind Herz und Gehirn. Da der Herzmuskel elektrisch erregbar ist, kann es entweder zum Herzkammerflimmern oder zum Herzstillstand kommen. Kammerflimmern bedeutet, dass die Herzmuskulatur eigentlich nur mehr zittert, jedenfalls keine geordneten Kontraktionen mehr ausführt; dem Blutkreislauf fehlt daher der

Antriebsmotor. Dasselbe passiert natürlich beim Herzstillstand. Im Gehirn kommt es ebenfalls zu schweren Funktionsstörungen, wie z. B. Atemstillstand, wenn das Atemzentrum ausfällt.

Man darf nicht vergessen, dass sowohl Herz als auch Gehirn „elektrisch“ arbeiten. Dies sieht man ganz einfach aus der Tatsache, dass ein Elektrokardiogramm (EKG) die Herzfunktion bzw. ein Elektroenzephalogramm (EEG) die Hirnfunktion aufzeichnen kann. Diese beiden lebensnotwendigen Elektrizitätswerke des menschlichen Körpers werden durch Stromstöße von außen empfindlich gestört.

Wie viel Stromstärke ein Mensch verträgt, ist individuell sehr verschieden. Daher wird auf dem elektrischen Stuhl kein Risiko eingegangen und eine Spannung von 2.000 Volt angewendet, was zu einem Stromstärkendurchfluss von sieben bis acht Ampere führt.

Tod durch Strom

Bei der Untersuchung einer Leiche sind die wichtigsten Hinweise auf einen Stromtod die Strommarken. Danach muss man suchen, denn diese können an den Fingerspitzen, den Fußsohlen oder sonstigen verborgenen Körperstellen liegen. Diese Markierungen an den Kontaktstellen entstehen durch die Wärmewirkung des Stromes. Sie geben die Form des elektrischen Leiters wieder; das Zentrum ist braunschwarz verkohlt, der Rand porzellanweiß. Von einer Ein- bzw. Austrittsstelle zu sprechen, ist bei Wechselstrom ja sinnlos. Entscheidend für die Aufklärung ist, dass man bereits am Auffindungsort der Leiche an einen Stromtod denken und einen elektrotechnischen Sachverständigen beiziehen muss. Wichtig ist es ferner, am Ereignisort den Stromfluss abzustellen, sonst gibt es weitere Zwischenfälle. Da die Muskulatur durch die elektrische Leitung zusammengekrampft wird, halten die Toten den elektrischen Leiter oft noch fest in der Hand. Es ist gar nicht einfach und beansprucht viel Vorsicht, das Unfallopfer davon wegzubringen.

Die selbst gebastelte Badewanne

Wird eine Leiche in einer Badewanne aufgefunden, so ist die häufigste Todesursache ein Stromtod. Diesen nachzuweisen ist aber gar nicht so einfach.

Ein 42-jähriger Mann hatte sich in das Badezimmer zurückgezogen, um ein Wannenbad zu nehmen. Es geschah in einem neu gebauten Haus, das die Familie zum Großteil selbst errichtet hatte. Wie in solchen Fällen üblich, hatten Freunde und Bekannte dabei geholfen. Als man von dem badenden Mann nach über einer halben Stunde noch immer nichts hörte, wurde Nachschau gehalten. Er lag tot im Wasser. Kein elektrisches Gerät befand sich im Badezimmer, nichts lag im Wasser. Bei der Obduktion zur Klärung der Todesursache fiel an der Ferse des linken Beines ein rundliches, verschorftes Hautareal auf. Es sah aus wie die Druckstelle bei zu engem Schuhwerk. Niemand dachte sich etwas Böses. Am Rücken des Toten fand sich deutlich der Abdruck des Überlaufventils, an dem der Körper des Badenden gelehnt war.

In der Zwischenzeit hatte ein technisch versierter Ermittlungsbeamter das Badezimmer genau untersucht und die entscheidenden Fakten gefunden: Das Haus und auch das Badezimmer waren baulich noch nicht fertig gestellt. Der Fußboden des Badezimmers sollte demnächst mit Fliesen ausgelegt werden; bis dahin gab es nur den Estrich und darauf aufgelegte Matten. Die Elektroinstallationen waren in Eigenregie gelegt worden, ein Stromkabel lief im Fußboden des Badezimmers. Die Badewanne hatte, wie bei alten Modellen üblich, vier tatzenartige Füße. Sie war aus Metall, innen emailliert. Einer der Wannenfüße war in den noch weichen Estrich eingesunken und hatte sich dann durch die

Schwere der Wasserfüllung und des menschlichen Körpers noch tiefer eingegraben. Als sich der Badende wusch, entstanden Schaukelbewegungen, wobei der Metallfuß die unmittelbar darunter liegende Isolierschicht der Stromleitung ankratzte. In diesem Augenblick stand die Badewanne unter Strom. Der Stromkreis vom Metallring des Abflussstutzens bis zur Metallkappe des Überlaufventils wurde durch den Körper des Badenden geschlossen.

Die histologische Untersuchung der beiden Markierungen an der linken Ferse und am Rücken ergab eindeutig Gewebsveränderungen im Sinne von Strommarken. Schließlich konnten in der Herzmuskulatur akute Zerstörungen der Muskelfasern gefunden werden. Der elektrische Strom war auf seinem Weg vom linken Bein zum Rücken direkt durch das Herz geflossen.

Blitzschlag

Blitze sind elektrische Entladungen zwischen Wolken oder zwischen einer Wolke und der Erdoberfläche. Dabei werden gewaltige Energien frei, nämlich 100 Millionen Volt Spannung und 50.000 Ampere Stromstärke.

Ein Drittel aller Blitztreffer sind tödlich. Da man Blitze nicht bestellen kann, kommen nur Unfälle in Frage. Gefährdet sind Personen im Freien, besonders unter Bäumen, aber auch in Lauben oder Gartenhäuschen, in denen keine metallischen Leitungen verlaufen, durch welche die Blitzenergie abgeleitet werden könnte. In Autos oder Traktoren mit Dach schlägt niemals ein Blitz ein, da dieser von der Metallkonstruktion abgeleitet wird.

Der Nachweis eines Blitztodesfalles ist fast unmöglich, wenn keine Spuren hinterlassen wurden. Da kann der Totenbeschauer schon in Verlegenheit kommen! Die berühmten „Blitzfiguren“ – das sind netzartig verzweigte Hautrötungen – entstehen nur bei etwa jedem fünften Getroffenen.

Noch seltener, aber typisch sind schrotschussartige Durchtrennungen von Kleidung und Haut.

Beispiele für charakteristische Situationen bei Todesfällen durch Blitzschlag sind:

- Feldarbeiter suchen Schutz vor einem Gewitter im nahe liegenden Wald. Einer steht unter dem höchsten Baum und lehnt sich mit dem Hinterkopf an den Baumstamm. Ein Blitz schlägt in den Baum ein. In diesem Fall kommt es zu einer großen Verbrennungsstrommarke am Hinterkopf, die elektrische Energie geht direkt durch das Gehirn. Der Mann ist sofort tot.
- Ein Fischer sitzt während eines Gewitters im Boot. Es regnet, daher ist das Innere des Bootes feucht. Ein Blitz trifft den Mann am Kopf, streifenförmige Verbrennungen ziehen sich bis in die Unterschenkel. Sofortiger Tod.
- Unter einem aufgespannten Regenschirm sucht ein Mann Schutz vor einem Gewitter. Die Strommarken zeigen, dass der Blitz den Schirm durchschlagen hat und über den Holzgriff in die Hand und den Arm des Getroffenen geleitet wurde. Weitere Markierungen an Hüfte und Bein lassen den Weg bis zum Boden verfolgen. Im Schirm finden sich mehrere kleine, runde (schussähnliche) Löcher, der Griff ist gespalten. Der Mann wurde tot aufgefunden.

Liebe, Lust und Leidenschaft – Sex mit Todesfolge

Wenn ein halbwegs erwachsener Mensch denkt, genau zu wissen, welche strafrechtlich unerlaubten Möglichkeiten es beim Sex gibt, so irrt er; außer er ist Jurist.

Das österreichische Strafgesetzbuch (StGB) bringt dazu interessante Definitionen:

§201, Vergewaltigung: Eine Person wird mit Gewalt oder Drohung bei schwerer Gefahr für Leib und Leben zur Vornahme oder Duldung des Beischlafes oder einer dem Beischlaf gleichzusetzenden geschlechtlichen Handlung genötigt.

§202, Geschlechtliche Nötigung: Eine Person wird mit Gewalt oder durch gefährliche Drohung zur Vornahme oder Duldung einer geschlechtlichen Handlung genötigt.

§205, Schändung: Außerehelicher Beischlaf oder Unzucht, begangen mit einer Person, die zum Widerstand unfähig ist oder wegen Geisteskrankheit, Schwachsinn, Bewusstseinsstörung oder einer anderen, diesen Zuständen gleichwertigen Störung unfähig ist, die Bedeutung des Vorganges einzusehen.

Diese Paragraphen werfen für den Nicht-Rechtskundigen einige Fragen auf:

- Gehört der Vollzug des Beischlafes zum Tatbestand? Nein, es genügt, wenn das Opfer den Beischlaf vorzunehmen oder zu dulden beginnt.
- Was ist eine geschlechtliche Handlung?

  Handlungen, die zum Geschlechtsleben in Beziehung stehen und von Erheblichkeit sind. Unbedeutende Verstöße fallen nicht darunter.
- Was ist eine dem Beischlaf gleichzusetzende Handlung?

  Das ist gesetzlich nicht definiert, in der Auslegung

> wird davon gesprochen, „wenn zur Vereinigung der Geschlechtsteile lediglich angesetzt wurde, der Geschlechtsakt also versucht worden ist".

Im StGB der Bundesrepublik Deutschland sind die rechtlichen Grundlagen sinngemäß sehr ähnlich formuliert. Der Tatbestand des Beischlafs ist in der BRD schon dann erfüllt, wenn das männliche Glied in den Scheidenvorhof gelangt, d. h. ein Eindringen in die Scheide selbst ist nicht erforderlich. Alle anderen Praktiken wie Anal- oder Oralverkehr oder die Einführung von Gegenständen fallen unter den Begriff „sexuelle Handlungen".

Die Sexualität ist ein ungemein weites Gebiet menschlicher Triebe, Gelüste, Schwächen, Freuden, Abnormitäten, Fehler, psychischer Krankheiten und Delikte. In der Regel wird der Gerichtsmediziner erst gerufen, wenn es Tote gibt. Was sich sonst abspielt, bleibt meist verborgen und privat, außer es kommt zu schweren Misshandlungen und Verletzungen. Zählt man alle Sexualdelikte zusammen, dann ist die Häufigkeit ziemlich groß, die Dunkelziffer sogar enorm.

Warum wird so viel nicht erkannt? Die Mediziner werden mit dieser enorm wichtigen Problematik während ihres Studiums nur am Rande bekannt gemacht.

Der Sexualtrieb wird theoretisch in den Fortpflanzungstrieb und den Begattungstrieb geteilt; das ist realitätsfremd. Der Fortpflanzungstrieb wird durch Kontrazeptiva entschärft und geregelt, der Rest ist Orgasmustrieb.

Sex spielt sich im Gehirn ab und wird – wenn es noch möglich ist – von dort gesteuert. Daher haben sehr viele äußere Einflüsse und Reize eine große Bedeutung. Öfter als man denkt, machen es die Begleitumstände aus, und diese reichen von einfach bis kompliziert: Schuhe, Strümpfe, besondere Unterwäsche, Geruch, Schweiß, bestimmte Worte, Schreien, Zittern, Angst, Gewalt, Abwehr, Fesseln, Würgen, Drosseln usw., ja bis zu Blut, Verletzungen und Tod.

Manche dieser Umstände führen daher zu kriminellen Delikten, und dann ist der Gerichtsmediziner gefordert.

Tod beim Geschlechtsverkehr

Meistens handelt es sich um einen Tod aus natürlicher Ursache, von dem in der weit überwiegenden Mehrzahl Männer betroffen sind. Es sind reifere Männer, die bekanntermaßen bereits krank sind oder aber ihre Krankheit verheimlichen. Manchmal trifft es auch einen gesunden Mann.

- Durch den Blutdruckanstieg während des Aktes erfolgt das Zerplatzen einer Hirnarterie. Das kann niemand wissen oder vorhersehen.
- Die Kreislaufbelastung bringt ein vorgeschädigtes Herz aus dem Rhythmus oder zum Stillstand.

Werden Hilfsmittel oder besondere Praktiken verwendet, steigt die Gefahr an. Einerseits handelt es sich dabei schlicht um körperliche Überanstrengung, andererseits wird es beim Fesseln, Würgen und Knebeln oft mit der Sauerstoffzufuhr knapp. Und dann kann das ganze schöne Spiel arg aus dem Ruder laufen.

Der Tod während des Geschlechtsverkehrs ist – angeblich – sehr selten. „Angeblich" deshalb, weil die Dunkelziffer sehr hoch zu sein scheint. Der überlebende Partner wird kaum daran interessiert sein, dass die näheren Umstände publik gemacht werden. Außerdem: Der Tod erfolgte im Bett, grobe Verletzungen fehlen, kein Totenbeschauarzt wird drängende Fragen stellen, wer gerade was im Bett gemacht hat. Das ist die Situation in der häuslichen Wohnung. Erfolgt der Todesfall jedoch im Motel, Bordell oder Stundenhotel und sind die Partner miteinander nur lose oder überhaupt zum ersten Mal bekannt, muss die Sachlage am Ereignisort anders eingeschätzt werden. Außerdem ist zu bedenken, dass durch eine Totenbeschau allein nicht geklärt werden kann, welche Mittel oder Drogen von den Beteiligten eingenommen wurden.

Lustmord

Die genaue Definition des Lustmords ist schwierig, hat bei der Beurteilung eines solchen Tötungsdeliktes durch das Gericht aber große Bedeutung.

Unter Lustmord im engeren Sinne versteht man die Tatsache, dass eine Befriedigung des Geschlechtstriebes erst durch die Tötung des Partners erlangt wird. Es kann aber auch etwas anders hergehen. Keineswegs jeder „Lustmord" beginnt mit einem Tötungsdelikt. Eine Verweigerung des Geschlechtsverkehrs kann dazu führen, dass Gewalt ausgeübt wird. Wird der Geschlechtsverkehr erzwungen, kann es nötig sein, die Partnerin „mundtot" zu machen. Auch Eifersucht kann Aggressionspotenziale bis zur Tötung auslösen. Sexuell-sadistische Handlungen können ebenfalls mit dem Tod enden. Rechtlich gesehen ist man aber dann schon vom Lustmord weg und bei einer „Körperverletzung mit Todesfolge" angelangt, obwohl diese Handlung nicht minder eine Lustbefriedigung darstellte.

Man sollte daher unterscheiden zwischen

- Lustmord mit absichtlicher und geplanter Tötung; und im Gegensatz dazu
- Sexualmord, wenn nach einem versuchten oder erfolgten Sexualdelikt plötzlich ein Triebmord aus Angst erfolgt.

Für den Gerichtsmediziner ist eine genaueste Befunderhebung wichtig, um zu einer realitätsnahen Rekonstruktion des Vorfalls zu kommen. Die häufigste Rechtfertigung des Täters ist es ja, das Opfer sei während eines im Einverständnis erfolgten Geschlechtsverkehrs plötzlich verstorben. Liegen Wunden vor, so wird argumentiert, der Täter habe in erster Panik und Verwirrung die Tote bereits beseitigen wollen. Dies wäre dann natürlich kein Tötungsdelikt: Auf eine bereits verstorbene Person einzustechen, ist bestenfalls Störung der Totenruhe, aber kein Mord.

Es ist also vordringliche Aufgabe der Gerichtsmedizin, die gewaltsame Tötung zu beweisen. Das beginnt am Ereignisort, wo bereits die Foto- und Videodokumentation einsetzen muss. Da dieser Ereignisort in einer Wohnung mit mehreren Räumen, in einem Einzelzimmer oder im freien Gelände liegen kann, ist ein nicht unbeträchtlicher Einsatz von Personen und Material notwendig. Der einsame „Schnüffler“ aus den Kriminalfilmen hat hier keine Chance und nichts verloren.

Die wichtigsten Ermittlungsziele sind:

- Unveränderte Lage der Leiche: Typisch ist, dass der Täter sein Opfer halb bekleidet und mit gespreizten Beinen zurücklässt. Manchmal werden sogar bestimmte Posen arrangiert, mit denen ein Zeichen gesetzt werden soll.
- Abwehrverletzungen des Opfers: Ein wichtiger Punkt, um der Aussage der Freiwilligkeit entgegenzutreten. Blutergüsse an den Oberarmen (vom Festhalten), an den Innenseiten der Oberschenkel (vom gewaltsamen Vordringen in die Genitalregion), Kratzspuren im Gesicht (vom Zuhalten von Mund und Nase), Verletzungen an den Händen (im Rahmen der Abwehr) sind eindeutige Beweise einer Gewalteinwirkung.
- Tatmerkmale: Drosselfurchen oder Würgespuren am Hals (einfachste Methode, um jemanden in einer Sexsituation umzubringen), Schlagverletzungen, Bissverletzungen (vor allem an den Brüsten), Kratzspuren an Bauchhaut und Oberschenkeln (vom Ausziehen oder Herabstreifen der Unterbekleidung).
- Sicherstellung und Untersuchung der Kleidung: Wo

liegt dieselbe? Ist sie verschmutzt, zerrissen, mit Blut und Sperma kontaminiert? Manchmal ist ein abgerissener Knopf der erste und einzige Hinweis auf ein Gewaltverbrechen.

- Spurensicherung: Alle Kleidungsstücke müssen gesichert werden, denn der Täter hat mit Sicherheit Faserspuren auf sich selbst übertragen. Alle Blutspuren müssen untersucht werden, denn häufig hat auch der Täter Verletzungen erlitten; das Gleiche gilt für Speichelspuren. Die wichtigste Maßnahme ist die Sicherstellung und Lagedokumentation von Spermaspuren. Vielfach werden bei ermordeten Frauen in der Scheide keine Spermien nachgewiesen, da der Orgasmus beim bekleideten Täter eingetreten ist.

- Dokumentation extravaganter Situationen: Aufschneiden des Bauches, Abschneiden der Brüste, Herausnehmen von inneren Organen, Verstümmelung des Genitales, Pfählungsverletzungen in Scheide oder After.

Erst die Obduktion wird die genaue Todesursache und eventuell auch die zeitliche Abfolge der verschiedenen Gewalteinwirkungen feststellen lassen.

Die Zahl der Sexualdelikte an Kindern – häufiger an Mädchen als an Knaben – ist im Steigen begriffen; allerdings ist die Dunkelziffer der sexuellen Handlungen mit Knaben enorm. Ans Tageslicht kommen eigentlich nur Anzeigen von Eltern(teilen) sowie Anzeigen im Falle des Verschwindens von Kindern, deren Leichen dann irgendwo und irgendwann gefunden werden. Solches müssen wir leider fast täglich aus den Medien erfahren. Das ist aber nur die Spitze des Eisberges.

Autoerotische Zwischenfälle

Autoerotische bzw. autosexuelle Betätigung geht oft über die einfache manuelle Selbstbefriedigung hinaus. Es werden Situationen geschaffen, die dem Betroffenen besondere Lust und Befriedigung bringen. Mit Sicherheit werden die meisten Handlungen dieser Art überlebt, sodass über die Häufigkeit keinerlei Anaben möglich sind. Gezählt werden können lediglich die Todesfälle. Aus den USA wird berichtet, dass jährlich mehr als 1.000 Männer und 10 bis 20 Frauen bei autoerotischer Betätigung sterben. In Mitteleuropa scheint die Gesamthäufigkeit jährlich bei zwei Fällen pro einer Million Einwohner zu liegen.

Das bedeutet für Österreich etwa 16 und für Deutschland etwa 160 autosexuell ausgelöste Todesfälle pro Jahr. Wahrscheinlich sind es mehr, denn die Angehörigen versuchen solche Ereignisse natürlich zu vertuschen und als Unfälle oder einfache Selbstmorde zu erklären. Betroffen sind alle Altersgruppen und Bildungsstufen ab der Pubertät, Frauen sind die Ausnahme.

Für den erfahrenen Gerichtsmediziner ist die Situation am Auffindungsort der Leiche dermaßen charakteristisch, dass keine Zweifel oder Unklarheiten bestehen.

- Ort: Privatwohnung, von innen verschlossenes Schlafzimmer, Badezimmer, Kinderzimmer, Dachboden, ein Hobby- oder Kellerraum. Wenn im Freien, dann versteckt und den Blicken Fremder unzugänglich.
- Bekleidung: (Bei Männern) oft weibliche Wäsche, auch Leder oder Gummi, häufig Fetischismus, wie z. B. Stöckelschuhe, Damenstrümpfe.
- Genitalien: Unterkörper entblößt, fast immer Zeichen einer Ejakulation.
- Vorrichtungen zur Erzeugung von Sauerstoffmangel: Schlinge um den Hals, Plastikbeutel über den Kopf.

- Mechanismen zur Selbstrettung: Der Betreffende wollte sich Lust verschaffen, aber nicht sterben.
- Spiegel zur Selbstbeobachtung, eventuell Videoinstallation.

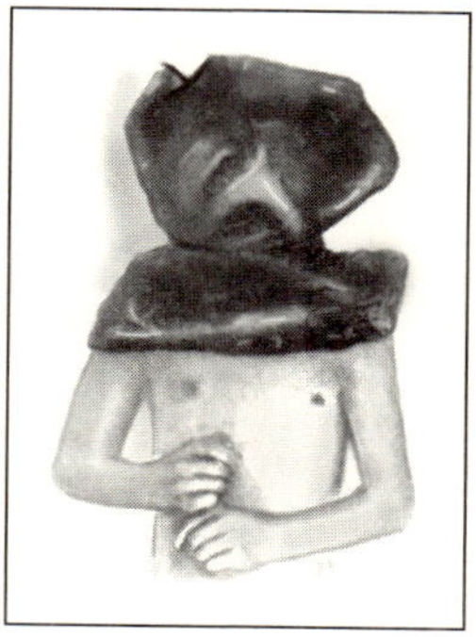

Manchmal werden die kompliziertesten Apparate zusammengestellt, weshalb Störungen und Unfälle nicht auszuschließen sind. Es handelt sich eigentlich um Betriebsunfälle bei komplizierten sexuellen Betätigungen ohne Sexualpartner. Dies geht meistens so vor sich, dass der Rettungsmechanismus entweder versagt oder nicht mehr ausgelöst werden kann. Die geläufigen Todesursachen bei autoerotischen Unfällen sind Strangulation, Ersticken, Tod durch elektrischen Strom und Vergiftungen mit Substanzen zur Rauscherzeugung oder sexuellen Stimulation.

Strangulation mit sexueller Maskerade

Eine 48-jährige, allein lebende Frau wurde in ihrer Wohnung an einem Türstock hängend tot aufgefunden. Am Kopf trug sie ein turbanartig geflochtenes Handtuch, die Augen waren mittels eines Stoffstreifens verbunden, der am Hinterkopf verknotet war. Im Mund steckte ein Knebel, durch ein zirkulär geschwungenes Seidentuch mit orientalischem Muster fixiert. Am Körper trug sie ein nach oben geschobenes Baumwolltop und ein knapp sitzendes, dreieckiges Höschen. Das Wesentliche war eine komplizierte Schlingenführung und Verknotung. Es handelte sich um einen zart geflochtenen, fingerdicken Strick, der etwa in Nabelhöhe gürtelartig quer um die Mitte des Leibes lief, dann straff zwischen den Beinen und exakt zwischen den Schamlippen durchgezogen war. Dieser Strick verlief an der Vorderseite des Körpers hinauf und war in einer Achterschleife um die nackten Brüste geschlungen. Letztlich bildete der Strick noch eine Strangulationsschlinge am Hals. Von dort verlief er zu einem Haken am Querbalken des Türstockes und war schließlich an der Türschnalle festgebunden.

Der Mechanismus funktionierte folgendermaßen: Wenn die Frau die Türschnalle nach unten drückte, spannte sich das Seil vor allem um ihren Hals und zwischen ihren Beinen an. Es entstand also ein mechanischer Reiz am äußeren Genital, und man konnte sich gut vorstellen, dass derselbe durch schaukelnde Körperbewegungen gesteigert wurde. Gleichzeitig schloss sich aber auch die Schlinge um den Hals fester zu, es war ein ganz einfacher Strangulationsakt. Dabei dürfte der Zwischenfall passiert sein, denn als Todesursache wurde lediglich eine Strangulationsfurche am Hals gefunden. Aufschlussreich war ein Tagebuch: Die Frau fantasierte von einem orientalischen Harem, wo sie mit verbundenen Augen und gefesselt einem Sultan oder Scheich ausgeliefert war.

Tödliches Gift

Man sollte es nicht für möglich halten, aber es existieren keine amtlichen, und schon gar keine zuverlässigen Angaben über die Häufigkeit von Vergiftungen. Schätzungen kommen zu folgenden Ergebnissen:

- Bundesrepublik Deutschland:
  200.000 bis 300.000 akute Vergiftungen pro Jahr,
  6.000 Todesfälle durch Vergiftungen pro Jahr
- Österreich:
  20.000 bis 30.000 akute Vergiftungen pro Jahr,
  600 Todesfälle durch Vergiftungen pro Jahr.

Nirgends ist die Dunkelziffer so hoch wie bei den Vergiftungen. Außerdem ist völlig ungeklärt, wie weit in diese geschätzten Zahlen gewerbliche Vergiftungen und Medikamentenvergiftungen hineinspielen. Man muss ja berücksichtigen, dass eine Vergiftung auf den verschiedensten Wegen und mit unterschiedlichsten Absichten erfolgen kann.

Vergiftungen lassen sich folgendermaßen einteilen:

- Geplante, vorsätzliche Vergiftungen durch fremde Hand:
  - Giftmord, wenn der Betroffene stirbt.
  - Gesundheitsschädigung, wenn der Betroffene nur erkrankt.
- Absichtliche Vergiftungen durch Selbstbeibringung:
  - Selbstmord.
  - Gesundheitsschädigung; hierher gehören Drogen und Sucht.
- Unabsichtliche Vergiftungen durch fremde oder eigene Hand, fahrlässig, zufällig oder aufgrund der Außerachtlassung von Sicherheitsmaßnahmen:

- Gewerblich-berufliche Vergiftungen.
- Haushaltsvergiftungen durch Verwechslung, Sorglosigkeit oder defekte Apparate.
- Kinder gelangen an giftige Substanzen.
- Medizinische Vergiftungen, d. h. Schädigungen durch Arzneimittel. Grund dafür kann eine fehlerhafte Maßnahme des Arztes (falsche Rezeptierung, falsche Dosierung, Narkosezwischenfall) bzw. des ärztlichen Hilfspersonals oder eine fehlerhafte Anwendung durch den Patienten sein.

Bei den Vergiftungen handelt es sich zu etwa zwei Drittel um Selbstmorde und zu einem Drittel um unabsichtliche Vergiftungen. Erkannte Giftmorde sind sehr selten, die Dunkelziffer ist auch hier nicht einmal abschätzbar. Bei überlebten Vergiftungen stehen an erster Stelle solche mit Medikamenten oder Haushaltsmitteln.

Gift ist eine Substanz, die schon in geringen Mengen auf chemischem Weg gesundheitsschädlich oder tödlich wirkt. Daher fallen auch „Krankheitsgifte“ wie etwa Bakterientoxine, in diese Definition (z. B. Lebensmittelvergiftung). Desgleichen sind Alkohol und Zigarettenrauch, bestimmte Medikamente und viele Industriestoffe Gifte.

Er spielte Fußball wie kein Zweiter

Einer der besten österreichischen Fußballer aller Zeiten und der populärste Spieler in den 30er-Jahren des 20. Jahrhunderts war der Wiener Matthias Sindelar, ein Sportidol. Als sich seine Karriere dem Ende näherte – er war 35 Jahre alt –, eröffnete er ein Kaffeehaus.

Am Sonntag, dem 22. Januar 1939, traf er sich mit der 40-jährigen, geschiedenen Camilla Castagnola, einer Gelegenheitsprostituierten, in deren Wohnung. Als sich am Montagvormittag in der Wohnung nichts rührte, brach die Polizei die Türe auf. Beide lagen im Bett, Matthias Sindelar tot, die Castagnola tief bewusstlos. Sie starb am nächsten Tag im Krankenhaus.

In den Zeitungen wurden die wildesten Spekulationen kolportiert. War es ein Doppelselbstmord, ein zweites Mayerling? Oder wurden sie vergiftet? Vielleicht ein offener Gashahn? Was war in der Kognakflasche, die auf demTisch stand?

Die Obduktion im Wiener Gerichtsmedizinischen Institut brachte Klarheit: Tod infolge Kohlenoxidgasvergiftung. Ein Rauchfangkehrer und die Spezialisten der Feuerwehr untersuchten die Wohnung. Ein schadhafter Ofen bzw. ein ebensolcher Kamin hatten Rauchgas freigesetzt. Die Ermittlungen ergaben ferner, dass die Bewohner einer Nachbarwohnung schon Tage zuvor unter unerklärlichen Kopfschmerzen sowie Übelkeit gelitten hatten. Es konnte eindeutig rekonstruiert werden, dass Sindelar und die Frau, nach einem Geschlechtsverkehr tief schlafend, Opfer einer Rauchgasvergiftung wurden.

Eine eifersüchtige medizinische Assistentin

Am Pathologischen Institut eines großen Krankenhauses war es üblich, im Aufenthaltsraum des Personals jeden Nachmittag zu einer Kaffeejause zusammenzukommen. Junge Ärzte, junge medizinisch-technische Assistentinnen aus den verschiedenen Labors, einige ältere Oberärzte, manchmal auch die Laborleiterinnen. Es ging meistens sehr lustig zu, manche Paare kamen sich auch persönlich näher. Beziehungen entstanden und wurden wieder beendet. Zum Kaffee gab es Kuchen, Konfitüre, einfache Butterbrote, Käse, Wurst und anderes.

Eines Tages fehlte bei der morgendlichen Diensteinteilung der 34-jährige Oberarzt Albert W., ein kraftstrotzender, immer braun gebrannter, immer gesunder „schöner“ Mann. Die Nachfrage ergab, dass er in der Nacht mit einem Kreislaufkollaps in das Krankenhaus eingeliefert worden sei. Zuvor hatte er einen Fieberschub sowie eine böse Attacke von Brechdurchfall gehabt. Niemand konnte sich diesen Krankheitsausbruch erklären. Der Chef, dem als Pathologe nichts Menschliches fremd war, ordnete sofort an, sämtliche vom Vortag im Aufenthaltsraum zurückgebliebenen Speisereste bakteriologisch zu untersuchen, desgleichen das erbrochene Material des Patienten.

Die Aufklärung des Falles erfolgte rasch: Eine unglücklich verliebte medizinisch-technische Assistentin aus der bakteriologischen Abteilung hatte dem Oberarzt aus Eifersucht eine Laboratoriumskultur von Typhuserregern auf das Butterbrot geschmiert. Die Giftstoffe der Bakterien hatten nach sechs Stunden prompt gewirkt. Nur mit Mühe konnte der Arzt gerettet werden.

Wann besteht der Verdacht einer Vergiftung?

Lassen sich bei der Totenbeschau weder Hinweise auf einen natürlichen Tod noch Anhaltspunkte für einen Tod aus natürlicher Ursache finden, so muss man stets an eine Vergiftung denken. Das hat jedoch Konsequenzen. Es ist umgehend eine gerichtsmedizinische Obduktion durchzuführen, wobei die entsprechenden Proben zur toxikologischen Untersuchung möglichst rasch entnommen werden sollten.

Zahlreiche Gifte rufen beim noch Lebenden keine charakteristischen Symptome hervor. Wer nicht in jedem Zweifelsfall auch an eine Vergiftung denkt, wird sie übersehen.

Die äußeren Umstände am Leichenfundort können Hinweise beinhalten:

- Auffälliger Geruch: Allgemein bekannt ist der Geruch nach Leuchtgas bzw. bitteren Mandeln bei Blausäurevergiftungen. Gasspürgeräte für diverse (meist gewerbliche) Gifte sind einsatzbereit, allerdings teuer. Nicht außer Acht gelassen werden darf ein Alkoholgeruch, denn Alkohol allein ist leider ein Gift, und Mischungen mit Alkohol sind häufig.

- Farbe der Leiche und der Totenflecken: hellrot bei Kohlenmonoxidvergiftungen, braunrot bei Nitraten, Anilin, Chlorat und anderen chemischen Verbindungen. Allgemeine Gelbfärbung bei Lebergiften, z. B. Pilzvergiftungen.
- Injektionseinstichstellen: Zu beachten ist, ob es sich um Orte handelt, die von der betroffenen Person selbst erreicht werden konnten, oder ob eine Einwirkung durch fremde Hand vorliegt.
- Gläser, Spritzen und Verpackungen: Leere oder teilweise gefüllte Tablettenröhrchen und Schachteln müssen sichergestellt und der Inhalt muss analysiert werden. Es muss keineswegs immer auch das drinnen sein, was außen auf der Packung steht. Medikamentenschränke und Verstecke müssen untersucht werden. Die Rückstände in Gläsern und angebrochenen Flaschen sind zu analysieren, desgleichen Lebensmittel.
- Giftverschleierung: Geschmack und Schutzfarbe von Giften werden häufig durch stark gewürzte Nahrungsmittel oder intensiv schmeckende Getränke überdeckt.
- Verwechslung von Flaschen: Das kann immer vorkommen, insbesondere bei Todesfällen von Kindern ist daran zu denken.
- Die Tatsache, dass manche Gifte eine besondere Verengung der Pupillen bewirken (z. B. Morphin), andere dagegen die Pupillen erweitern (z. B. Kokain), ist bei Todesfällen wenig hilfreich, da sich die Weite der Pupillen mit dem Eintreten bzw. dem nachfolgenden Lösen der Totenstarre verändert.
- Beruf des Verstorbenen oder des vermeintlichen Täters: Es ist immer nachzuforschen, ob überhaupt die

praktische Möglichkeit bestand, an Giftstoffe heranzukommen. Da hat beispielsweise ein Apotheker ganz andere Möglichkeiten als ein Buchhalter. Nicht zu vergessen ist der Bekanntenkreis. Eine Krankenschwester als Freundin, ein Drogist als Freund können bei der Beschaffung nützlich sein.

Der Gift-Likör des Max Gufler

Max Gufler wurde am 10. Oktober 1910 als außereheliches Kind in Tirol geboren. Seine Jugend verbrachte er in Meran, 1933 kehrte er nach Österreich zurück. Inzwischen war er sechsmal wegen Diebstahl vorbestraft.

Er versuchte sich in verschiedenen Berufen, so als Gärtner, Friseur, Zeitungswerber, Fabrikarbeiter und in einem Wehrmachtslazarett.

Seine Erfolge bei Frauen waren erstaunlich, aber irgendwie verständlich. Anscheinend war er genau jener Typ, den Frauen reiferen Alters nach anderen Enttäuschungen suchten: klein, rundlich, mit Tiroler Dialekt und treuherzigem Blick.

Er gab Heiratsannoncen in Zeitungen auf und erhielt reichlich Antwort. Aber das war in der Nachkriegszeit kein Wunder. Niemand bemerkte die kriminelle Energie dieses Mannes, die sich in folgenden Ereignissen äußerte.

1. Akt: Der Überfall, quasi eine Fingerübung

Am 24. Dezember 1951 wird der Juwelier Karl Kovaricek in seinem Geschäft in Wien von einem Unbekannten überfallen. Wie sich erst zehn Jahre später herausstellte, war es Max Gufler. Er schoss dem Juwelier mit der Pistole in den Hals und räumte dann das Lager aus. Kovaricek überlebte und konnte später Gufler persönlich als Täter identifizieren.

- Die Erste: Auguste Lindebner, sechs Jahre älter als Gufler, war Inhaberin des Zeitschriftenkiosks am Bahnhof Schwaz in Tirol. Im März 1951 meldete sich Gufler offiziell als bei dieser Frau wohnhaft an. Am 16. April 1952 wurde sie tot aufgefunden. Ein Totenschein wurde ausgestellt. Kriminalistische Erhebungen gab es keine. Bei der gerichtsmedizinischen Untersuchung nach der sieben Jahre später erfolgenden Exhumierung wurde eine Schlafmittelvergiftung durch Somnifen festgestellt. Dieses Somnifen enthält eine Mischung aus zwei Barbitursäurepräparaten und wurde durch Max Gufler berühmt; er verübte alle seine Morde, die man ihm nachweisen konnte, mit diesem Mittel. Wie er so große Mengen Somnifen gelangte, wurde nie restlos geklärt.

  Reines Somnifen schmeckt bitter, und Gufler versah es daher mit Geschmackskorrigenzien: Anis und Fenchel. Überdies mischte er das Mittel mit einem Likör, den er seinem Opfer anbot. Ein großer Schluck, etwa 25 Milliliter, sind absolut tödlich, denn Somnifen enthält Veronal, eines der stärksten Barbiturate. Gufler gab an, das Mittel im Wehrmachtslazarett kennen gelernt zu haben; später sei es ihm von Ärzten verschrieben worden. Beim Tod von Auguste Lindebner konnte man ihm jedoch nichts nachweisen.

  Gufler verließ Tirol und nistete sich bei einer Trafikantin in St. Pölten, Niederösterreich, ein.

- Die Zweite: Am 27. März 1952 wird die als abgängig gemeldete Prostituierte Emilie Meystrzik in ihrer Wohnung im 2. Wiener Gemeindebezirk, Novaragasse, tot aufgefunden. Sie wurde mit einem Schal erdrosselt. Es fehlen Schmuck, Bargeld, Mäntel, Teppiche, ein Radioapparat und diverse andere Gegenstände. Der Täter wurde nicht gefunden, der Fall geriet in Vergessenheit. Erst acht Jahre später fand man Teile des Diebesgutes bei Max Gufler. Nach Exhumierung des Leichnams von Meystrzik konnten die Gerichtschemiker die Schlafmittelsubstanzen des Somnifen nachweisen. Max Gufler hatte die Frau durch das Getränk betäubt und dann erdrosselt. Er sei ein Fabrikant aus Deutschland und anlässlich einer Frühjahrsmesse nach Wien gekommen – das hatte er der Frau damals erzählt, sonst hätte sie ihn nie in ihre Privatwohnung gelassen.

- Die Dritte: Am 3. Juni 1958 rollt Max Gufler die Leiche der 45-jährige Josefine Kamleitner bei einem Steinbruch in der Nähe von Rossatz in der Wachau in die Donau. (Noch heute zeigen Einheimische die zur Touristenattraktion gewordene Stelle.) Einige Tage später wird der Leichnam bei Tulln, etwa 60 km stromabwärts, angeschwemmt. Gufler hatte der Frau – wie sich später herausstellte – eine Eheschließung in Aussicht gestellt und deren gesamte Ersparnisse an sich gebracht; auch die Wohnung räumte er komplett aus. In der Küche wurden große Mengen Somnifer gefunden.

- Die Vierte: Am 25. Oktober 1958 erhält der geschiedene Mann der 50-jährigen Maria Robas in Villach, Kärnten, ein Schreiben aus Deutschland, dass seine ehemalige Frau bei einem Autounfall tödlich verunglückt sei. Er tut das einzig Vernünftige und alarmiert die Polizei mit der Bitte um Aufklärung, was eigentlich passiert sei. Die Ermittlungen ergeben keinerlei Hinweis auf einen Verkehrsunfall einer Frau dieses Namens, jedoch die erstaunliche Tatsache, dass Maria Robas im Laufe des Septembers alle ihre Konten aufgelöst und auch ihre Wohnung geräumt hat. Sie war dabei jeweils in Begleitung eines unbekannten Mannes. Am 2. Oktober kommt dieser Mann allein mit einer Inkassovollmacht, um sich ein von der Frau gewährtes Darlehen zurückzahlen zu lassen. Dieses ist jedoch beim Gläubiger grundbücherlich eingetragen, weshalb der Mann ein Personaldokument hinterlegen muss. Max Gufler übergibt den Zulassungsschein für sein Auto; damit werden sein Name und seine Wohnadresse in St. Pölten amtlich bekannt. Aber wo ist Maria Robas? Die Nachforschungen der Polizei werden auf alle Leichenfunde der letzten Zeit ausgedehnt. Dabei kommt zutage, dass eine nicht identifizierte Frau am 22. September in einem Bach bei Pernegg in der Steiermark gefunden wurde. Anhand der Gebissprothese wird Maria Robas identifiziert, die Obduktion ergibt den Nachweis von Somnifen. Jetzt erst wurde nach Max gefahndet.

- Die Fünfte: Am 16. Oktober fährt Gufler mit der 48 Jahre alten Juliane Nahs aus Fohnsdorf in der Steiermark nach Niederösterreich. Er hat die Frau durch ein Zeitungsinserat kennen gelernt und ihr eine Anstellung bei einem Buchverlag in Wien versprochen. Sie machen einen kleinen Umweg durch die Wachau, wo Gufler ihr seinen Speziallikör anbietet. Kurze Zeit später versinkt die Vergiftete bei einem bekannten Steinbruch in der Donau. Ihre Leiche wurde nie gefunden. Gufler kehrt nach Fohnsdorf zurück, räumt die Wohnung von Juliane Nahs und sagt zu Bekannten: „Sie kommt nicht wieder!" Anschließend fährt er nach München und schreibt von dort aus einen Brief an den Exmann von Maria Robas. Das ist sein entscheidender Fehler. Der Zweck dieses Briefes konnte nie geklärt werden, aber gerade dieses Schreiben führte auf seine Spur.

Am 31. Oktober 1958 wurde Max Gufler in St. Pölten verhaftet. Im Zuge der Vernehmung konnte noch ermittelt werden, dass er am 24. Oktober 1957 den Schmuckvertreter Richard Wagner in seinem Auto mitgenommen und auf der Fahrt von Neunkirchen nach Tulln betäubt und ausgeraubt hatte.

3. Akt: Kein Gericht will Max Gufler

Die Justiz ist manchmal im Zuständigkeitswirrwarr für makabre Heiterkeit gut. So geschah es auch im Fall des Max Gufler, da eigentlich kein Gericht diese komplizierte Angelegenheit übernehmen wollte. Man kann es auch als Justizsatire sehen. Zu Beginn wurde das Landesgericht Klagenfurt mit diesem Fall befasst, da das Verschwinden von Maria Robas (das den Fall ins Rollen brachte) eine Kärntner Angelegenheit war. Von dort wurde der Akt jedoch an das Kreisgericht Leoben in der Steiermark weitergeleitet, da die Leiche von Maria Robas in der Steiermark entdeckt worden war. In Leoben erklärte man jedoch, der Raub an Richard Wagner habe allen Anschein nach früher stattgefunden, und schickte den Akt nach Niederösterreich. Dort konnte aber ebenfalls kein Gericht gefunden werden, da Gufler nach Stand der Ermittlungen Richard Wagner in der Neunkirchner Allee mit seinem Likör betäubt – das wäre Gerichtszuständigkeit Wiener Neustadt –, ihn aber erst im Tullnerfeld beraubt hätte – das wäre Gerichtszuständigkeit St. Pölten. Schließlich landeten die Akten beim Landesgericht für Strafsachen in Wien, da sich der Überfall auf den Juwelier Kovaricek und der Mord an Emilie Meystrzik in Wien ereignet hatten. Dort wurde am 10. April 1961, zweieinhalb Jahre nach der Verhaftung, der Prozess gegen Max Gufler eröffnet. Urteil: Lebenslanger, schwerer Kerker.

Max Gufler starb am 9. August 1966 im Gefängnis an Magenkrebs.

Was ist für einen chemischen Giftstoffnachweis erforderlich?

In der Zeitspanne vom Eintritt des Todes bis zur Leichenöffnung kommt es oft zu bedeutenden Verlusten oder Umverteilungen der zu suchenden Substanzen. Die Proteinentnahmen müssen daher standardisiert von bestimmten Orten und Geweben und in ausreichender Menge erfolgen.

Für die sinnvolle Suche nach Gift sind zahlreiche Gewebsproben aus der Leiche notwendig: Blut (aus dem Herzen sowie aus einer großen Vene), Harn (aus der Harnblase), Mageninhalt, Dünn- und Dickdarminhalt, Leber, Gallenflüssigkeit, Gehirn und Niere. Richtet sich der Verdacht auf bestimmte Gifte, so müssen die speziell betroffenen Organe sichergestellt werden. Bei Schwermetallvergiftungen benötigt man Haare, Knochen und Fingernägel, bei Atemgiften vor allem Lungengewebsstücke.

Nicht selten wird ein Vergiftungsverdacht erst nach der Bestattung geäußert, wobei dann eine Exhumierung notwendig wird. Dazu sollte man wissen, dass aussagekräftige Befunde noch nach mehreren Jahren erhoben werden können. Nur nach einer Leichenverbrennung ist alles vernichtet. Bei einer Exhumierung müssen unbedingt Vergleichsproben vom Sargmaterial (Holz, Kissen, Sägespäne) und aus der umgebenden Erde untersucht werden. Es besteht ja immer die Möglichkeit, dass Substanzen bei entsprechender Feuchtigkeit aus dem Körper ausgeschwemmt oder auch aus der Umgebung eingeschwemmt werden. Auch eine neutrale Erdprobe abseits des Grabes sollte untersucht werden.

Zwei Gesichtspunkte sind allerdings zu beachten:

- Eine toxikologische Untersuchung ist aufwändig und teuer; eine chemische Analyse kann nicht schon am nächsten Tag ein Ergebnis bringen. Je gezielter der Verdacht und die Fragestellung sind, desto genauer und rascher kann die Untersuchung erfolgen.

- Es gibt kein Gift, das sich nicht nachweisen ließe – schlechte Aussichten für Giftmörder!

Das Wichtigste für den Nachweis einer Vergiftung ist ein erfahrener Obduzent. Dieser muss mit seinem diagnostischen Blick und in Kenntnis der Todesumstände den Verdacht äußern und die richtigen Materialien für eine chemische Untersuchung sicherstellen. Macht er dabei einen Fehler, sind später alle Künste der Laborchemie umsonst.

Ein hartnäckiges Gerücht

Ein 35-jähriger Musiker ist bei bestem Appetit und bester Laune; er komponiert fleißig. In zahlreichen Briefen schreibt er, wie gut es ihm geht. Diese Briefe verfasst er zwei Monate vor seinem Tod. Natürlich ist er überarbeitet, aber auch sein Lebensstil ist alles andere als gesundheitsfördernd. Ein Familienangehöriger schrieb später über ihn: „Das beständige Sitzen, das Arbeiten in die späte Nacht, die Geistesanstrengung [...] musste seinem Körper an sich schon schaden, seine geistige Tätigkeit konnte nur auf Kosten seiner körperlichen bestehen [...] Man weiß, wie manchen Morgen er verchampagnerte, wie manche Nacht er verpunschte und nach Mitternacht gleich wieder an die Arbeit ging, ohne die mindeste Erholung seinem Körper zu gönnen. Ich frage hier jeden Arzt, was die Folgen einer solchen Lebensart sind? [...] seine Kräfte waren aufgerieben.“

Doch dann wurde der Musiker ernsthaft krank. Er bekam Fieber und einen Hautausschlag. Es dauerte 15 Tage, dann war er tot. Das Ergebnis der Totenbeschau: „Die genaue Besichtigung der Leiche zeigte nichts Außergewöhnliches.“ Die besten Ärzte der Stadt hatten den Patienten behandelt. Sie hatten eine zur damaligen Zeit grassierende Infektionskrankheit diagnostiziert, die therapeutischen Möglichkeiten aber waren sehr beschränkt und erfolglos. Da der junge Mann ein berühmter Künstler war, wurde sein

Sterben auch in den Zeitungen gemeldet. Sieben Tage nach seinem Tod stand im Berliner Musikalischen Wochenblatt: „Weil sein Körper nach dem Tode schwoll, glaubte man gar, dass er vergiftet worden ..."

Nach dieser Meldung brodelte die Gerüchteküche derart heftig, dass es sogar noch heute Personen gibt, die überzeugt sind, Wolfgang Amadé Mozart sei am 5. Dezember 1791 an einer Vergiftung gestorben. Angenommen wird eine Quecksilbervergiftung. Das kann aber nicht stimmen, denn dann hätten charakteristische Symptome auftreten müssen: ein Fingertremor, d. h. ein Zittern, das am Schriftbild deutlich erkennbar wird. Aber das war bei Mozart nicht der Fall: Seine letzten Aufzeichnungen zeigen keinerlei Veränderung der Schrift.

Eine Quecksilbervergiftung war zur damaligen Zeit nicht selten. Dr. Closset selbst, einer der behandelnden Ärzte Mozarts, schrieb in einer seiner Schriften von Quecksilberüberdosierungen bei der Behandlung der Syphilis – er kannte das Bild der Vergiftung somit gut. Dr. Sallaba, Primararzt am Wiener Allgemeinen Krankenhaus und gleichfalls mit Mozarts Krankheit befasst, interessierte sich ebenfalls für Vergiftungen und regte sogar einen Lehrstuhl für Gerichtsmedizin an. Beiden Ärzten wäre eine Vergiftung Mozarts nicht entgangen. Außerdem ist es kaum denkbar, dass Mozart einen etwaigen Verdacht nicht auch den Ärzten mitgeteilt hätte. Auch aus der Sicht der modernen Medizin passt das klinische Bild einer Quecksilbervergiftung absolut nicht zur Krankheit Mozarts.

Ein Kriminalist hat zudem immer der Frage nach einem Tatmotiv nachzugehen. Wer hatte ein berechtigtes Interesse daran Mozart zu töten? Als Antwort auf diese Frage nennen die Anhänger der Vergiftungshypothese den „Rivalen“ Salieri bzw. die Freimaurer.

Gegen eine ernsthafte berufliche Feindschaft Salieris spricht, dass dieser zur damaligen Zeit der weitaus erfolgreichere Komponist war und sowohl bei Hof als auch beim Publikum in wesentlich höherer Gunst stand als Mozart. Er bekleidete eine besser bezahlte und viel angesehenere Position, sodass der in den Jahren zuvor in Wien eher erfolglose Mozart für ihn kein ernsthafter Konkurrent war. Salieri hatte keinerlei Veranlassung, finanziell auf Mozart eifersüchtig zu sein, und hätte auch keinerlei Vorteil von seiner Ermordung gehabt. Darüber hinaus waren die Beziehungen zwischen den beiden Musikern korrekt und gegen Ende sogar recht gut. Es ist auch in keiner Weise dokumentarisch belegt, dass Salieri – wie immer wieder behauptet wird – wirklich des Mordes an Mozart bezichtigt wurde.

Was die Freimaurer betrifft, wird ihnen von mancher Seite vorgeworfen, sie hätten Mozart getötet, weil er in der „Zauberflöte“ maurerische Geheimnisse verraten haben soll. Abgesehen davon, dass ein solches Verbrechen den humanitären Grundideen des Freimaurerbundes völlig widerspricht, wäre dies sinnlos gewesen, weil das Ritual der Freimaurer durch eine Reihe von Büchern und Denkschriften schon damals bekannt war. Außerdem hätte dann auch

Schikaneder getötet worden sein müssen, der als Verfasser des Librettos gleichermaßen verantwortlich für die „Zauberflöte" und deren Inhalt war. Mozart vertonte ja nur den Text eines anderen und konnte somit gar nichts verraten. Schikaneder starb 1812 im Alter von 61 Jahren. Niemand hat ihm je nach dem Leben getrachtet. Die Freimaurer haben mit dem Tod Mozarts nichts zu tun.

Nur eine völlige Ignoranz der medizinischen Aspekte einer Quecksilbervergiftung sowie ein Nichtbeachten der kriminalistischen Fragestellungen konnten den Glauben an die eindeutig widerlegte Giftmordlegende aufrechthalten. Dabei hat schon der Biograf Nissen 1828 die Zusammenhänge richtig gestellt: „Die Krankheits-Geschichte Mozart's beweist Nichts für eine Vergiftung. Sollte er durch Gift geopfert werden, so musste dies auf zwey Wegen geschehen: schnell oder langsam. Schnell ist es nicht geschehen; und langsam vergiftet, hätte er ganz andere Zufälle haben müssen.

Mozart hatte zwar, wie jeder große Künstler, eine Menge Feinde, zumal unter den italienischen Operisten, die freylich gewahren mussten, dass mit Mozart's Emporkeimen ihr welscher Singsang zu Grabe gehen werde. Man weiss, welche Mühe sie sich gaben, den Figaro zu verhunzen ... Allein, wollten sie Mozart aus dem Wege räumen, so durften sie nicht so lange warten ..."

Bleivergiftete Donau-Fische

Eine Sensationsmeldung lief in den Jahren 2000 und 2001 durch die Medien: Ludwig van Beethoven sei an einer Bleivergiftung gestorben! Dies hätte die Analyse eines Haarbüschels durch amerikanische Wissenschaftler ergeben. Die Leute wurden sogar noch präziser: Beethoven starb an bleivergifteten Donau-Fischen.

Die Sache lässt sich ganz einfach entkräften: Heute enthält 1 kg Fisch etwa 0,2 mg Blei, zu Beethovens Zeit war dieser Wert sicherlich höher. Nehmen wir an, er war zehnmal so hoch, dann wären das 2 mg/kg Fisch, war er hundertmal so hoch, wären das 20mg/kg Fisch; so genau weiß man das heute nicht mehr. Was wir allerdings ganz genau kennen, ist die Dosis an Blei, die zu einer Vergiftung führt. Für eine akute tödliche Bleivergiftung eines Menschen sind 20 Gramm nötig, das wären 1.000 kg Fisch, jeder mit 20 mg Blei. Für eine chronische Vergiftung benötigt man durch Monate hindurch täglich 2 mg Blei, also 1 kg Fisch mit 2 mg Blei täglich. Nirgends ist dokumentiert, dass Beethoven sich von derartigen Unmengen an Fisch ernährt hat. Das wäre aufgefallen und berichtet worden.

Als die „Bleiforscher" draufkamen, dass ihre Fischtheorie nicht stimmen konnte, erklärten sie bleihaltigen Wein zur Ursache. Allerdings haben alle diese Experten übersehen, wie eindeutig der Obduktionsbefund Beethovens Todesursache beschreibt. Es war eine Leberzirrhose.

Aber die Dummheiten hörten nicht auf. In weiteren Meldungen wurde erklärt, man könne mittels der Haarproben Beethovens genetischen Code rekonstruieren und somit herausfinden, was der Motor seiner genialen Schaffenskraft war und warum er ab dem 30. Lebensjahr sein Hörvermögen verlor. Dazu kann man den amerikanischen Forschern nur eines wünschen: Frohes Schaffen!

Haaranalyse

Die Untersuchung von Haaren ist von großer kriminalistischer Bedeutung. Dabei gibt es verschiedene Gesichtspunkte.

- Die Unterscheidung zwischen Menschen- und Tierhaaren ist einfach und kann durch eine Betrachtung im Mikroskop erfolgen. Sogar die Tierart kann bestimmt werden, da die Oberflächenschicht der Haare ein unterschiedliches Aussehen hat. Außerdem lassen sich auch Kopfhaare und Schamhaare auseinander halten.

- Eine Zuordnung von Haaren zu einer bestimmten Person ist mittels DNA-Analytik möglich. Ideal sind ausgerissene oder ausgefallene Haare, da die Untersuchung leichter und einfacher durchzuführen ist, wenn die Haarwurzel vorliegt. Auch eine Blutgruppenbestimmung durch Haare ist möglich.

Die Haaranalyse auf Medikamente sowie Gifte lässt eine Aussage zu, wie lange und in welchen Zeitabständen die Substanz eingenommen wurde. Ein längeres Haar ist durchaus mit einer Leiter vergleichbar, deren Sprossen bestimmten Zeitintervallen entsprechen. Finden sich Konzentrationsunterschiede im Verlauf der Haarlänge, so ist eine Zuordnung zu bestimmten Zeitabschnitten – d. h. Wochen bis Monaten – durchaus möglich. Wieder ergeben sich Fragen an den Gerichtsmediziner:

- **Wie kommen die Substanzen ins Haar?**
  Der normale Weg verläuft über die Blutgefäße zur Haarwurzel. Dort treten die Substanzen in das wachsende Haar über und werden somit gleichsam nach oben, d. h. Richtung der Spitzen weitergeschoben. Natürlich kann es sich dabei auch um Niederschläge von außen handeln, z. B. Rauch von Drogenzigaretten oder Substanzen, die in einer Haarpomade oder einem Färbemittel enthalten sind. Dann ist der Konsum solcher Substanzen allerdings schwer zu beweisen.
- **Können Giftsubstanzen aus Haaren ausgewaschen werden?**
  Bleichen, Färben und Dauerwellen können die Konzentration der Substanzen verringern. Vor allem in der Drogenszene werden Waschprozeduren angepriesen, die jedoch niemals zu einer völligen Elimination

führen. Eine zuverlässige Methode zur Drogenentfernung aus den Haaren existiert nicht.

- **Bei welchen Substanzen ist eine Haaranalyse besonders zielführend?**
  Der Nachweis einer Schwermetallvergiftung – d. h. durch Quecksilber, Blei, Arsen, Kadmium und dergleichen – ist zuverlässig. Toxische Medikamente, beispielsweise Zytostatika, können ebenfalls bestimmt werden. Von besonderer Bedeutung ist die Drogenanalyse, wobei Heroin und andere Morphinderivate, Haschischsubstanzen, Kokain, Ecstasyderivate und andere Drogen nachgewiesen werden können. Die diversen Dopingsubstanzen können in den Haaren auch längere Zeit nach der Einnahme noch aufgespürt werden.

Nicht überall, wo Mozart draufsteht, ist auch wirklich Mozart drin ...

Anlässlich des 200. Todestages von Wolfgang Amadé Mozart (1991) wurden vier Haarreliquien des Komponisten gerichtsmedizinisch untersucht. Es handelte sich jeweils um sorgfältig hinter Glas aufbewahrte Haarbüschel mit entsprechender alter Beschriftung, wodurch ihre Echtheit bezeugt werden sollte.

Es galt, das Alter der Haare zu bestimmen, und zu klären, ob alle Proben von ein und derselben Person stammten. Die DNA-Analyse war damals noch nicht ausgereift, außerdem gab es kein Vergleichsmaterial, da keine gesicherten körperlichen Residuen von Mozart vorhanden sind. Trotzdem verlief die Untersuchung spannend.

Haarprobe I war ein verschlungen zusammengeknotetes Haarbüschel, versehen mit der Aufschrift: „Wolfgang Amadeus Mozart's Haare, erhalten von Frau Baroni-Cavalcabò“. Probe II war eine hufeisenförmige Locke, beschriftet: „Les cheveux du célèbre compositeur W. A. Mozart"; die Proben III und IV waren Strähnen mit der Beschriftung: „Mozart, Francesco Carmagnola 1841 25. Maggio".

Die Haare waren rot, was aber nicht bedeutet, dass Mozart rothaarig war. Haare jeglicher Farbe erhalten mit zunehmender Liegezeit, d. h. im Verlauf von Jahrzehnten bis Jahrhunderten, einen charakteristischen Rotstich. Die mikroskopische Untersuchung zeigte, dass es sich um Haarproben unterschiedlicher Herkunft handelte. Die Haare der Proben II, III und IV stammten von einer Person, die Probe I von einer anderen. Was das bedeutet, darüber kann man nur spekulieren.

Die identischen Proben II, III und IV könnten von Mozart stammen, bei Probe I sind es vielleicht Haare von Mozarts Perücke. Diese Haare sind besonders dick, und für die Herstellung von Perücken wurden im Allgemeinen sehr dicke Haare verwendet. Was die Aufschrift bei Probe I anbelangt, wissen wir, dass Josephine von Baroni-Cavalcabò die Geliebte von Mozarts jüngerem Sohn Franz Xaver Wolfgang (1791–1844) war.

Im Juni 1989 wurde bei Sotheby's in London eine Locke von Mozarts Haar um 11.000 Pfund (ca. 18.000 Euro) verkauft. Die Echtheit der „Reliquie" wurde in einem Begleitschreiben der Frau Baroni-Cavalcabò bestätigt. Es wäre interessant zu erfahren, ob diese so teuer verkaufte Haarsträhne auch nur aus dicken Perückenhaaren besteht?

Was sind K.O.-Tropfen?

Es ist immer wieder die gleiche Vorgehensweise: Ein Mann wird von einer oder zwei Frauen viel versprechend umgarnt, man geht in seine Wohnung (oder ein Hotelzimmer), wo zunächst noch weiter getrunken wird. Eine sexuelle Erwartungshaltung des Mannes ist immer dabei. Und dann schläft er ein. Am nächsten Morgen klafft eine Erinnerungslücke, die Frauen, Wertgegenstände und Geld sind weg. Häufig erfolgt aus Scham gar keine Anzeige.

Was ist passiert? Der Mann wurde mithilfe so genannter K.O.-Tropfen bewusstlos gemacht. Das geht ziemlich einfach. Man benötigt dazu lediglich ein kleines Fläschchen mit einem Psychopharmakon, das im geeigneten Moment in das Getränk des Mannes geleert wird. Sehr beliebt sind dafür in Wasser aufgelöste Rohypnol-Tabletten. In Kombination wirkt das ziemlich rasch.

Juristisch gesehen handelt es sich um eine Giftbeibringung zwecks Ermöglichung einer Straftat. Letzteres kann vom Gericht als Raub eingestuft werden.

Chlorgas im Ersten Weltkrieg

Der deutsche Chemiker Fritz Haber (1868–1934) war genial und umstritten zugleich. Seine bahnbrechenden Arbeiten zur Ammoniaksynthese wurden 1918 mit dem Nobelpreis ausgezeichnet. Das war die eine Seite.

Die andere Seite war seine maßgebliche Beteiligung beim Einsatz von Giftgas im Krieg. Als die Fronten wenige Monate nach Ausbruch des Ersten Weltkriegs erstarrten, wurde von der deutschen Heeresleitung der Einsatz von Gas geplant. Nach Versuchen mit verschiedenen Chemikalien wurde von Fritz Haber das hochgiftige Chlorgas vorgeschlagen. Dieses wurde aus den Schützengräben bei günstigem Wind zu den gegnerischen Stellungen geblasen.

Die Giftwirkung von Chlorgas entwickelt sich bei Kontakt mit den feuchten Schleimhäuten des Menschen, da dabei Salzsäure entsteht. Starkes Brennen der Augen, der Nasenschleimhäute und des Rachens sowie ein quälender Hustenreiz sind die Folge. Die Lungenschädigungen sind gewaltig und zahlreiche Todesfälle die Folge.

Der erste Giftgaseinsatz von Seiten Deutschlands erfolgte am 22. April 1915 bei Ypern. Der Angriff riss die gegnerische Front in einer Breite von sechs Kilometern auf. Die Soldaten waren völlig überrascht. Gasmasken gab es damals noch keine. Allerdings hatten die deutschen Militärs einen entscheidenden Fehler begangen, denn es standen nicht genügend Reservetruppen bereit, um einen Durchbruch an der Front zu ermöglichen. So entwickelte sich ein Stellungskrieg mit wechselseitiger Gasanwendung; sowohl an der Westfront als auch an der Ostfront und schließlich an der Front zwischen Österreich und Italien.

Bemerkenswert ist, dass der Oberbefehlshaber der österreichischen Truppen, Kaiser Karl I., im Oktober 2004 wegen seines besonders christlichen Lebenswandels vom Papst selig gesprochen wurde. In Österreich war es seit Jahrhunderten üblich, die Habsburgerkaiser mit dem Beiwort „glorreich“ zu schmücken und zu ehren. Bei Karl I. wurde dies in „chlorreich“ abgewandelt.

Es ist nicht bekannt, wie viele Opfer der Gaskrieg zwischen 1915 und 1918 gefordert hat, die Schätzungen schwanken zwischen 650.000 und 1,3 Millionen Vergifteten und 30.000 bis 90.000 Toten. Bekannt ist lediglich die eingesetzte Gasmenge: 125.000 Tonnen.

Wenn Ärzte morden

Natürlich erhebt sich in der Kriminalistik die spannende Frage: Wie morden Ärzte? Machen sie es besser, machen sie es schlechter? Es kommt in solchen Fällen ja zu einem interessanten Duell: Ein Arzt (der Täter) mordet, ein anderer Arzt (der Gerichtsmediziner) versucht ihn zu überführen.

Eines ist gleich zu Beginn klarzustellen: Wir beschäftigen uns hier mit Ärzten, die privat zu Mördern wurden, nicht mit jenen Verbrechern, die im Gefolge des kriminellen Regimes der Nationalsozialisten hunderte und tausende Menschen zu pseudowissenschaftlichen Versuchen missbrauchten und dabei töteten. Das ist ein ganz anderes Kapitel, eine unfassbare, zum Teil ungesühnte Verbindung zwischen ärztlichem Handeln und Können auf der einen Seite sowie einer mörderischen Ideologie und Politik auf der anderen Seite.

Wenn Ärzte morden, geht es um die gleichen drei Grundmotive wie bei anderen Leuten auch: Geld, Sex, Macht. Das sind die Beweggründe der Täter. Macht bedeutet oft Karriere, Sex ist je nach individueller Neigung unterschiedlich, Geld bleibt immer gleich begehrenswert.

Natürlich haben Ärzte es in bestimmten Situationen leichter; etwa bei der unauffälligen Beschaffung von Giften, aber das können Apotheker auch. Wenn ein Arzt würgt, stranguliert oder schießt, dann verhält er sich wie jeder andere Täter. Verabreicht er aber ein Medikament zum Schlucken, dann ist er ein besonderer Täter, den man erst überführen muss. Und wenn er dann noch sogar selbst als Totenbeschauarzt kommt und einen natürlichen Tod feststellt, dann helfen nur mehr verräterische Zufälle, welche die Ermittlungen in Gang bringen.

Man kann nicht über Ärzte als Mörder berichten, ohne mit dem berühmtesten „medizinischen Mörder“ zu beginnen, mit Dr. Hawley Harvey Crippen (1862–1910). Dieser

Fall ist deshalb so interessant, weil hier erstmals moderne Technik und neueste Methoden der Naturwissenschaft sowie ein überragender Gerichtsmediziner die Aufklärung ermöglichten.

Der Mord an Cora Crippen

Dr. Crippen, gebürtiger Amerikaner, betrieb eine erfolgreiche ärztliche Praxis in New York. Dort lernte er eine 17-jährige junge Frau kennen, die sich Cora nannte. In Wirklichkeit hieß sie Kunigunde Mackamotzki, Cora war nur ihr Künstlername, denn sie wollte unbedingt Opernsängerin werden. Die beiden heirateten, und der Doktor bezahlte den Gesangsunterricht. Als Cora erklärte, in London bessere Chancen als Sängerin zu haben, übersiedelte das Paar nach England. Aber aus der Sangeskarriere wurde nichts, nur die Kosten und Ansprüche der jungen Frau stiegen. So musste sich Dr. Crippen eine zweite Einnahmequelle suchen. Er wurde Händler und Vertreter von pharmazeutischen Präparaten. Dies sollte ihm später bei der Beschaffung von Gift nützlich sein. Coras Exaltiertheit und die völlige Vernachlässigung des Haushalts wurden mit der Zeit zu einem großen Problem. Dr. Crippen hielt sich fast nur mehr in seiner Praxis auf, wo seine 20-jährige Sekretärin Ethel le Neve für Ordnung und Ruhe sorgte. Da eine Scheidung für Cora nicht in Frage kam, löste Dr. Crippen das völlig verfahrene Verhältnis mittels Gift.

In der Nacht zum 1. Februar 1910 vergiftete er seine Frau durch Hyoszyamin, das ist jene Substanz, die beispielsweise in Tollkirschen oder im Bilsenkraut vorkommt. Anschließend zerstückelte er die Leiche. Den Rumpf vergrub er im Keller, Arme, Beine und Kopf warf er irgendwo ins Wasser. Diese Teile wurden nie gefunden. So weit, so gut. Aber dann begann Dr. Crippen Fehler zu machen. Bekannten erklärte der Doktor auf die Frage, wo denn seine Frau sei, sie hätte plötzlich nach Kalifornien reisen müssen, um einen erkrankten Verwandten zu pflegen. Das konnte nicht überprüft werden, denn 1910 lag Kalifornien, von London aus gesehen, praktisch am anderen Ende der Welt. Als Crippen jedoch Anfang März mit Ethel le Neve auf einem Ball erschien und die junge Frau Coras Pelz und Schmuck trug, wurden die Leute misstrauisch. Daraufhin verkündete der Doktor voll Trauer, seine Frau sei in Los Angeles an einer Lungenentzündung gestorben. Es dauerte bis Juni, bis die Freundinnen der verschwundenen Cora Anzeige bei Scotland Yard erstatteten. Da Crippen keinen Totenschein oder sonstigen Beweis vorlegen konnte, dass Cora wirklich in Los Angeles gestorben war, wurden die Fragen des Polizeiermittlers immer drängender. Schließlich gab Dr. Crippen zu, gelogen zu haben. Die wahre Geschichte sei ganz anders: Seine Frau habe ihn wegen eines amerikanischen Liebhabers verlassen und lebe gesund bei ihrem Freund. Peinlich für einen praktizierenden Arzt, daher seine falschen Angaben. Der Kriminalbeamte zeigte – unter Männern – Verständnis. Er inspizierte das Haus vom Dach bis in den Keller, fand aber nichts Außergewöhnliches und setzte ein kurzes Protokoll auf. Damit sei für die Polizei der Fall erledigt.

Die Nerven des Dr. Crippen waren jedoch am Ende der Belastbarkeit. Was würde geschehen, wenn die Polizei trotzdem wiederkäme? Hatte er vielleicht doch Spuren im Keller hinterlassen? Würde Ethel eine polizeiliche Vernehmung durchhalten? Panik ergriff ihn, und er beging den nächsten Fehler. Völlig überstürzt gab er Wohnhaus und Praxis auf, nahm alles Geld, das er flüssig machen konnte, und reiste mit Ethel ab. Ziel war eine Schiffsreise nach Kanada. Mit falschen Pässen bestiegen sie den Dampfer Montrose, Ethel notdürftig als junger Mann verkleidet. Aber immerhin, sie waren auf See.

In der Zwischenzeit hatte der Kriminalbeamte seinen Abschlussbericht fertig und brachte diesen zur Unterschrift.

Aber da war niemand mehr da. Jetzt wurde das Haus gründlich untersucht und die vergrabenen Leichenteile im Keller gefunden. Aber wie sollte man aus diesen Resten die Person identifizieren? Die Stunde der Gerichtsmediziner war gekommen.

Senior Pathologist Dr. Augustus Pepper und sein Schüler Dr. Bernard Spilsbury übernahmen die Untersuchungen. Zunächst konnten sie nur feststellen, dass ein chirurgisch erfahrener Täter eine vermutlich weibliche Leiche zerstückelt hatte. Das war zwar noch keinerlei Beweis, reichte aber für Scotland Yard, um die Fahndung nach Crippen und Ethel auszulösen. Weltweit, denn die Polizei war überzeugt, dass sich die Verdächtigen ins Ausland abgesetzt hatten. Früher war man bei einer solchen Suche auf Zeitungen und Plakate mit Steckbriefen angewiesen, seit kurzem gab es jedoch eine neue, sensationelle Erfindung: die drahtlose Telegrafie. Da der Passagierdampfer Montrose über ein solches Funkgerät verfügte, empfing der Kapitän die Suchmeldung. Ihm waren die beiden schon aufgefallen, denn offiziell erschienen sie als Vater und Sohn, benahmen sich jedoch wie ein Liebespaar. Nach einigen Funksprüchen war die Sache klar, und bei der Ankunft im kanadischen Quebec wurde das Paar verhaftet.

Am 18. Oktober 1910 wurde der Prozess gegen Dr. Crippen eröffnet. Aber was hatte die Anklage in der Hand? Es begann ein reiner Indizienprozess, da der Arzt alles leugnete. Den Gerichtsmedizinern waren jedoch zwei Meisterstücke gelungen: Dr. Spilsbury hatte an der Haut des Rumpfes eine Narbe gefunden, die er einer früheren Operation an Cora Crippen zuordnen konnte; damit war die Leiche identifiziert. Sein Kollege wiederum wies in den Leichenteilen das Gift nach; damit war die Todesursache geklärt. Schließlich wurde noch ermittelt, dass Dr. Crippen im Januar, also einige Tage vor dem Verschwinden seiner Frau, im Großhandel eine beträchtliche Menge dieses Giftes erworben hatte.

Am 22. Oktober wurde Dr. Crippen von den Geschworenen nach nur 27-minütiger Beratung schuldig gesprochen, am 23. Oktober wurde er gehängt. Ethel le Neve konnte man in einem gesonderten Prozess keine Mitwirkung an dem Mord nachweisen, sie ging frei.

Was hat Dr. Crippen falsch gemacht?
Sein entscheidender Fehler war die überstürzte Flucht. Nur deshalb untersuchten die Kriminalbeamten den Keller und fanden dort die Leichenteile. Außerdem konnte Dr. Crippen nicht ahnen, dass dem überragenden Gerichtsmediziner Dr. Spilsbury die Identifizierung gelingen würde. Und letztlich war es die eben erst eingeführte drahtlose Telegrafie, die zur Verhaftung von Crippen und Ethel beitrug; sonst wäre er vielleicht entkommen.

Der Mord an Käthe Mertens

Der 24-jährige Dr. Peter Richter, soeben in Bonn zum Doktor der Heilkunde promoviert, wollte sich selbst belehnen und einen Siegelring erwerben. So traf er die Frau eines Juweliers, die 30-jährige Käthe Mertens. Unzufriedenheit bei ihr und Unerfahrenheit bei ihm trafen zusammen, nach kurzer Zeit hatten sie ein intensives sexuelles Verhältnis. Ein Jahr später wurde die Frau schwanger, der junge Arzt führte eine Abtreibung durch. Davon blieb jedoch eine chronische Gebärmutterentzündung zurück. Als Käthe Mertens geschieden wurde, versicherte Dr. Richter in dem damit einhergehenden Verfahren eidesstattlich, keine Beziehung mit ihr unterhalten zu haben. Die Frau hatte ihn aber in der Hand: zum einen wegen der Abtreibung, zum anderen wegen Meineid. Das Verhältnis ging weiter, er war der Frau hörig. Sie drängte auf Heirat, er sträubte sich. Im Laufe der Jahre nahmen ihre Unterleibsschmerzen zu, sodass fünf Jahre später nur mehr eine Operation mit Entfernung der

Gebärmutter helfen konnte. Käthe ließ sich in einer anderen Stadt operieren, Dr. Richter bezahlte die Spitalskosten. Gleichzeitig übernahm er die Nachbehandlung und plante dabei den perfekten Mord.

Anlässlich einer Untersuchung tastete er den Enddarm der Frau ab und schob ihr bei dieser Gelegenheit eine ziemlich große Menge pulverisiertes Strophantin in den After. Diese Substanz wird aus exotischen Pflanzen gewonnen und wurde in Afrika als rasch tödliches Pfeilgift verwendet. Normalerweise wird Strophantin als Mittel gegen Herzschwäche injiziert, in Pulverform ist es nicht gebräuchlich. Daher musste der Apotheker diese ungewöhnliche Bestellung von Dr. Richter erst umständlich besorgen. Dann ging die Sache aber sehr rasch. Der Arzt hatte seinen Gummihandschuh wie gewöhnlich zur Untersuchung mit Vaseline glatt und schlüpfrig gemacht, diesen aber mit Strophantinpulver bestreut. So kam das Gift in den Darm der Frau. Die Wirkung – Erregungszustände und Herzbeschwerden – setzte rasch ein. Käthe Mertens stolperte noch aus dem Haus, wo es zu einer Ansammlung von Passanten kam, als die Frau rief, sie sei vergiftet worden. Schließlich brachte man sie in das nächste Krankenhaus, wo sie wegen ihrer erregt vorgebrachten Anschuldigungen auf der Psychiatrie landete. Drei Stunden später war sie tot.

Da einerseits die Spitalsärzte keine Diagnose stellen konnten und andererseits die Äußerungen der Patientin doch verdächtig waren, wurde eine gerichtsmedizinische Untersuchung durchgeführt. Dabei konnte an den Organen keine krankhafte Veränderung und schon gar keine Todesursache nachgewiesen werden. Nur im Dickdarm gab es eine blaurote Verfärbung. Der Verdacht auf eine Vergiftung verstärkte sich. Die weiteren Ermittlungen führten zu einem eindeutigen Ergebnis. In der Dickdarmschleimhaut konnte Strophantin nachgewiesen werden, und auch der Apotheker wurde ausfindig gemacht.

Der Strafprozess gegen Dr. Richter erregte großes Aufsehen. Er war ein bekannter Arzt, die Medien machten daraus eine Sensation. Da der Angeklagte leugnete, musste von den Gerichtsmedizinern und Vergiftungsspezialisten der Hergang der Tat Schritt für Schritt rekonstruiert und bewiesen werden. Das Urteil lautete schließlich auf lebenslange Haft.

Was hat Dr. Richter falsch gemacht?
Es ist für jeden Giftmischer eine große Hürde und ein Risiko, sich die benötigte Menge einer giftigen Substanz zu besorgen. Bestellt und urgiert man als Arzt bei einem Apotheker ein ungebräuchliches, stark toxisches Mittel, so darf man sich nicht wundern, dass der Apotheker sich diesen Vorfall merkt. Und wenn dann noch im selben Ort ein Giftmord passiert, ergibt sich zwangsläufig eine Verbindung.

Ein Vergiftungsopfer darf nicht ins Krankenhaus. Wenn diese Person dort stirbt, wird schon zur Rechtfertigung der hilflosen Spitalsärzte eine Obduktion angeordnet. Und sobald einmal seziert wird, sieht es für jeden Täter ziemlich schlecht aus.

Der Mord an Sue Hadley

Es geschah in Texas. Dr. William Amos Hadley stammte aus ärmlichen Verhältnissen. Seine Familie gehörte einer puritanischen, den Quäkern nahe stehenden Sekte an, der Vater betrieb eine kleine Gemischtwarenhandlung. Das einzige Ziel des jungen William war es, reich und mächtig zu werden – vor allem reich. Nach einer abgebrochenen Ausbildung zum Geistlichen studierte er Medizin und eröffnete später als Frauenarzt eine Praxis.

Sein genau kalkulierter Plan sah so aus: Er war ein gut aussehender junger Arzt, der Frauen zwar nicht so sehr heilen, dafür aber umso mehr beeindrucken konnte. Er war

Junggeselle, und fast jede Frau, die er begehrte, bekam er auch. Vor allem war er auf der Suche nach einer reichen Frau. Die glaubte er in der 20-jährigen Sue Tinsley gefunden zu haben. Die Hochzeit wurde als großes Fest mit illustren Gästen von den Brauteltern ausgerichtet. Kurz danach erfuhr Dr. Hadley jedoch die Wahrheit: Sues Vater war mit seinen Firmen in Konkurs gegangen, die Eltern hatten nichts als Schulden, die kostspielige Hochzeit hatte eine reich verheiratete Schwester finanziert. Daraufhin änderte er seinen Plan, zog mit Sue in eine andere Stadt und gründete eine Privatklinik. Und er hatte Erfolg: Die Frauen strömten in sein Institut, ihre Männer zahlten anstandslos. Schließlich betrieb Dr. Hadley eine Nobelklinik, nicht so sehr für körperlich Kranke als vielmehr für unverstandene, frustrierte, sehnsüchtige Damen. Aber die waren alle verheiratet, und außer einem Seitensprung war nichts zu holen. Dann kam der Weltkrieg, und als Amerika Truppen nach Europa entsandte, entstanden in den Vereinigten Staaten Lazarette. Das Hilfspersonal bestand dort aus jungen Frauen, die aus reichen, patriotischen Familien kamen und eine sinnvolle Beschäftigung suchten. Dort wollte Dr. Hadley hin. Er trat in die Army ein, war als Quäker vom Dienst mit der Waffe befreit und wurde in einem Militärlazarett eingesetzt. Nach kurzer Zeit lernte er die richtige Frau kennen: Cheryl Johnsen, nicht hübsch, aber die Tochter eines immens reichen Börsenmaklers. Er machte Cheryl kurzerhand einen Heiratsantrag, und es wurde sogar schon ein Hochzeitstermin festgelegt. Vorher aber musste noch Sue weg, die sich um keinen Preis scheiden lassen wollte.

Als Sue ihn überraschend im Lazarett besuchte, musste gehandelt werden. Noch für denselben Abend verabredeten die beiden eine Bootsfahrt auf einem nahe gelegenen See. Die Vorbereitungen wurden getroffen. Dr. Hadley mietete ein Ruderboot, versteckte am Seeufer eine Kleidergarnitur für sich und besorgte ein derbes Schlafmittel sowie eine Flasche Gin. Der Plan war einfach: Er wollte Sue mit Schnaps und dem Schlafmittel betäuben und sie dann ins Wasser stoßen, sodass sie ertrank. Er selbst würde anschließend das Boot umwerfen, an Land schwimmen und sich die trockene Kleidung anziehen.

Aber es kam anders. Sue fror nach kurzer Bootsfahrt, er gab ihr zum Aufwärmen die Ginflasche, und sie nahm einen großen Schluck. Jedoch war anscheinend alles zu viel. Im Gin war zu viel Schlafmittel, der Schluck war zu viel, die Kreislaufbelastung durch die Kälte war zu viel. Sue fiel innerhalb kürzester Zeit im Boot zusammen, und als Dr. Hadley sie ins Wasser werfen wollte, bemerkte er, dass sie schon tot war.

Er wusste genau, dass er jetzt kein Ertrinken mehr vortäuschen konnte. Also wickelte er die Außenkette um die Füße der Toten und versenkte sie mitsamt dem Anker. Sues Eltern teilte er mit, sie sei nach Mexiko weitergereist, dort verstorben und bereits bestattet. Damit konnten die Heiratspläne mit Cheryl weitergehen. Aber nicht lange. Drei Wochen nach dem Mord wurde Sues Leiche am Seeufer angeschwemmt.

Dr. William Amos Hadley wurde verhaftet, gestand den vorsätzlichen Mord und wurde zum Tode verurteilt. Die Hinrichtung erfolgte auf dem elektrischen Stuhl.

Was hat Dr. Hadley falsch gemacht?

Er hat das Boot unter seinem richtigen Namen entliehen, der notiert worden war. Außerdem hat der Verleiher bemerkt, dass Anker und Kette fehlten.

Das Schlafmittel im Gin war zu hoch konzentriert. Wirft man eine betäubte Person ins Wasser, so ertrinkt dieser Mensch; das kann eventuell als Erstickungsanfall durchgehen. Ein bereits Toter kann jedoch nicht mehr ertrinken.

Ein Arzt sollte wissen, dass der Anker eines kleinen Ruderbootes niemals ausreicht, um eine Leiche unter Wasser zu halten. Der Auftrieb durch die Fäulnisgase ist zu stark. Es sei denn, man hat Glück und der Anker wird am Grund des Gewässers fixiert.

Der Mord an Kathleen Grundy

In der Nähe von Manchester liegt die nordenglische Kleinstadt Hyde. Niemand wäre im Entferntesten auf die Idee gekommen, dass dieses Städtchen in die Kriminalgeschichte eingehen sollte.

Die 88-jährige Kathleen Grundy war gestorben. Zu Hause, friedlich im Lehnstuhl sitzend, aber allein. Der Hausarzt stellte „Altersschwäche“ als Todesursache fest, und Mrs. Grundy wurde bestattet. Bei der Testamentseröffnung war das Erstaunen groß, da nicht die drei Töchter, sondern der Hausarzt Dr. Shipman ihr Vermögen erbte. Immerhin ging es um die beträchtliche Summe von 300.000 Pfund, das sind etwa 450.000 Euro. Eine der Töchter war Rechtsanwältin; sie schaltete die Polizei ein. Das Testament erwies sich als gefälscht. Daraufhin wurde die Leiche exhumiert und festgestellt, dass Kathleen Grundy an einer hohen Dosis eines Morphinpräparates gestorben war. Der Verdacht fiel auf Dr. Shipman, doch dieser leugnete.

Die polizeilichen Ermittlungen brachten als erstes Ergebnis eine ungewöhnliche Anhäufung von Todesfällen aus dem Patientenkreis von Dr. Shipman, die immer nach demselben Muster abliefen. Es handelte sich durchwegs um ältere Personen, die keinesfalls sterbenskrank, aber immerhin so krank waren, dass der Doktor hin und wieder vorbeikam. Und dann ging alles sehr schnell. Die Leute starben, während der Arzt bei ihnen war. Das war praktisch, denn so stellte er dann gleich den Totenschein aus. Meistens diagnostizierte er „Herztod“, und immer entschied er, dass eine Autopsie nicht notwendig sei. Die Hinterbliebenen waren dankbar und erleichtert. Niemand dachte an schlimme

Vorgänge, nur einmal wurde ein Bestattungsunternehmen misstrauisch; allerdings geschah nichts.

Erst am 7. September 1998 wurde Dr. Harold Shipman, ein angesehener 51-jähriger Hausarzt verhaftet. Am 31. Januar 2000 wurde er vom Gericht in 15 Fällen des Mordes an Patienten für schuldig befunden und zu lebenslanger Haft verurteilt. Es lagen noch weitere Fälle vor, doch wollte man den Geschworenen und der Öffentlichkeit nicht so viele Morde zumuten.

Die Nachforschungen der Polizei gingen jedoch weiter. Schließlich kam man zu dem Ergebnis, dass Dr. Shipman zwischen 1874 und 1998 höchstwahrscheinlich 297 seiner Patienten umgebracht hat; fast immer durch die Injektion von Heroin.

Lediglich bei Kathleen Grundy hatte er versucht sich zu bereichern, in allen anderen Fällen hatte er die Leute nur um des Tötens willen umgebracht. Ein bestimmtes Motiv konnte sonst in keinem Fall gefunden werden. Am 14. Januar 2004 wurde Dr. Shipman erhängt in seiner Zelle aufgefunden; er hatte das Leintuch zu einem Strang zusammengedreht.

Maßgebliche Politiker erklärten sofort, es müsse sichergestellt werden, dass eine solche Tötungsserie nie wieder passiere. Nicht erklärt werden konnte, warum die hohe Todesrate unter Dr. Shipmans Patienten keiner Behörde aufgefallen ist.

Was hat Dr. Shipman falsch gemacht?

Lediglich die Fälschung des Testaments von Kathleen Grundy. Wäre man nicht auf diese Morphinpräparate gestoßen, dann wäre Dr. Shipman bei Erscheinen dieses Buches erst 59 Jahre alt und könnte seine Patienten vielleicht noch immer „behandeln".

Der Tod von Katharina Santner

Dr. Johann Santner war 26 Jahre alt, als er die 38-jährige vermögende Witwe eines Bierbrauers und Besitzers mehrerer Gastwirtschaften heiratete. Damit war sein gesellschaftlicher und materieller Aufstieg gesichert, der Doktor wurde sogar in den Gemeinderat des kleinen Städtchens in Bayern berufen. Der Ehe entsprossen zwei Töchter, doch das Bild familiärer Harmonie war nur Schein. Der große Altersunterschied führte zu einem tief greifenden Zerwürfnis: Er suchte sich Kellnerinnen und Dienstboten für kurzzeitige Beziehungen, sie versank zunehmend in Alkohol. So ging es etwa zwei Jahrzehnte lang. Als Katharina Santner 59 Jahre alt war, erkrankte sie schwer. Der Gemeindearzt behandelte sie. Von April bis Ende Juni litt sie an wechselnden Symptomen, vor allem Übelkeit, Schwindel, Bewusstseinsstörungen und Muskelschmerzen. Der Arzt dachte an ein rheumatisches Geschehen. Am 29. Juni ging es ihr sehr schlecht, ihr Mann und die Töchter waren bei ihr. Beide Mädchen erklärten später, das Befinden der Mutter habe sich nach Einnahme der Medizin drastisch verschlechtert. Sie klagte über Muskelschmerzen, bekam Krampfanfälle und rief, man habe sie vergiftet. Als der Gemeindearzt eintraf, konnte er nur mehr beobachten, wie die Frau unter heftigen Streckkrämpfen starb.

Am 2. Juli wurde Frau Santner bestattet, am 3. Juli schrieb der Witwer Dr. Santner der 29-jährigen Kellnerin Anna Kurz einen Brief und erneuerte ein bereits früher gegebenes Heiratsversprechen. Anfang Oktober waren die Heiratsideen des ungleichen Paares bereits öffentliches Tagesgespräch. Gleichzeitig kam das Gerücht auf, Frau Santner sei keines natürlichen Todes gestorben. Auch der Gemeindearzt erklärte, er halte es für möglich, dass die Frau mit Strychnin vergiftet worden sei. All das kam Justiz und Polizei zu Ohren, und am 30. Oktober wurde der Leichnam von Frau Santner exhumiert und gerichtsmedizinisch untersucht. Am 3. November erhielt Dr. Santner eine Vorladung zum Untersuchungsrichter. Da verlor er die Nerven und flüchtete mit Anna Kurz zunächst in die Schweiz, dann nach England. Als sie das Schiff nach Amerika besteigen wollten, wurden die beiden in Southampton verhaftet, wo man sie so lange festhalten wollte, bis das gerichtsmedizinische Gutachten aus Deutschland eintraf. Am 29. November war das Gutachten da: Der Münchner Universitätsprofessor für Gerichtliche Medizin Dr. Ernst Buchner hatte bei der chemischen Analyse kein Gift nachweisen können.

Dr. Santner und seine Geliebte wurden freigelassen, kehrten nach Hause zurück und wurden dort noch am selben Tag verhaftet.

Am 4. Juli des nächsten Jahres begann die Schwurgerichtsverhandlung gegen Dr. Santner.

Es kam zu widersprüchlichen Aussagen:

Der Gemeindearzt sagte, er halte es für möglich, dass Frau Santner an einer Strychninvergiftung gestorben sei, könne dies aber nicht mit Bestimmtheit sagen.

Der örtliche Polizeiwachtmeister erklärte den Gemeindearzt für befangen, da dieser mit einer Santner-Tochter ein Verhältnis habe.

Prof. Dr. Buchner bekräftigte sein Analyseergebnis, dass in der Leiche kein Gift nachweisbar gewesen sei.

Prof. Dr. Wislicenus aus Würzburg ließ die Frage, ob ein Giftmord vorliege, offen.

Ein Sachverständigenkomitee aus Würzburger Universitätsprofessoren meinte, trotz des negativen Giftnachweises sei ein Mord mit Strychnin wahrscheinlich.

Der Bezirksarzt Dr. Seibert erklärte, die Symptome seien so eindeutig gewesen, dass niemand an einer Strychninvergiftung zweifeln könne.

In seinem Plädoyer zog der Staatsanwalt das Resümee, dass die Mehrheit der medizinischen Sachverständigen eine Strychninvergiftung als gewiss bzw. sehr wahrscheinlich ansah. Der Verteidiger wies darauf hin, dass Dr. Santner keinerlei Interesse am Tod seiner Frau gehabt haben könne, da er jetzt das Erbe mit seinen Töchtern teilen müsste. Außerdem habe man gar kein Gift nachweisen können.

Das Gericht sprach Dr. Santner frei. Einige Zeit später heiratete er Anna Kurz.

Was lehrt uns der Gerichtsprozess gegen Dr. Santner?

Auch Sachverständige und Gerichtsmediziner können unterschiedlicher Ansicht sein, ja sogar irren; manchmal auch zu Gunsten der Täter.

Wie wird man einen Leichnam los?

Die Art der Leichenbeseitigung hängt von den gegebenen Möglichkeiten ab. Am häufigsten sind das Vergraben im Erdreich sowie das Verstecken an unzugänglichen Orten. Hier stößt der Täter aber schon auf das erste Problem: Der Leichnam muss an eine geeignete Stelle transportiert werden, daher ist dieser Ort zugänglich. Man ahnt für gewöhnlich nicht, wo Spaziergänger, Pilzsammler, spielende Kinder und streunende Hunde überall hinkommen. Im Wald werden verwesende Körper von Füchsen, Dachsen, Mardern und ähnlichem Getier ausgegraben. Typisch ist das Verschleppen des Kopfes durch die Tiere. Der Schädel ist mit einem kräftigen Gebiss leicht abzutrennen; Gehirn, Augen und Weichteile des Gesichtes sind „Leckerbissen“ für die Tiere.

Das Versenken im Wasser ist riskant – darüber wurde bereits berichtet – und eine komplette Leichenverbrennung gelingt praktisch nie.

Da es generell schwierig ist, eine Leiche im Ganzen zu transportieren, wird der Körper vom Täter zerstückelt. Je nach anatomischer Kenntnis und dem verwendeten Werkzeug geht die Zerteilung vor sich. Meist wird als Erstes der Kopf abgetrennt, eventuell die Haut abgezogen bzw. Augen und Zähne entfernt. Das ist der erste Schritt zur Unkenntlichmachung des Opfers. Dann folgt die Loslösung der Extremitäten, entweder mit einer Säge durch die Knochen hindurch oder durch Herausschneiden aus den Schulter- und Hüftgelenken. Arme und Beine können wieder zerkleinert werden. Schwierig ist die Teilung des Rumpfes, denn dabei quellen die Brust- und Bauchorgane heraus und müssen entfernt werden, bevor die Wirbelsäule durchschnitten werden kann. Typisch ist, dass besonders Wiedererkennungsmerkmale des Opfers, wie Tätowierungen, Narben und die Finger (wegen der Fingerabdrücke), entfernt werden.

Die Leichenteile werden meist an verschiedenen Stellen abgelegt und versteckt, das Risiko des Auffindens ist jedoch groß. Allerdings werden oft nicht alle Teile wieder gefunden.

Leichenzerstückelung

Für eine Leichenzerstückelung braucht man geeignetes Werkzeug. Die Prozedur ist keineswegs einfach, sodass sogar anatomisch gebildete Mediziner in Schwierigkeiten geraten.

Man darf auch nicht vergessen, dass dabei ein enormes Blutbad angerichtet wird und sowohl der Ereignisort als auch der Täter selbst mit Spuren übersät werden. Außerdem gibt es zwei völlig unterschiedliche Arten der Leichenzerstückelung:

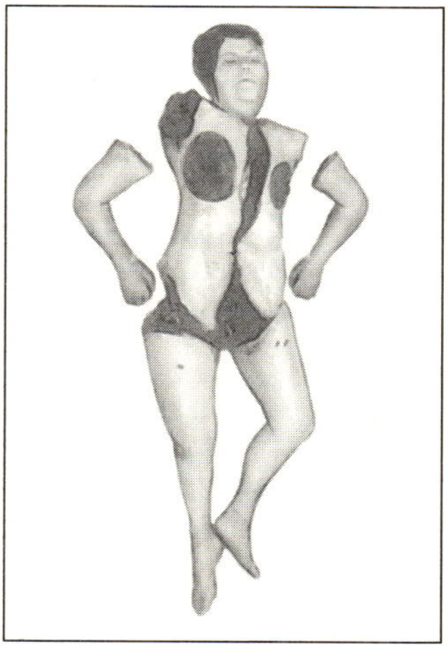

- Offensive Leichenzerstückelung:
  Diese steht in unmittelbarem Zusammenhang mit dem Tötungsdelikt und ist entweder die Fortsetzung der Ermordung durch Zerstörung des Körpers oder

erfolgt aus sexuellen Motiven. In letzterem Fall werden Teile aus der Genitalsphäre, wie Brüste, Gesäßbacken oder Geschlechtsorgane, abgetrennt, aber nicht entfernt oder verborgen. Lediglich das Fortnehmen der Genitalien ist für sexuelle Motive charakteristisch. „Jack the Ripper" ist ein typisches Beispiel dafür.

- Defensive Leichenzerstückelung:
  Dabei erfolgt die Zerstückelung zur Beseitigung der Leiche sowie deren Unkenntlichmachung. Ein solches Vorgehen erfordert Zeit und Überlegung und wird daher nicht im Affekt begangen.

Nicht-kriminelle Leichenzerstückelung

Die Zerlegung eines menschlichen Körpers in mehrere Teilstücke kann bekanntlich auch bei verschiedenartigen Katastrophen, wie etwa Flugzeugabstürzen, Eisenbahnunglücken oder Explosionsereignissen, erfolgen. Hierher gehören auch die Selbstmordattentate mit Sprengstoff, bei denen sowohl der Täter als auch die Opfer im wahrsten Sinne „in die Luft fliegen". Nicht zu vergessen ist auch die Zerlegung einer Leiche im Wasser durch rotierende Schiffsschrauben. Es gibt aber noch eine Variante:

Wer hat drei Gehirne?

In der Mülltonne einer Wohnhausanlage mitten in einer Großstadt wurden in Plastiksäcke verpackte Leichenteile gefunden: ein linker Arm, ein rechtes Bein, ein Herz, eine Niere und drei Gehirne. Es gab Großalarm bei den Kriminalisten.

Der Gerichtsmediziner erkannte sofort: Herz, Niere und ein Gehirn waren sachgemäß seziert worden, genau so wie es auf einer pathologischen Abteilung üblich ist. Und das war die richtige Spur.

Bei der Nachfrage im städtischen Krankenhaus wurde ein Prosektionsgehilfe ermittelt, der sich einen üblen Scherz erlaubt hatte: Das Bein war ein amputierter Unterschenkel aus der chirurgischen Abteilung; der Arm stammte von einem verunglückten Motorradfahrer; Herz, Niere und ein Gehirn waren Organe, die der Gehilfe nach einer klinischen Obduktion zurückbehalten hatte; die beiden anderen Gehirne waren von ihm eigenmächtig verstorbenen Patienten entnommen worden, die gar nicht zu einer Sektion vorgesehen waren.

Sobald Leichenteile auftauchen, ist die Gerichtsmedizin gefordert. Die wichtigsten Fragen und Maßnahmen sind dann folgende:

- Handelt es sich um menschliche oder tierische Überreste? Die Beantwortung dieser Frage kann schwierig sein, wenn nur Weichteile, d. h. Fleischstücke, gefunden wurden.
- Männlich oder weiblich? Teile von einer oder mehreren Leichen?
- Typ der Zerstückelung: offensiv, defensiv, nichtkriminell.
- Ist die Todesursache feststellbar? Bei einem betäubten Opfer kann die Zerstückelung selbst die Todesursache sein. Eventuell Vergiftung.
- Kann die Todeszeit (Leichenliegezeit) eingegrenzt werden? Leichenteile werden nicht selten in Tiefkühltruhen zwischengelagert.
- Sind Fund- und Tatort identisch?
- An welchem Ort wurde die Leiche zerstückelt? Badewanne, Duschkabine, Küche, Keller, Garage?
- Gibt es Werkzeugspuren an den Trennstellen? Spezialisten können eventuell sogar den Typ der Säge erkennen.

- Untersuchung von DNA-Merkmalen.
- Untersuchungen zur Identitätsfeststellung: Altersbestimmung, Körperlänge, Skeletträntgen, Zahnstatus, Augenfarbe, Haare. Zur Wiederkenntlichmachung von durch Fäulnis entstellten Gesichtszügen sind besondere Techniken der Leichentoilette erforderlich. Auch aus dem Skelettschädel allein kann eine Rekonstruktion der Weichteile des Gesichts versucht werden.
- Von großer Wichtigkeit sind schließlich das Verpackungsmaterial der Leichenteile und eventuell anhaftende Kleiderreste. Daraus können Rückschlüsse auf den Täter, den Tatort und das Opfer gezogen werden.

Für die Rekonstruktion der Ereignisse und die Erstellung eines Zeitdiagramms kann man davon ausgehen, dass ein kräftiger männlicher Täter zur Zergliederung und Verpackung einer Leiche etwa ein bis zwei Stunden benötigt.

Das Mordopfer unter der Palme

Nach einer ausgiebigen Zechtour gerieten zwei junge Männer – Freunde seit Jahren – in Streit. Worum es dabei ging, konnte nie geklärt werden. Jedenfalls eskalierte die Auseinandersetzung dermaßen, dass der 25-jährige Stefan G. am 9. Februar 2001 den 26-jährigen Roman L. mit einer Hacke in den Nacken schlug, worauf dieser bewusstlos zusammenstürzte. Um sicherzugehen, dass Roman L. tot war, stieß ihm Stefan G. noch mehr als zwanzig Mal ein großes Küchenmesser in die Brust. Das alles geschah in der Wohnung des Stefan G. Danach legte er die Leiche in die Badewanne und trennte mit einer Stichsäge Arme, Beine und Kopf ab. Die Körperteile ließ er ausbluten und verpackte sie in Müllsäcke, die er mit Fliesenkleber luftdicht verschloss. Fünf Säcke vergrub er in einer kurz zuvor gemauerten und verfliesten Blumeninsel in seiner Wohnung. Die Erdschicht war

60 cm hoch und bedeckte die Säcke etwa mit 20 cm; aus der Mitte der Blumeninsel ragte eine Zimmerpalme empor. Nach entsprechender Reinigung war nichts Auffälliges zu sehen. Den großen Sack mit dem Rumpf brachte der Täter mit seinem Auto an ein 20 km entferntes Flussufer und vergrub ihn dort.

Vier Wochen lang ging alles gut. Es wurde zwar nach dem vermissten Roman L. gefahndet, jedoch erfolglos. Dann allerdings hatten die Fäulnisgase die Müllsäcke so aufgebläht, dass einige Fliesen von der Blumeninsel abgesprengt wurden. Stefan G. bewies Kaltblütigkeit und stach mit einem Schraubenzieher Löcher in die Säcke. Dann allerdings kam die Polizei ins Haus, da er infolge von Widersprüchen in seinen Aussagen zu den Verdächtigen zählte. Den Beamten fiel ein neuer Teppich auf, der sich von den übrigen Bodenbelägen in der Farbe stark unterschied. Stefan G. konnte nicht erklären, woher dieser Farbunterschied stammte, weshalb die Wohnung genauer untersucht wurde. Einschließlich der Blumeninsel. Am Teppich fand man Blutspuren, in der Blumeninsel die Leichenteile. Stefan G. war sofort geständig und führte die Ermittler auch zu dem am Flussufer verpackten Rumpf.

Was hat Stefan G. falsch gemacht?

Wenn man jemandem mit einem Küchenmesser zwanzig Mal in die Brust sticht, muss mit einer ausgiebigen Blutung gerechnet werden. Von einem Teppich aufgesaugtes Blut ist durch keinerlei Reinigungsversuche zu entfernen. Entweder bleiben Farbflecken oder ein erneuerter Teppichteil fällt sofort auf. Leichenteile in der Wohnung zu „vergraben", ist zwar originell, aber zwecklos: Nicht umsonst müssen Erdgräber so tief sein, denn Fäulnisgase entwickeln eine beträchtliche Kraft. Frei in der Erde verströmen diese Gase, Plastiksäcke werden wie Luftballons aufgeblasen.

Zerstückelung ja – Leichenteile nein

Volkmar N., 48 Jahre alt, war beruflich gescheitert und hatte sich wegen der 40-jährigen Blumenhändlerin Gabriele G. scheiden lassen. Ein Jahr lang ging diese neue Lebensgemeinschaft ganz gut, dann kam es zu Eifersuchtsszenen. Volkmar N. fühlte sich betrogen. Als die Frau am 22. August 2004 spät in der Nacht heimkam und sich ohne Erklärung schlafen legte, schoss er ihr mit einem Revolver viermal in den Rücken und einmal in den Kopf. So gestand er es zumindest später. Er schilderte auch, wie es weiterging.

Am nächsten Tag kaufte er eine elektrische Kettensäge, Putzmittel und Müllsäcke. In der Wohnung spannte er mit Leintüchern eine Art Zelt, um Blutspritzer zu vermeiden, und zersägte seine tote Freundin in neun Teile. Diese packte er in die Müllsäcke und trug sie in ein Nebengebäude. Die Wände des Schlafzimmers malte er neu aus.

14 Tage später wurde der Gestank allerdings allzu intensiv. Außerdem kamen laufend Anfragen nach der Frau. Durch gefälschte SMS-Botschaften verbreitete er die Geschichte einer plötzlichen Reise von Gabriele G. nach Paris. Aber die Leichenteile mussten weg. Am 9. September lud er die Säcke in sein Auto und fuhr von Oberösterreich nach Italien an die Adriaküste. Zwischen Lignano und Bibione warf er die Müllsäcke einzeln in verschiedene Mistcontainer am Strand. Auch die Kettensäge hatte er zerlegt und auf diese Weise entsorgt. Am 16. September erstattete die Mutter des Opfers die Abgängigkeitsanzeige. Als die Polizei die Wohnung von Volkmar N. durchsuchte, wurden Blutspuren entdeckt. Volkmar N. legte ein Geständnis ab. Mehr als zwei Wochen nach der Verteilung der Müllsäcke begann die italienische Polizei mit der Suche. Die Deponien mehrerer Regionen wurden durchsucht, denn die Container waren schon längst entleert worden. Es wurde nichts gefunden; am 28. September wurde die Suche eingestellt.

Was hat Volkmar N. falsch gemacht?
Nach einer Leichenzerstückelung in der Wohnung bleiben Blutspuren zurück. Da kann man machen, was man will, solche Blutreste werden bei einer gezielten Suche entdeckt.

Widerruft Volkmar N. aber bei der noch ausstehenden Gerichtsverhandlung sein Geständnis, so wird es für die Staatsanwaltschaft schwer, ihm einen „Mord ohne Leichenteile" nachzuweisen.

Weil sich die Müllabfuhr verspätete

Donnerstag, 21. Mai 1992: Am Vormittag fährt der Wiener Filmproduzent Fritz K. mit dem Auto nach Budapest. Dort sei er, seinen Angaben nach, mit den Verwandten einer von ihm begehrten und angeblich aus Montenegro stammenden jungen Frau verabredet. Die Verwandten müssten nämlich einer eventuellen Verbindung zustimmen. Nach seiner Abreise hat man von Fritz K. nichts mehr gehört.

Freitag, 22. Mai: Ein Drehtermin in Wien platzt, da Fritz K. nicht erscheint. Der Versuch einer Abgängigkeitsanzeige bei der Polizei scheitert, da für Vermisste eine Frist von 48 Stunden eingehalten werden muss. Die Freunde in Wien sind von einer Katastrophe überzeugt, da Fritz K. niemals einen Drehtermin versäumt und schon gar nicht seine sechs Katzen im Stich gelassen hätte.

An diesem Freitag werden in diversen Mülltonnen im Budapester Vorort Csepel durch Zufall 17 Leichenteile gefunden. Ein Obdachloser war beim Durchstöbern der Mülltonnen darauf gestoßen. Die Müllabfuhr hatte sich nämlich verspätet; sonst wären die Plastiksäcke mit den Leichenteilen auf irgendeiner Deponie verschwunden.

In der Budapester Gerichtsmedizin wird der Tote zusammengesetzt: Die Leiche war nicht anatomisch genau zerstückelt worden. Verwendet wurde eine Elektrosäge. Der Kopf war in mehrere Stücke zersägt worden, Brustkorb und Schulterteile fehlten überhaupt. Bei einer Nachsuche wird ein blutverschmierter grauer Sportanzug gefunden. Das Blut aus der Sportkleidung und das Blut der zersägten Leichenteile ist identisch. Es gelingt noch am gleichen Tag, aus den Teilen des Kopfes ein Phantombild des Gesichtes zu rekonstruieren.

Samstag, 23. Mai: In Wien erhält die Tante des vermissten Fritz K. einen Telefonanruf. Die Verbindung ist schlecht, die Stimme kaum zu hören, aber es ist anscheinend Fritz: „Ich habe die Frau meines Lebens kennen gelernt ... bin auf dem Weg nach Montenegro ... Macht euch keine Sorgen ... Es ist alles in Ordnung." Kein Wort von den Katzen oder dem versäumten Drehtermin. In Budapest erscheinen in mehreren Zeitungen das Phantombild und eine Personenbeschreibung.

Mittwoch, 27. Mai: Die Tante erhält einen weiteren kaum verständlichen Anruf: „Ich bin in Belgrad ... Hast du meinen Brief bekommen? ... Es ist alles in Ordnung." Nichts war in Ordnung, denn Fritz war seit 21. Mai tot.

Freitag, 5. Juni: Im Filmstudio des Fritz K. spricht ein Dr. Gabor Pesti auf den Anrufbeantworter und kündigt Kontaktaufnahme in Wirtschaftsangelegenheiten an. Am selben Tag erscheint in Wien eine Zeitung mit der Schlagzeile „Tot oder entführt?", daneben ein Foto von Fritz K. In dem Beitrag wird dessen Verschwinden geschildert und die Geschichte mit der jungen Frau erwähnt. Der Artikel schließt mit der Befürchtung, dass sich Fritz K. in der Gewalt von Entführern oder Erpressern befinden könnte. In Bad Vöslau, einer Kleinstadt südlich von Wien, liest eine in Ungarn geborene Frau die Zeitung. Sie erinnert sich, etwa zwei Wochen zuvor in einer ungarischen Zeitung das Phantombild in Zusammenhang mit einem mysteriösen Leichenfund in Budapest gesehen zu haben. Die Frau in Bad Vöslau ist überzeugt, dass die beiden Gesichter einander gleichen.

Samstag, 6. Juni: Die Zeitungsleserin erstattet Anzeige und erzählt von ihrer Beobachtung und ihren Rückschlüssen hinsichtlich der Zeitungsberichte: Der Polizeiapparat läuft an, die Ermittlungen beginnen.

Freitag, 12. Juni: Die Leichenteile in Budapest sind identifiziert, die Überreste des Fritz K. gefunden. Der Rest sind Routine, Kombinationsdenken und kriminalistischer Spürsinn.

Sonntag, 14. Juni: Zwei tatverdächtige Männer werden verhaftet und schließlich überführt. Beide legen ein Geständnis ab.

Was war wirklich geschehen?

Helmut F., Filmschaffender, war ein beruflicher Konkurrent von Fritz K. Er fühlte sich übervorteilt und wollte Fritz K. einen „Denkzettel" verpassen, wie er sagte. In Wirklichkeit bestand ein perfider Plan. Mit Hilfe der jungen Frau wurde Fritz K. nach Budapest gelockt und dort von Helmut F. erschossen. Dr. Gabor Pesti sollte sich, mit einer gefälschten Vollmacht ausgestattet, in den Besitz von Filmstudio, Haus und Vermögen von Fritz K. setzen. Dazu hätte man die Nachricht verkündet, Fritz K. sei mit dem Mädchen als „Aussteiger aus seinem Beruf" verschwunden und sicherlich irgendwo anders auf der Welt sehr glücklich.

Das wesentliche Problem war, wie so oft bei Tötungsdelikten, die Beseitigung der Leiche. Entscheidend für die Aufdeckung des Mordes waren ein Arbeitsloser in Budapest, eine verspätete ungarische Müllabfuhr und eine Zeitung lesende Ungarin in Bad Vöslau. So etwas nennt man „Kommissar Zufall"!

Nachwort und Dank

Anfangs wollt ich fast verzagen.
Und ich glaubt, ich trüg es nie;
Und ich hab es doch getragen, –
Aber fragt mich nur nicht: wie?
(Heinrich Heine)

Mein Mann, Hans Bankl, hat mich am 11. Dezember 2004 nach einer entsetzlichen Krankheit für immer verlassen. Er wusste bei der Diagnose sofort um die Aussichtslosigkeit einer Heilung, der Tod war die Erlösung von seinem Leiden, zugleich der Abschied von unserem gemeinsamen Dasein nach 41 Jahren.

Das Leben meines Mannes war der Medizin gewidmet, „seiner PATHOLOGIE". Das Recherchieren und Schreiben von Büchern, seine Leidenschaft und Hingabe für die Familie, Haus und Garten, Hunde, Federvieh u. Co. füllten ihn aus. *Angelo* und *Wally* vermissen noch immer ihr „Herrchen". Die Hilfsbereitschaft, die Großzügigkeit und das Mitgefühl meines Mannes für Mensch und Tier waren für mich stets bewundernswert.

Dieses Buch, sein letztes Manuskript, konnte nur durch den großartigen Einsatz von Frau Dr. Maria Seifert erscheinen. Ich wusste immer von der Wertschätzung und Hochachtung meines Mannes für Frau Dr. Seifert; ich kann mich dem nur anschließen und mich für ihre Freundschaft und liebevolle Menschlichkeit von ganzem Herzen bedanken.

Einige Freunde sind mir abhanden gekommen, doch vielen Menschen habe ich zu danken:

Unser gemeinsamer Arzt, Prim. Dr. Heribert Preitschopf, ist mir noch nach drei Jahrzehnten ein lieber Freund und Wegbegleiter. Ich danke ferner dem Ehrwürdigen Bruder Großmeister Dr. Michael Kraus für seine hilfreiche Unterstützung. Rudi Pol ist ein treuer, hilfsbereiter Bruder geblieben.

Amtsrat Julius Müller werde ich in Dankbarkeit verbunden bleiben. Schwester Nadja Pfeifer danke ich für ihre Anteilnahme. Als Retter in der Not erweisen sich immer wieder meine lieben Nachbarn Aglaë und Robert Ratzenböck. Meinem geschätzten Prof. Dr. Christian Rabl danke ich für seine besondere Unterstützung und Betreuung. Mit drei neuen Hausgenossen, *Belladonna*, *Othello* und *Lauretta*, kam eine neue Freundin in mein Leben, die mit selbstlosem Einsatz, mit Rat und Tat Hilfe brachte. – Liebe Sigrid Neudeck, ich bin unendlich dankbar dafür! Ebenso möchte ich an dieser Stelle Gitti Felber danken.

Vor allem aber danke ich meinem Mann für die glücklichen Jahre an seiner Seite, für seine Liebe und seine Toleranz; solange ich lebe, wird er in meinem Herzen und in meinen Gedanken bleiben.

Christa Bankl
Griechenberg, im September 2006

Zu dieser Ausgabe

„So etwas nennt man ‚Kommissar Zufall'", damit endet das Manuskript sehr abrupt, das Hans Bankl im Herbst 2004, über weite Strecken handschriftlich, wie er es mit seinen Texten zu halten pflegte, fertig gestellt hat. Rückblickend mutet die Beschwörung von „Kommissar Zufall" wie eine dunkle Vorahnung des Autors an, denn zum damaligen Zeitpunkt konnte niemand wissen, dass er selbst das Erscheinen seines Werkes nicht mehr erleben würde. Der Text dieses Buches folgt dem Originalmanuskript so getreu wie möglich und nach den editorischen Richtlinien, die, in Übereinstimmung mit dem Autor, auch schon bei seinem vorangegangenen Werk „Wie oft fluchte der Pharao? Von Leuten, die Geschichte machten" (Seifert Verlag, Wien 2003) beachtet wurden: Mitunter machten Wiederholungen im Text Streichungen erforderlich, auch wurden manchmal Absätze umgestellt, um eine für den Laien nachvollziehbare hierarchische Gliederung zu erzielen. Die Illustrationen wurden, was Stil und manche Sujets betrifft, noch in Absprache mit Hans Bankl konzipiert, im Detail allerdings erst nachträglich ausgearbeitet.